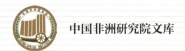

中国非洲研究院文库 ———————————————— 新时代中国与非洲丛书

新时代
中非文明交流互鉴

Exchanges and Mutual Learning between
Chinese and African Civilizations in the New Era

—————————————————— 中国非洲研究院 主编

李新烽 李玉洁 等 著

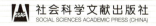

社会科学文献出版社
SOCIAL SCIENCES ACADEMIC PRESS (CHINA)

充分发挥智库作用　助力中非友好合作

——"中国非洲研究院文库"总序

当前，世界之变、时代之变、历史之变正以前所未有的方式展开。一方面，和平、发展、合作、共赢的历史潮流不可阻挡，人心所向、大势所趋决定了人类前途终归光明。另一方面，恃强凌弱、巧取豪夺、零和博弈等霸权霸道霸凌行径危害深重，和平赤字、发展赤字、安全赤字、治理赤字加重，人类社会面临前所未有的挑战。

作为世界上最大的发展中国家，中国始终是世界和平的建设者、国际秩序的维护者、全球发展的贡献者。非洲是发展中国家最集中的大陆，是维护世界和平、促进全球发展的重要力量之一。在世界又一次站在历史十字路口的关键时刻，中非双方比以往任何时候都更需要加强合作、共克时艰、携手前行，共同推动构建人类命运共同体。

中国和非洲都拥有悠久灿烂的古代文明，都曾走在世界文明的前列，是世界文明百花园的重要成员。中非双方虽相距万里，但文明交流互鉴的脚步从未停歇。进入 21 世纪，特别是中共十八大以来，中非文明交流互鉴迈入新阶段。中华文明和非洲文明都孕育和彰显出平等相待、相互尊重、和谐相处等重要理念，深化中非文明互鉴，增强对彼此历史和文明的理解认知，共同讲好中非友好合作故事，有利于为新时代中非友好合作行稳致远汲取历史养分、夯实思想根基。

中国式现代化，是中国共产党领导的社会主义现代化，既有各国现代化的共同特征，又有基于自己国情的中国特色。中国式现代化，深深植根于中华优秀传统文化，体现了科学社会主义的先进本质，借鉴吸收一切人类优秀文明成果，代表了人类文明进步的发展方向，展现了不同于西方现代化模式的新图景，是一种全新的人类文明形态。中国式现代化的新图景，为包括非洲国家在内的广大发展中国家发展提供了有益参考和借鉴。近年来，非洲在自主可持续发展、联合自强道路上取得了可喜进步，从西方人眼中"没有希望的大陆"变成了"充满希望的大陆"，成为"奔跑的雄狮"。非洲各国正在积极探索适合自身国情的发展道路，非洲人民正在为实现《2063 年议程》与和平繁荣的"非洲梦"而努力奋斗。中国坚定支持非洲国家探索符合自身国情的发展道路，愿与非洲人民共享中国式现代化机遇，在中国全面建设社会主义现代化国家新征程上，以中国的新发展为非洲和世界提供发展新机遇。

中国与非洲传统友谊源远流长，中非历来是命运共同体。中国高度重视发展中非关系，2013 年 3 月，习近平担任国家主席后首次出访就选择了非洲；2018 年 7 月，习近平连任国家主席后首次出访仍然选择了非洲；截至2023 年 8 月，习近平主席先后 5 次踏上非洲大陆，访问坦桑尼亚、南非、塞内加尔等 8 国，向世界表明中国对中非传统友谊倍加珍惜，对非洲和中非关系高度重视。在 2018 年中非合作论坛北京峰会上，习近平主席指出："中非早已结成休戚与共的命运共同体。我们愿同非洲人民心往一处想、劲往一处使，共筑更加紧密的中非命运共同体，为推动构建人类命运共同体树立典范。"2021 年中非合作论坛第八届部长级会议上，习近平主席首次提出了"中非友好合作精神"，即"真诚友好、平等相待，互利共赢、共同发展，主持公道、捍卫正义，顺应时势、开放包容"。这是对中非友好合作丰富内涵的高度概括，是中非双方在争取民族独立和国家解放的历史进程中培育的宝贵财富，是中非双方在发展振兴和团结协作的伟大征程上形成的重要风范，体现了友好、平等、共赢、正义的鲜明特征，是新型国际关系的时代标杆。

随着中非合作蓬勃发展，国际社会对中非关系的关注度不断提高。一方面，震惊于中国在非洲影响力的快速上升；另一方面，忧虑于自身在非洲影响力的急速下降，西方国家不时泛起一些肆意抹黑、诋毁中非关系的奇谈怪论，如"新殖民主义论""资源争夺论""中国债务陷阱论"等，给中非关系的发展带来一定程度的干扰。在此背景下，学术界加强对非洲和中非关系的研究，及时推出相关研究成果，提升中非双方的国际话语权，展示中非务实合作的丰硕成果，客观积极地反映中非关系良好发展，向世界发出中国声音，显得日益紧迫和重要。

以习近平新时代中国特色社会主义思想为指导，中国社会科学院努力建设马克思主义理论阵地，发挥为党和国家决策服务的思想库作用，努力为构建中国特色哲学社会科学学科体系、学术体系、话语体系作出新的更大贡献，不断增强我国哲学社会科学的国际影响力。中国社会科学院西亚非洲研究所是遵照毛泽东主席指示成立的区域性研究机构，长期致力于非洲问题和中非关系研究，基础研究和应用研究双轮驱动，融合发展。

以西亚非洲研究所为主体、于 2019 年 4 月成立的中国非洲研究院，是习近平主席在中非合作论坛北京峰会上宣布的加强中非人文交流行动的重要举措。西亚非洲研究所及中国非洲研究院自成立以来，发表和出版了大量论文、研究报告和专著，为国家决策部门提供了大量咨询报告，在国内外的影响力不断扩大。遵照习近平主席致中国非洲研究院成立贺信精神，中国非洲研究院的宗旨是：汇聚中非学术智库资源，深化中非文明互鉴，加强中非治国理政和发展经验交流，为中非和中非同其他各方的合作集思广益、建言献策，为中非携手推进"一带一路"高质量发展、共同建设面向未来的中非全面战略合作伙伴关系、构筑更加紧密的中非命运共同体提供智力支持和人才支撑。

中国非洲研究院有四大功能：一是发挥交流平台作用，密切中非学术交往。办好三大讲坛、三大论坛、三大会议。三大讲坛包括"非洲讲坛""中国讲坛""大使讲坛"，三大论坛包括"非洲留学生论坛""中非学术翻译论坛""大航海时代与 21 世纪海上丝绸之路海峡两岸学术论坛"，三大会议包括"中非文明对话大会""《（新编）中国通史》和《非洲通史（多卷本）》比较研究国际研讨会""中国非洲研究年会"。二是发挥研究基地作用，聚焦共建"一带一路"。开展中非合作研究，对中非共同关注的重大问题和热点问题进行跟踪研究，定期发布研究课题及其成果。三是发挥人才高地作用，培养高端专业人才。开展学历学位教育，实施中非学者互访项目，扶持青年学者，培养高端专业人才。四是发挥传播窗口作用，讲好中非友好故事。办好中国非洲研究院微信公众号，办好中国非洲研究院中英文网站，创办多语种《中国非洲学刊》。

为贯彻落实习近平主席的贺信精神，更好汇聚中非学术智库资源，团结非洲学者，引领中国非洲研究队伍提高学术水平和创新能力，推动相关非洲学科融合发展，推出精品力作，同时重视加强学术道德建设，中国非洲研究院面向全国非洲研究学界，坚持立足中国，放眼世界，特设"中国非洲研究院文库"。"中国非洲研究院文库"坚持精品导向，由相关部门领导与专家学者组成的编辑委员会遴选非洲研究及中非关系研究的相关成果，并统一组织出版。文库下设五大系列丛书："学术著作"系列重在推动学科建设和学科发展，反映非洲发展问题、发展道路及中非合作等某一学科领域的系统性专题研究或国别研究成果；"学术译丛"系列主要把非洲学者以及其他方学者有关非洲问题研究的学术著作翻译成中文出版，特别注重全面反映非洲本土学者的学术水平、学术观点和对自身发展问题的认识；"智库报告"系列以中非关系为研究主线，中非各领域合作、国别双边关系及中国与其他国际角色在非洲的互动关系为支撑，客观、准确、翔实地反映中非合作的现状，为新时代中非关系顺利发展提供对策建议；"研究论丛"系列集结中国专家学者研究非洲国际关系和非洲政治、经济、安全、社会发展等方面的重大问题，形成的一批创新性学术研究成果，具有基础性、系统性和标志性的特点；"年鉴"系列是连续出版的资料性文献，分中英文两种版本，设有"重要文献""热点聚焦""专题特稿""研究综述""新书选介""学刊简介""学术机构""学术动态""数据统计""年度大事"等栏目，系统汇集每年度非洲研究的新观点、新动态、新成果。

在中国非洲研究院成立这一新的历史起点上，期待中国的非洲研究和非洲的中国研究凝聚国内研究力量，联合非洲各国专家学者，开拓进取，勇于创新，不断推进我国的非洲研究、非洲的中国研究以及中非关系研究，从而更好地服务于中非高质量共建"一带一路"，助力新时代中非友好合作全面深入发展，推动构建更加紧密的中非命运共同体。

中国非洲研究院

2023 年 9 月

习近平外交思想指引
新时代中国非洲研究

——"新时代中国与非洲丛书"总序

党的十八大以来，中国特色社会主义进入新时代，这是我国发展新的历史方位。经过新时代十年团结奋斗，中国完成了全面建成小康社会的历史任务，实现了第一个百年奋斗目标，迈上全面建设社会主义现代化国家新征程，向第二个百年奋斗目标进军。新时代十年的伟大变革，在党史、新中国史、改革开放史、社会主义发展史、中华民族发展史上具有里程碑意义。

与此同时，国际形势发生深刻复杂变化，当今世界处于大发展大变革大调整时期，正在经历百年未有之大变局。习近平总书记在党的二十大报告中指出："当前，世界之变、时代之变、历史之变正以前所未有的方式展开。一方面，和平、发展、合作、共赢的历史潮流不可阻挡，人心所向、大势所趋决定了人类的前途光明。另一方面，恃强凌弱、巧取豪夺、零和博弈等霸权霸道霸凌行径危害深重，和平赤字、发展赤字、安全赤字、治理赤字加重，人类社会面临前所未有的挑战。"

"世界怎么了？我们怎么办？"习近平总书记深刻思考人类命运前途，积极推进重大外交理论和实践创新，形成了习近平外交思想。习近平外交思想是习近平新时代中国特色社会主义思想的重要组成部分，为新时代我国对外工作提供了根本遵循和行动指南。

新时代十年，我们全面推进中国特色大国外交，努力推动构建人类命运共同体和构建新型国际关系，积极发展全球伙伴关系，维护大国关系总体稳定，深化同周边国家外交，加强同发展中国家团结合作，形成全方位、多层次、立体化的外交总体布局。在中国外交总体布局中，非洲占有非常重要之地位。中国是世界上最大的发展中国家，非洲是发展中国家最集中的大陆，中非从来都是命运共同体。发展同非洲国家的团结合作是中国对外政策的重要基石，也是中国长期坚定的战略选择。

新时代十年，习近平主席高度重视中非关系，以元首外交引领中非关系行稳致远。2013 年 3 月，习近平就任国家主席后首次出访便选择了非洲，至今共四次踏上非洲大陆，足迹遍及非洲东西南北中。非洲国家领导人也纷纷来华访问或者出席国际会议。对此，习近平主席都予以热情接待，进行会谈或会见。习近平主席高度重视中非合作论坛工作，连续出席 2015 年约翰内斯堡峰会、2018 年北京峰会和 2021 年第八届部长级会议并发表重要演讲。新冠疫情发生后，习近平主席主持中非团结抗疫特别峰会，并通过视频、通话等方式与非洲领导人保持密切沟通。2022 年 11 月，坦桑尼亚总统萨米娅·哈桑访华，成为党的二十大后中方接待的首位非洲国家元首，充分体现了中坦关系的密切程度和中非关系在中国外交全局中的重要地位。

新时代十年，习近平主席基于对中非发展和世界大势的深刻认识和准确把握，就中非关系发展作出一系列重要论述，提出一系列新理念、新思想、新倡议，为中非友好合作全面深入发展指明了方向。习近平主席提出的"真实亲诚"政策理念和正确义利观，成为中国加强同包括非洲国家在内的广大发展中国家团结合作的重要理念和指导原则。习近平主席提出构建"责任共担、合作共赢、幸福共享、文化共兴、安全共筑、和谐共生"的新时代中非命运共同体，为推动构建人类命运共同体树立典范。习近平主席倡导中非高质量共建"一带一路"，助力中非实现共同发展，造福中非人民。习近平主席提出将中非关系提升为全面战略合作伙伴关系，明确了新时代中非关系的战略定位和方向。习近平主席还高度概括总结了中非友好合作精神，即"真诚友好、平等相待，互利共赢、共同发展，主持公道、捍卫正义，顺应时势、开放包容"，成为新时代中非关系继往开来的力量源泉。

新时代十年，是中非合作成果丰硕的十年。在中非双方共同努力下，中非合作实现跨越式发展，结出丰硕成果。中非政治互信持续深化，为中非合作保驾护航；中非经贸合作迅速发展，为中非关系注入强大动力；中非人文交流日益扩大，促进中非民心相通；中非安全合作稳步拓展，助力非洲实现和平稳定；中非国际合作不断增强，维护国际公平正义。其中，人文交流与合作是新时代中非合作的重要内容，是中非全面战略合作伙伴关系的重要组成部分，是中非命运共同体的重要支柱。近年来，中非在文化、教育、科技、卫生、媒体、智库、青年、妇女等方面的交流与合作日益扩大，取得积极成效，从而使中非关系的社会民意基础不断夯实巩固。

随着中非关系快速发展，中非双方都认识到智库在提供知识和智力支持方面的积极作用，中非智库交流与合作不断增强。2018年9月3日，习近平主席在中非合作论坛北京峰会上宣布，"中国决定设立中国非洲研究院，同非方深化文明互鉴"。2019年4月9日，中国非洲研究院正式成立，习近平主席专门致信祝贺，将中非智库交流与合作推向新阶段。

习近平主席在贺信中指出："希望中国非洲研究院汇聚中非学术智库资源，增进中非人民相互了解和友谊，为中非和中非同其他各方的合作集思广益、建言献策，为促进中非关系发展、构建人类命运共同体贡献力量！"习近平主席贺信为中国非洲研究院发展指明了方向，贺信精神是中国非洲研究院建院之本、强院之魂。

中国非洲研究院成立以来，认真学习领会习近平新时代中国特色社会主义思想，深入贯彻落实习近平主席贺信精神，紧紧围绕"四大功能"定位，全面扎实推进各项工作。中国非洲研究院设立"三大交流机制"，包括中非治国理政交流机制、中非可持续发展交流机制和中非共建"一带一路"交流机制，积极促进中非学术交流，加强交流平台建设。推出"中国非洲研究院文库"，出版学术专著、智库报告、学术译丛、研究论丛、中国非洲研究年鉴等系列学术研究成果，扎实推进国内非洲研究和中非联合研究，加强研究基地建设。创办"三大讲坛"，包括中国讲坛、非洲讲坛和大使讲坛，举办"中非文明对话大会"和"非洲留学生论坛"，精心打造知名品牌，加强传播窗口建设。深入学习贯彻习近平外交思想，紧密配合我国外交大局，组织"非洲大使中国行"等活动，同时加强应用对策研究，充分发挥高端智库功能。高度重视人才培养，加大力度培养致力于中非友好合作的"中国通"和"非洲通"，加强人才高地建设。设立中国非洲研究院国际顾问委员会，同时创新完善机制建设，汇聚学术智库资源。经过不懈努力，中国非洲研究院工作初见成效，在国内外的影响力逐步显现，引领中国非洲研究和汇聚中非学术智库资源的作用不断增强。

新时代，中国非洲研究院肩负着"为促进中非关系发展、构建人类命运共同体贡献力量"的重要使命。为加强新时代中非关系的研究，中国非洲研究院经过深入调研后决定设立"新时代中国与非洲"重点课题，并成立专门课题组，吸纳科研骨干力量，开展专题研究。该课题旨在深入研究新时代元首外交对中非关系的引领作用，系统阐述习近平主席关于中非关系的重要论述，深刻领悟习近平外交思想中关于中非关系的新思想、新理念、新倡议，全面总结新时代中非友好合作的重要成就及意义。

我们希望，通过该丛书，为加强新时代中国非洲研究，促进中非文明交流互鉴，增进中非人民相互了解和友谊，推动构建中非命运共同体和人类命运共同体贡献学术力量！

中国非洲研究院

2023 年 9 月

目 录

第一章　习近平论中非文明交流互鉴

文明因交流而多彩，文明因互鉴而丰富。文明交流互鉴，是推动人类文明进步和世界和平发展的重要动力。习近平主席一直强调文明多样性与文明交流互鉴对于人类文明的重要意义，指出"尽管文明冲突、文明优越等论调不时沉渣泛起，但文明多样性是人类进步的不竭动力，不同文明交流互鉴是各国人民共同愿望"①。习近平主席强调各国要树立平等、互鉴、对话、包容的文明观，以文明交流超越文明隔阂，以文明互鉴超越文明冲突，以文明共存超越文明优越。正是在这样的文明观下，习近平主席多次在联合国舞台以及其他重大的国际场合，阐述中国对文明多样性和文明交流互鉴的主张，为解决人类问题贡献中国智慧与中国方案。而对于非洲——中国永远的好朋友好伙伴好兄弟，习近平主席高度重视以元首外交引领新时期的对非外交，在国内与国际场合多次接待与会晤非洲国家领导人。在就对非工作与中非交往发表的重要讲话、署名文章与函电中，习近平主席多次强调中非要加强文明对话与文明交流互鉴，确保中非世代友好。因此，从文献角度系统梳理习近平总书记有关文明多样性、文明交流互鉴以及中非文明交流互鉴的指示与论述；从历史角度回顾不同时期的中非文明交往过程；从现实角度分析中非在考古、旅游、文化、新闻媒体、学者与智库、地方与民间、青年与妇女文明交流互鉴的重点领域的交往实践，具有重要的理论价值与现实意义。

---

① 习近平：《弘扬"上海精神"构建命运共同体——在上海合作组织成员国元首理事会第十八次会议上的讲话》，人民出版社，2018，第3页。

习近平主席一直强调多样性与文明互鉴对于人类文明的重要意义,在多个国内外重要场合阐述文明多样性是世界的基本特征、文明交流互鉴超越文明冲突、文明交流对话推动和平共处与和谐共生、对待文明交流互鉴的正确态度等观点,其丰富、全面、生动的典论形成了新时代中国的文明观,为正处于深刻演变的世界带来启迪。而对于中非两大古老文明,习近平主席不仅在中非合作论坛以及与非洲各国的交往中强调要加强中非两大文明交流互鉴,以此传承中非传统友谊,促进中非共同发展与繁荣,而且就中非文明交流互鉴的具体领域及其举措也提出了诸多主张,从而指导中非文明交流互鉴一直走在人类文明交流互鉴的前列。

第一节 习近平论文明多样性与文明交流互鉴

一 文明多样性是世界的基本特征

2014 年 6 月 28 日,习近平主席在和平共处五项原则发表 60 周年纪念大会上的讲话中,指出要坚持包容互鉴,文明多样性是人类社会的基本特征。当今世界有 70 亿人口,200 多个国家和地区,2500 多个民族,5000 多种语言。不同民族、不同文明多姿多彩、各有千秋,没有优劣之分,只有特色之别。[①]

2015 年 3 月 28 日,习近平主席在博鳌亚洲论坛 2015 年年会上的主旨演讲中指出:"在漫长历史长河中,如亚洲的黄河和长江流域、印度河和恒河流域、幼发拉底河和底格里斯河流域以及东南亚等地区孕育了众多古老文明,彼此交相辉映、相得益彰,为人类文明进步作出了重要贡献。今天的亚洲,多样性的特点仍十分突出,不同文明、不同民族、不同宗教汇聚交融,共同组成多彩多姿的亚洲大家庭。"[②]

---

① 习近平:《弘扬和平共处五项原则 建设合作共赢美好世界——在和平共处五项原则发表 60 周年纪念大会上的讲话》,人民出版社,2014,第 10 页。

② 《迈向命运共同体 开创亚洲新未来——在博鳌亚洲论坛 2015 年年会上的主旨演讲》,《人民日报》2015 年 3 月 29 日,第 2 版。

2015年9月28日，习近平主席出席第七十届联合国大会一般性辩论并发表题为《携手构建合作共赢新伙伴 同心打造人类命运共同体》的重要讲话。在讲话中，他提出："我们要促进和而不同、兼收并蓄的文明交流。人类文明多样性赋予这个世界姹紫嫣红的色彩，多样带来交流，交流孕育融合，融合产生进步。文明相处需要和而不同的精神。只有在多样中相互尊重、彼此借鉴、和谐共存，这个世界才能丰富多彩、欣欣向荣。不同文明凝聚着不同民族的智慧和贡献，没有高低之别，更无优劣之分。文明之间要对话，不要排斥；要交流，不要取代。人类历史就是一幅不同文明相互交流、互鉴、融合的宏伟画卷。我们要尊重各种文明，平等相待，互学互鉴，兼收并蓄，推动人类文明实现创造性发展。"①

2016年1月21日，习近平主席在阿拉伯国家联盟总部的演讲中谈道："文明具有多样性，就如同自然界物种的多样性一样，一同构成我们这个星球的生命本源。中东是人类古老文明的交汇之地，有着色彩斑斓的文明和文化多样性。中国将继续毫不动摇支持中东、阿拉伯国家维护民族文化传统，反对一切针对特定民族宗教的歧视和偏见。中华文明与阿拉伯文明各成体系、各具特色，但都包含有人类发展进步所积淀的共同理念和共同追求，都重视中道平和、忠恕宽容、自我约束等价值观念。我们应该开展文明对话，倡导包容互鉴，一起挖掘民族文化传统中积极处世之道同当今时代的共鸣点。"②

2017年1月18日，习近平主席在联合国日内瓦总部的演讲中称要坚持交流互鉴，建设一个开放包容的世界。他称："'和羹之美，在于合异。'人类文明多样性是世界的基本特征，也是人类进步的源泉。世界上有200多个国家和地区、2500多个民族、多种宗教。不同历史和国情，不同民族和习俗，孕育了不同文明，使世界更加丰富多彩。文明没有高下、优劣之分，只有特色、地域之别。文明差异不应该成为世界冲突的根源，而应该成为人类

---

① 习近平：《习近平在联合国成立70周年系列峰会上的讲话》，人民出版社，2015，第18页。
② 习近平：《习近平谈治国理政》（第二卷），外文出版社，2017，第464页。

文明进步的动力。每种文明都有其独特魅力和深厚底蕴，都是人类的精神瑰宝。不同文明要取长补短、共同进步，让文明交流互鉴成为推动人类社会进步的动力、维护世界和平的纽带。"①

2021年1月25日，习近平主席在世界经济论坛"达沃斯议程"对话会上的特别致辞中指出："各国历史文化和社会制度各有千秋，没有高低优劣之分，关键在于是否符合本国国情，能否获得人民拥护和支持，能否带来政治稳定、社会进步、民生改善，能否为人类进步事业作出贡献。……没有多样性，就没有人类文明。多样性是客观现实，将长期存在。差异并不可怕，可怕的是傲慢、偏见、仇视，可怕的是想把人类文明分为三六九等，可怕的是把自己的历史文化和社会制度强加给他人。各国应该在相互尊重、求同存异基础上实现和平共处，促进各国交流互鉴，为人类文明发展进步注入动力。"②

2021年4月20日，博鳌亚洲论坛2021年年会开幕式在海南博鳌举行，习近平主席以视频方式发表题为《同舟共济克时艰，命运与共创未来》的主旨演讲，在演讲中谈道："我们要坚守正义，开创互尊互鉴的未来。多样性是世界的基本特征，也是人类文明的魅力所在。经历了疫情洗礼，各国人民更加清晰地认识到，要摒弃冷战思维和零和博弈，反对任何形式的'新冷战'和意识形态对抗。国与国相处，要把平等相待、互尊互信挺在前面，动辄对他国颐指气使、干涉内政不得人心。要弘扬和平、发展、公平、正义、民主、自由的全人类共同价值，倡导不同文明交流互鉴，促进人类文明发展。"③ 习近平主席在这次会议上还宣布，中国将在疫情得到控制后举办第二届亚洲文明对话大会，为促进亚洲和世界文明对话发挥积极作用。

---

① 习近平：《习近平主席在出席世界经济论坛2017年年会和访问联合国日内瓦总部时的演讲》，人民出版社，2017，第28~29页。

② 《让多边主义的火炬照亮人类前行之路——在世界经济论坛"达沃斯议程"对话会上的特别致辞》，《人民日报》2021年1月26日，第2版。

③ 《同舟共济克时艰，命运与共创未来——在博鳌亚洲论坛2021年年会开幕式上的视频主旨演讲》，《人民日报》2021年4月21日，第2版。

二　文明交流互鉴超越文明冲突

习近平主席的文明观是平等、互鉴、对话、包容的文明观，他倡导以文明交流超越文明隔阂，以文明互鉴超越文明冲突，以文明共存超越文明优越。如 2017 年 12 月 1 日，习近平主席在中国共产党与世界政党高层对话会上的主旨讲话中指出："文明的繁盛、人类的进步，离不开求同存异、开放包容，离不开文明交流、互学互鉴。历史呼唤着人类文明同放异彩，不同文明应该和谐共生、相得益彰，共同为人类发展提供精神力量。我们应该坚持世界是丰富多彩的、文明是多样的理念，让人类创造的各种文明交相辉映，编织出斑斓绚丽的图画，共同消除现实生活中的文化壁垒，共同抵制妨碍人类心灵互动的观念纰缪，共同打破阻碍人类交往的精神隔阂，让各种文明和谐共存，让人人享有文化滋养。"①

2018 年 6 月 10 日，习近平主席在上海合作组织成员国元首理事会第十八次会议上的讲话中也谈道："尽管文明冲突、文明优越等论调不时沉渣泛起，但文明多样性是人类进步的不竭动力，不同文明交流互鉴是各国人民共同愿望。……我们要树立平等、互鉴、对话、包容的文明观，以文明交流超越文明隔阂，以文明互鉴超越文明冲突，以文明共存超越文明优越。"② 同年 7 月 10 日，习近平主席在中阿合作论坛第八届部长级会议开幕式上的讲话中强调要促进包容互鉴，指出："文明的活力在于交往交流交融。历史上，中华文明和阿拉伯文明交相辉映。今天，我们要更多向对方汲取智慧和营养。"③ 11 月 17 日，习近平主席在亚太经合组织工商领导人峰会上的主旨演讲中再次指出要坚持包容导向，促进交融互鉴。他谈道："我们共同居住在同一个星球上，这个星球有 200 多个国家和地区、2500 多个民族、70 多

① 习近平：《携手建设更加美好的世界——在中国共产党与世界政党高层对话会上的主旨讲话》，人民出版社，2017，第 6 页。

② 习近平：《弘扬"上海精神"构建命运共同体——在上海合作组织成员国元首理事会第十八次会议上的讲话》，人民出版社，2018，第 3~4 页。

③ 习近平：《携手推进新时代中阿战略伙伴关系——在中阿合作论坛第八届部长级会议开幕式上的讲话》，人民出版社，2018，第 8 页。

亿人口，搞清一色是不可能的。这种差异不应该成为交流的障碍，更不能成为对抗的理由。不同文明、制度、道路的多样性及交流互鉴可以为人类社会进步提供强大动力。我们应该少一点傲慢和偏见、多一些尊重和包容，拥抱世界的丰富多样，努力做到求同存异、取长补短、谋求和谐共处、合作共赢。"①

2019 年 6 月 14 日，习近平主席在上海合作组织成员国元首理事会第十九次会议上的讲话中强调，上海合作组织地区孕育了众多古老文明，不同民族、不同文化、不同宗教在此交融汇聚，相得益彰。我们要珍惜本地区文明多样性这一宝贵财富，摒弃文明冲突，坚持开放包容、互学互鉴，为各国人民世代友好、共同发展进步注入持久动力。②

2020 年 9 月 22 日，习近平主席在第七十五届联合国大会一般性辩论上的讲话中指出，我们要树立你中有我、我中有你的命运共同体意识，跳出小圈子和零和博弈思维，树立大家庭和合作共赢理念，摒弃意识形态争论，跨越文明冲突陷阱，相互尊重各国自主选择的发展道路和模式，让世界多样性成为人类社会进步的不竭动力、人类文明多姿多彩的天然形态。③

三 文明交流对话推动和平共处、和谐共生

2013 年 4 月 7 日，习近平主席在博鳌亚洲论坛 2013 年年会上的主旨演讲中称："海纳百川，有容乃大。"我们应该尊重各国自主选择社会制度和发展道路的权利，消除疑虑和隔阂，把世界多样性和各国差异性转化为发展活力和动力。④

2014 年 3 月 27 日，习近平主席在联合国教科文组织总部发表重要演

① 习近平：《习近平主席在出席亚太经合组织第二十六次领导人非正式会议时的讲话》，人民出版社，2018，第 5~6 页。
② 《凝心聚力 务实笃行 共创上海合作组织美好明天——在上海合作组织成员国元首理事会第十九次会议上的讲话》，《人民日报》2019 年 6 月 15 日，第 2 版。
③ 习近平：《习近平在联合国成立 75 周年系列高级别会议上的讲话》，人民出版社，2020，第 9 页。
④ 习近平：《习近平谈治国理政》，外文出版社，2014，第 331 页。

讲，对文明的特性及其作用进行了全面而生动的阐释。习近平主席指出，第一，文明是多彩的，人类文明因多样才有交流互鉴的价值。他引用中国名谚"一花独放不是春，百花齐放春满园"来阐释人类文明的多样性，谈道："如果世界上只有一朵花朵，就算这种花朵再美，那也是单调的。不论是中华文明，还是世界上存在的其他文明，都是人类文明的成果。……文明交流互鉴不应该以独尊某一种文明或者贬损某一种文明为前提。中国人在2000多年前就认识到了'物之不齐，物之情也'的道理。推动文明交流互鉴，可以丰富人类文明的色彩，让各国人民享受更富内涵的精神生活、开创更有选择的未来。第二，文明是平等的，人类文明因平等才有交流互鉴的前提。各种人类文明在价值上是平等的，都各有千秋，也各有不足。世界上不存在十全十美的文明，也不存在一无是处的文明，文明没有高低、优劣之分。……第三，文明是包容的，人类文明因包容才有交流互鉴的动力。海纳百川，有容乃大。人类创造的各种文明都是劳动和智慧的结晶。每一种文明都是独特的。在文明问题上，生搬硬套、削足适履不仅是不可能的，而且是十分有害的。一切文明成果都值得尊重，一切文明成果都要珍惜。"[①]

2014年6月28日，习近平主席在和平共处五项原则发表60周年纪念大会上的讲话中指出，"万物并育而不相害，道并行而不相悖"。我们要尊重文明多样性，推动不同文明交流对话、和平共处、和谐共生，不能唯我独尊、贬低其他文明和民族。人类历史告诉我们，企图建立单一文明的一统天下，只是一种不切实际的幻想。尺有所短，寸有所长。我们要倡导交流互鉴，注重汲取不同国家、不同民族创造的优秀文明成果，取长补短，兼收并蓄，共同绘就人类文明美好画卷。[②]

2018年11月18日，习近平主席在亚太经合组织第二十六次领导人非正式会议上的发言中指出，我们应该立足多样性实际，尊重彼此选择的发展

[①]　习近平：《出席第三届核安全峰会并访问欧洲四国和联合国教科文组织总部、欧盟总部时的演讲》，人民出版社，2014，第10～12页。

[②]　习近平：《弘扬和平共处五项原则　建设合作共赢美好世界——在和平共处五项原则发表60周年纪念大会上的讲话》，人民出版社，2014，第10页。

道路，在开放包容的基础上交融互鉴，在良性竞争的同时互利合作，共同构建亚太命运共同体。①

2017年10月18日，习近平总书记在中国共产党第十九次全国代表大会上的报告中也强调，要尊重世界文明多样性，以文明交流超越文明隔阂、文明互鉴超越文明冲突、文明共存超越文明优越。要坚持环境友好，合作应对气候变化，保护好人类赖以生存的地球家园。②

四 文明交流互鉴的正确态度与原则

习近平主席在国内外多个场合都强调要坚持以正确的态度和原则对待文明多样性，并提出了推动各国文明交流互鉴的中国主张。如2014年6月5日，习近平主席在中阿合作论坛第六届部长级会议开幕式上的讲话中指出："人类文明没有高低优劣之分，因为平等交流而变得丰富多彩，正所谓'五色交辉，相得益彰；八音合奏，终和且平'。中阿双方坚持以开放包容心态看待对方，用对话交流代替冲突对抗，创造了不同社会制度、不同信仰、不同文化传统的国家和谐相处的典范。中国将继续毫不动摇支持阿拉伯国家维护民族文化传统，反对一切针对特定民族和宗教的歧视和偏见。我们应该一道努力，倡导文明宽容，防止极端势力和思想在不同文明之间制造断层线。"③

2014年9月24日，习近平主席在纪念孔子诞辰2565周年国际学术研讨会暨国际儒学联合会第五届会员大会开幕会上的讲话中指出，正确对待不同国家和民族的文明，正确对待传统文化和现实文化，应该坚持四条原则，除了第四条科学对待文化传统之外，其他三条原则都与文明多样性、文明交流互鉴相关。

第一，维护世界文明多样性。"物之不齐，物之情也。"和而不同是一

① 习近平：《习近平主席在出席亚太经合组织第二十六次领导人非正式会议时的讲话》，人民出版社，2018，第17页。
② 习近平：《决胜全面建成小康社会夺取新时代中国特色社会主义伟大胜利——在中国共产党第十九次全国代表大会上的报告》，人民出版社，2017，第59页。
③ 《弘扬丝路精神　深化中阿合作——在中阿合作论坛第六届部长级会议开幕式上的讲话》，《人民日报》2014年6月6日，第2版。

切事物发生发展的规律。世界万物万事总是千差万别、异彩纷呈的，如果万物万事都清一色了，事物的发展、世界的进步也就停止了。每一个国家和民族的文明都扎根于本国本民族的土壤之中，都有自己的本色、长处、优点。我们应该维护各国各民族文明多样性，加强相互交流、相互学习、相互借鉴，而不应该相互隔膜、相互排斥、相互取代，这样世界文明之园才能万紫千红、生机盎然。

丰富多彩的人类文明都有自己存在的价值。要理性处理本国文明与其他文明的差异，认识到每一个国家和民族的文明都是独特的，坚持求同存异、取长补短，不攻击、不贬损其他文明。不要看到别人的文明与自己的文明有不同，就感到不顺眼，就要千方百计去改造、去同化，甚至企图以自己的文明取而代之。历史反复证明，任何想用强制手段来解决文明差异的做法都不会成功，反而会给世界文明带来灾难。

第二，尊重各国各民族文明。文明特别是思想文化是一个国家、一个民族的灵魂。无论哪一个国家、哪一个民族，如果不珍惜自己的思想文化，丢掉了思想文化这个灵魂，这个国家、这个民族是立不起来的。本国本民族要珍惜和维护自己的思想文化，也要承认和尊重别国别民族的思想文化。不同国家、民族的思想文化各有千秋，只有姹紫嫣红之别，而无高低优劣之分。每个国家、每个民族不分强弱、不分大小，其思想文化都应该得到承认和尊重。

第三，正确进行文明学习借鉴。文明因交流而多彩，文明因互鉴而丰富。任何一种文明，不管它产生于哪个国家、哪个民族的社会土壤之中，都是流动的、开放的。这是文明传播和发展的一条重要规律。在长期演化过程中，中华文明从与其他文明的交流中获得了丰富营养，也为人类文明进步作出了重要贡献。丝绸之路的开辟，遣隋遣唐使大批来华，法显、玄奘西行取经，郑和七下远洋，等等，都是中外文明交流互鉴的生动事例。儒学本是中国的学问，但也早已走向世界，成为人类文明的一部分。

"独学而无友，则孤陋而寡闻。"对人类社会创造的各种文明，无论是古代的中华文明、希腊文明、罗马文明、埃及文明、两河文明、印度文明等，还是现在的亚洲文明、非洲文明、欧洲文明、美洲文明、大洋洲文明等，我们都应该采取学习借鉴的态度，都应该积极吸纳其中的有益成分，使人类创造的一切文明中的优秀文化基因与当代文化相适应、与现代社会相协调，把跨越时空、超越国度、富有永恒魅力、具有当代价值的优秀文化精神弘扬起来。进行文明相互学习借鉴，要坚持从本国本民族实际出发，坚持取长补短、择善而从，讲求兼收并蓄，但兼收并蓄不是囫囵吞枣、莫衷一是，而是要去粗取精、去伪存真。①

2019 年 5 月 15 日，亚洲文明对话大会召开，习近平主席出席开幕式，并发表题为《深化文明交流互鉴　共建亚洲命运共同体》的主旨演讲，指出璀璨的亚洲文明为世界文明发展史书写了浓墨重彩的篇章。亚洲人民期待一个和平安宁、共同繁荣、开放融通的亚洲。习近平主席提出"四点主张"以促进亚洲及世界各国文明平等对话、交流互鉴。

第一，坚持相互尊重、平等相待。每一种文明都扎根于自己的生存土壤，凝聚着一个国家、一个民族的非凡智慧和精神追求，都有自己存在的价值。人类只有肤色语言之别，文明只有姹紫嫣红之别，但绝无高低优劣之分。认为自己的人种和文明高人一等，执意改造甚至取代其他文明，在认识上是愚蠢的，在做法上是灾难性的！如果人类文明变得只有一个色调、一个模式了，那这个世界就太单调了，也太无趣了！我们应该秉持平等和尊重，摒弃傲慢和偏见，加深对自身文明和其他文明差异性的认知，推动不同文明交流对话、和谐共生。

第二，坚持美人之美、美美与共。每一种文明都是美的结晶，都彰显着创造之美。一切美好的事物都是相通的。人们对美好事物的向往，是任何力量都无法阻挡的！各种文明本没有冲突，只是要有欣赏所有文明之美的眼睛。我们既要让本国文明充满勃勃生机，又要为他国文明发展创造条件，让世界文明百花园群芳竞艳。

第三，坚持开放包容、互学互鉴。一切生命有机体都需要新陈代谢，否

---

① 习近平：《在纪念孔子诞辰 2565 周年国际学术研讨会暨国际儒学联合会第五届会员大会开幕会上的讲话》，人民出版社，2014，第 8~11 页。

则生命就会停止。文明也是一样，如果长期自我封闭，必将走向衰落。交流互鉴是文明发展的本质要求。只有同其他文明交流互鉴、取长补短，才能保持旺盛生命活力。文明交流互鉴应该是对等的、平等的，应该是多元的、多向的，而不应该是强制的、强迫的，不应该是单一的、单向的。我们应该以海纳百川的宽广胸怀打破文化交往的壁垒，以兼收并蓄的态度汲取其他文明的养分，促进亚洲文明在交流互鉴中共同前进。

第四，坚持与时俱进、创新发展。文明永续发展，既需要薪火相传、代代守护，更需要顺时应势、推陈出新。世界文明历史揭示了一个规律：任何一种文明都要与时偕行，不断吸纳时代精华。我们应该用创新增添文明发展动力、激活文明进步的源头活水，不断创造出跨越时空、富有永恒魅力的文明成果。①

2022年10月16日，习近平总书记在中国共产党第二十次全国代表大会上的报告中，再次强调文明交流互鉴的重要性："构建人类命运共同体是世界各国人民前途所在。万物并育而不相害，道并行而不相悖。只有各国行天下之大道，和睦相处、合作共赢，繁荣才能持久，安全才有保障。中国提出了全球发展倡议、全球安全倡议，愿同国际社会一道努力落实。中国坚持对话协商，推动建设一个持久和平的世界；坚持共建共享，推动建设一个普遍安全的世界；坚持合作共赢，推动建设一个共同繁荣的世界；坚持交流互鉴，推动建设一个开放包容的世界；坚持绿色低碳，推动建设一个清洁美丽的世界。我们真诚呼吁，世界各国弘扬和平、发展、公平、正义、民主、自由的全人类共同价值，促进各国人民相知相亲，尊重世界文明多样性，以文明交流超越文明隔阂、文明互鉴超越文明冲突、文明共存超越文明优越，共同应对各种全球性挑战。"②

---

① 习近平：《深化文明交流互鉴　共建亚洲命运共同体：在亚洲文明对话大会开幕式上的主旨演讲》，人民出版社，2019，第5~8页。

② 习近平：《高举中国特色社会主义伟大旗帜　为全面建设社会主义现代化国家而团结奋斗——在中国共产党第二十次全国代表大会上的报告》，人民出版社，2022，第62~63页。

第二节 习近平论中非文明交流互鉴

一 加强中非两大文明交流互鉴

2013 年 3 月 25 日，习近平主席在坦桑尼亚尼雷尔国际会议中心发表题为《永远做可靠朋友和真诚伙伴》的演讲，指出世界上没有放之四海而皆准的发展模式，各方应该尊重世界文明多样性和发展模式多样化。中国将继续坚定支持非洲国家探索适合本国国情的发展道路，加强同非洲国家在治国理政方面的经验交流，从各自的古老文明和发展实践中汲取智慧，促进中非共同发展繁荣。①

2015 年 4 月 22 日，习近平主席出席亚非领导人会议并发表题为《弘扬万隆精神 推进合作共赢》的重要讲话，其中谈到亚非地区有 100 多个国家，社会制度、历史文化、价值观念千差万别，共同构成异彩纷呈的文明画卷。我们要坚持求同存异、开放包容，在交流互鉴中取长补短，在求同存异中共同前进，让各个文明都绽放出自己的光彩。亚非合作不是封闭的、排他的，而是开放的、共赢的，我们欢迎其他地区国家积极参与并作出建设性贡献。②

二 密切中非多个领域的交流合作

2015 年 12 月 1 日，在对南非进行国事访问前夕，习近平主席在南非《星报》发表题为《让友谊、合作的彩虹更加绚丽夺目》的署名文章，文章指出中南要做相知相亲、交流互鉴的友好伙伴。友谊从认识和理解开始。中方愿同南方加强旅游、文化、教育、青年、妇女、智库、媒体等领域交流合作，期待两国人民在更多的往来中不断拉近彼此距离，也欢迎更多南非朋友

---

① 习近平：《习近平谈治国理政》，外文出版社，2014，第 307 页。
② 《弘扬万隆精神 推进合作共赢——在亚非领导人会议上的讲话》，《人民日报》2015 年 4 月 23 日，第 2 版。

到中国走一走、看一看。①

2015 年 12 月 4 日，习近平主席出席中非合作论坛约翰内斯堡峰会开幕式并发表题为《开启中非合作共赢、共同发展的新时代》的致辞，在致辞中他将坚持文明上交流互鉴作为做强和夯实中非全面战略合作伙伴关系的"五大支柱"之一，指出："世界因为多彩而美丽。我们为中非都拥有悠久灿烂的文明而自豪。我们要加强中非两大文明交流互鉴，着力加强青年、妇女、智库、媒体、高校等各界人员往来，促进文化融通、政策贯通、人心相通，推动共同进步，让中非人民世代友好。"② 习近平主席在 12 月 5 日中非合作论坛约翰内斯堡峰会上的总结讲话中再次强调，任凭时代社会发展变迁，中非相互理解、共同进步的协作精神不会改变。我们要加强文明对话、理念交流、文化互动，促进各界友好交往，确保中非世代友好。③

2016 年 1 月 19 日，习近平主席在对埃及进行国事访问之际，在埃及《金字塔报》发表题为《让中阿友谊如尼罗河水奔涌向前》的署名文章，文章谈到中国和埃及同为文明古国，两国人民友好交往追溯久远。2000 多年前，中国汉代朝廷派遣使者前往亚历山大，古丝绸之路成为联系双方的重要纽带。中阿要做文明多样性的倡导者。中华文明和阿拉伯伊斯兰文明各具特色、自成一体。我们相互欣赏、相互学习，以尊重和谦逊的态度，借鉴吸收彼此文化中的精华，为世界文明交流互鉴提供了生动范例。我们愿同埃及等阿拉伯国家一道，为传承传统文化、维护文明多样性而不懈努力。④ 1 月 21 日，习近平主席和埃及总统塞西在古老的卢克索神庙广场共同出席中埃建交60 周年庆祝活动暨 2016 中埃文化年开幕式。习近平主席指出，卢克索是古埃及文明的集中体现。这里的建筑反映出了古埃及人民令人惊叹的智慧和科技水平。中埃都是文明古国，我们有必要加强人文交流，深化民间友好，巩

---

① 《习近平在南非媒体发表署名文章 让友谊、合作的彩虹更加绚丽夺目》，《人民日报》2015 年 12 月 2 日，第 1 版。

② 习近平：《习近平谈治国理政》（第二卷），外文出版社，2017，第 457 页。

③ 《在中非合作论坛约翰内斯堡峰会上的总结讲话》，《人民日报》2015 年 12 月 6 日，第 2 版。

④ 《习近平在埃及媒体发表署名文章 让中阿友谊如尼罗河水奔涌向前》，《人民日报》2016年 1 月 20 日，第 1 版。

固两国合作民意基础，推动双方共同发展、共同繁荣。①

2018 年 7 月 21 日，在对卢旺达共和国进行国事访问前夕，习近平主席在卢旺达《新时代报》发表题为《中卢友谊情比山高》的署名文章，文章中谈到要推动文明互鉴，丰富人文交流。双方要加强教育、文化、卫生、旅游、航空、人力资源培训等领域交流合作，夯实两国关系发展的社会和民意基础，让中卢友好更加深入民心。②

2018 年 9 月 3 日，习近平主席在 2018 年中非合作论坛北京峰会开幕式上的主旨讲话中提出要携手打造文化共兴的中非命运共同体。我们都为中非各自灿烂的文明而自豪，也愿为世界文明多样化作出更大贡献。我们要促进中非文明交流互鉴、交融共存，为彼此文明复兴、文化进步、文艺繁荣提供持久助力，为中非合作提供更深厚的精神滋养。我们要扩大文化艺术、教育体育、智库媒体、妇女青年等各界人员交往，拉紧中非人民的情感纽带。习近平主席还宣布，中国决定设立中国非洲研究院，同非方深化文明互鉴。③

2019 年 4 月 9 日，习近平主席向中国非洲研究院成立致贺信，指出当今世界正面临百年未有之大变局，中国作为最大的发展中国家，非洲作为发展中国家最集中的大陆，双方人民友谊源远流长，新形势下，中非深化传统友谊，密切交流合作，促进文明互鉴，不仅造福中非人民，而且将为世界和平与发展事业作出更大贡献。在 2018 年召开的中非合作论坛北京峰会上，中非双方一致决定构建更加紧密的中非命运共同体，实施中非合作"八大行动"。设立中国非洲研究院是其中人文交流行动的重要举措。希望中国非洲研究院汇聚中非学术智库资源，增进中非人民相互了解和友谊，为中非和中非同其他各方的合作集思广益、建言献策，为促进中非关系发展、构建人

---

① 《习近平和埃及总统塞西共同出席中埃建交 60 周年庆祝活动暨 2016 中埃文化年开幕式》，《人民日报》2016 年 1 月 23 日，第 1 版。
② 《习近平在卢旺达媒体发表署名文章　中卢友谊情比山高》，《人民日报》2018 年 7 月 22 日，第 1 版。
③ 习近平：《携手共命运　同心促发展——在 2018 年中非合作论坛北京峰会开幕式上的主旨讲话》，人民出版社，2018，第 7~12 页。

类命运共同体贡献力量。①

　　2021 年 11 月 29 日至 30 日，中非合作论坛第八届部长级会议在塞内加尔首都达喀尔举行，习近平主席在开幕式主旨演讲中，提出中国将同非洲国家密切配合，共同实施"九项工程"。其中的一大工程就是人文交流工程。中国愿支持所有非洲建交国成为中国公民组团出境旅游目的地国。在华举办非洲电影节，在非洲举办中国电影节。举办中非青年服务论坛和中非妇女论坛。②

　　中非合作论坛第八届部长级会议通过《中非合作论坛——达喀尔行动计划（2022—2024）》，该行动计划第 5 部分专门讨论人文合作，强调中非应加强在旅游、文化、新闻与媒体、学者与智库、地方和民间交往，并对每个领域的交流与合作进行了细致的部署，包括中方将持续推进对非旅游合作，愿支持所有非洲建交国成为中国公民组团出境旅游目的地国，助力非方旅游振兴；双方致力于推进中非文明交流和文化互鉴，为不同文明间开展平等对话、维护世界文化多样性、推动人类和平与发展贡献力量。鼓励和支持中非开展文化领域的思想对话，促进中非研究机构之间的交流合作；积极推动新闻出版领域的交流合作，继续加强在教育、农业、文化、生态、医疗、儿童阅读等相关主题出版合作项目。通过联合制作节目、组织媒体人员互访等，积极介绍中非经济、文化、社会等领域的发展变化，增进双方相互了解，促进民心相通；双方认为，联合研究交流计划增强版有力促进了中非智库学者的合作交流，为中非合作提供了有力的学术支持。中方将进一步加大对非洲高校智库承接研讨会和课题研究项目的支持力度，继续实施"中非高校 20+20 合作计划""中非智库 10+10 合作伙伴计划"，加强中非智库联合研究交流；中方将鼓励地方和民间机构利用既有资源和优势，结合不同领域、国别和项目特点，积极参与对非务实合作，逐步实现合作方式多元化，

---

①　《习近平向中国非洲研究院成立致贺信》，《人民日报》2019 年 4 月 10 日，第 1 版。

②　《习近平在中非合作论坛第八届部长级会议开幕式上的主旨演讲（全文）》，中非合作论坛官网，2021 年 11 月 29 日，http://www.focac.org/focacdakar/chn/kms/202111/t20211129_10458625.htm，最后访问日期：2023 年 3 月 29 日。

进一步提升对非务实合作综合效应；中方将举办中非青年服务论坛和中非妇女论坛；继续推进中非青年领导人论坛等机制建设，深化中非青年领导人交流合作，等等。[①] 扩大中非人文交流意义重大，其将增进中非民心相通和文明互鉴，厚植中非友好事业的社会基础。

[①] 《中非合作论坛——达喀尔行动计划（2022—2024）》，中非合作论坛官网，2021 年 12 月 2 日，http：//www.focac.org/focacdakar/chn/hyqk/202112/t20211202_10461216.htm，最后访问日期：2023 年 3 月 29 日。

第二章　古代和近现代的中非交往

中非交往的历史源远流长，新中国成立之前，中国与非洲地区间的交往呈现由间接走向直接，民间与官方交往交替主导的态势。中非关系交往的主要交通路径是海上丝绸之路。新中国成立之前，中非关系大致分为两大时间段，其分界线大体以明代再次采取严厉的海禁政策为界。

在第一阶段中，唐代以前的中非关系主要依靠印度次大陆或安息为中介展开，中国与非洲国家对彼此构建的想象建立于商贸之上。唐代至明代时期，随着远航技术的日臻成熟，中国与非洲地区发展为一种以商贸或朝贡政治为目的的直接交往，郑和下西洋成为这一时期中非关系发展高峰的最佳证明。

随着中国海禁政策的严格执行以及西方殖民者进入非洲，中非关系转入一种新的历史阶段。在这一阶段中，中国与非洲的关系在民间商贸不断发展的基础上，逐渐衍生出一种中非人民相互支持、相互同情的反殖民情感。这种情感也为当代中国与非洲国家发展友谊互助关系奠定了历史基础。

第一节　古代中非交往的发展历程

一　唐代之前的中非交往：中非对彼此最初的异域想象

关于中非古代交往的传说源自《竹书纪年》和《穆天子传》上所记载

的周穆王与西王母会于瑶池之上一事。其中，西王母被有些学者认为是所罗门王朝的示巴女王（Sheba）。① 而"黄帝遣使大夏"② 则表明黄帝曾试图与国土以西地域取得联系。此类神话传说的真实性尚待多方材料予以佐证，但恰如部分学者所言，这些故事侧面反映了当时黄河流域与中亚、西域的商贸联系已处在萌芽状态。③ 春秋战国时期，西亚北非地区已有来自中国与非洲地区的商品，比如玻璃和香药、中国的软玉和非洲的绿宝石（结绿）。④ "臣闻周有砥厄，宋有结绿，梁有悬黎，楚有和璞……而为天下名器"⑤，埃及的结绿在中国成为名器即反映了这种商品的流动。公元前 10 世纪时，埃及人就已经开始使用中国生产的丝织品了。随后，受丝绸这一重要商品的影响，波斯对中国的称呼赛里斯（Seres）即丝国、秦尼（Sini）⑥ 也于公元 1~2 世纪时逐渐传到了埃及知识界，相关的描述见诸《地理志》和《厄立特里亚海航行记》等文献。这些史料揭示了中非对彼此最初的异域想象。

中非关系究竟始于何时，学界说法不一。沈福伟提出中非关系最早始于春秋战国。张象认为中非关系始于汉代以前，因为此时中非民间贸易就已存在。艾周昌和沐涛根据确切史料分析，中非人员的官方往来始于建元二年至元朔三年（公元前 139~前 126 年），"汉使张骞渡西海，至大秦"⑦。张骞出使西域，到达了黎轩⑧（一说即埃及的亚历山大城）。"黄支之南，有已程不国⑨，汉之译使自此还矣。"⑩ 西汉时期史书上就已有关于东部非洲国家埃塞

<hr>

① 〔荷〕戴闻达：《中国人对非洲的发现》，胡国强、覃锦显译，商务印书馆，1983，第 3 页。
② 张星烺编注《中西交通史料汇编》第一册，华文出版社，2018，第 17 页。
③ 嵇立群、芮信卷主编《中国文化杂说（十）中外交流卷》，北京燕山出版社，1997，第 436 页。
④ 朱东润、李俊民、罗竹风主编《中华文史论丛》一九八三年第四辑，上海古籍出版社，1983，第273 页。
⑤ 《战国策》秦三·范子因王稽入秦。
⑥ 〔加〕朱凡：《古代中非关系研究》，花城出版社，2010，第 17 页。
⑦ 《博物志》卷一·水。
⑧ 别称乌迟散、迟散城。
⑨ 一说是今印度半岛南部，一说是锡兰，张星烺认为"已程不"疑为希腊语依梯俄皮亚（Ethiopia）故认为是埃塞俄比亚。
⑩ 《汉书》卷二八下·地理志第八下。

俄比亚的记录。由于地理空间上的遥远和古代交通条件的不发达,两汉时期中国与非洲的联系主要以印度次大陆或安息为中介,来打通中国与东北非地区的间接贸易。该时期,有关中国和非洲的记载多源于传闻,准确性尚待考证。

汉武帝元鼎五年(公元前 112 年),"大宛诸国发使随汉使来观汉广大,(安息王)以大鸟卵及黎轩①善眩人献于汉"②,埃及魔术师、杂技艺人也到达了中国,是为中非文化交流的开端。这一文化交流的形式延续到了东汉时期,"安帝永宁初,复遣使朝贺献乐及幻人……自言我海西人,海西即大秦也"③。《后汉书》记载,"其王常欲通使于汉,而安息欲以汉缯彩与之交市,故遮阂不得自达"④,波斯通过垄断东西方贸易来获利,但中国和罗马双方都有进行直接贸易的诉求。随后"和帝永元九年,都护班超遣甘英使大秦⑤,抵条支⑥"。永元九年(公元 97 年),班超派遣甘英出使大秦,虽然到了条支国就折返了,但通过大夏打探到了关于大秦国的消息。这次出使也吸引了来自埃塞俄比亚阿杜利的使者到访洛阳,"于是远国蒙奇、兜勒皆来归服,遣使贡献"⑦。阿克苏姆王国也由此成为最先与中国建立交往关系的非洲国家。⑧ 至此,中非陆上交通的情况已经基本明了,但双方的直接贸易仍未确立。⑨

这一时期,统治着埃及的罗马亦欲打破安息人对中非贸易的垄断,远征安息,但未能如愿击败安息。陆路交通的不便助推了中非海上交通的开辟。公元 2 世纪东汉时期,以印度为中转站,连通中国和大秦(埃及)的海上丝绸之路即南海商路初见端倪。但掌握这条商路的主要是外国商船,此时中

---

① 此处引文变为《史记》卷一百二十三大宛列传第六十三。
② 《法言义疏》六。
③ 《通典》卷一八七·边防三。
④ 《后汉书》卷八八·西域传。
⑤ 这一称呼最早起源东汉,是中国对罗马帝国的称呼。
⑥ 《册府元龟》卷六百六十二。奉使部·绝域。
⑦ 《后汉书》卷八八·西域传。
⑧ 许永璋:《古代中非关系史稿》,上海辞书出版社,2019,第 18 页。
⑨ 艾周昌、沐涛编著《中非关系史》,华东师范大学出版社,1996,第 12 页。

国船只并不具备远洋航行的能力。①

中非正式建立起联系正是依靠海上商路。延熹九年（公元 166 年），"大秦国王遣使奉献。时国王安敦献象牙、犀角、玳瑁等"②。大秦王即罗马皇帝马可·奥勒留遣使来华③，并带来了东北非的特产，在此前西汉长安和埃及亚历山大城经贸联系的基础上，实现了东汉与罗马的"始乃一通焉"。有学者将此次来自埃及亚历山大城的大秦国使者绕道日南来华④视为中非之间最早的正式接触。一说使者系由亚历山大里亚的商人假冒，但无论如何，这标志着罗马治下的埃及与中国借助海上丝绸之路建立起了直接的经贸或政治关系。两汉时期，中国对以麦罗埃为首都的库施王国的地貌山川也有了一定的认识，"至晋武帝大康中，其王遣使贡献，或云其国西有弱水、流沙，近西王母⑤所处，几于日所入也"⑥，古人知晓了弱水（上埃及的石油河）和流沙（阿拉伯沙漠或努比亚沙漠)⑦ 的基本情况。后来兴起的阿克苏姆王国（埃塞俄比亚）的阿杜利就是中非商贸往来的重要港口。

除了和平的商贸和使者往来外，中非双方也发生过战事。建昭三年（公元前 36 年），汉朝讨伐郅支单于，俘虏的罗马士兵中就有埃及人。后来，西汉在西北张掖郡设置骊靬县安置这些俘虏⑧，"牦靬即大秦国也，张掖骊靬县盖取此国为名耳"⑨。于是这些骊靬人就成了中非交往的早期移民。除人员的往来外，"平帝元始中，王莽辅政，欲耀威德，厚遗黄支⑩王，令遣使献生犀牛"⑪，当时西汉政府为了显现天下归心和彰显德行，求取犀牛

---

① 张铁生：《中非交通史初探》，生活·读书·新知三联书店，1965，第 2～3 页。
② 《后汉书》卷七·孝桓帝纪。
③ 《阎宗临文集》卷二，商务印书馆，2019，第 518 页。
④ 黄剑华：《西域丝路文明》，成都时代出版社，2016，第 85 页。
⑤ 指的是库施王国的女王。
⑥ 《文献通考》卷三百三十九·四裔考十六。
⑦ 许永璋：《古代中非关系史稿》，上海辞书出版社，2019，第 15 页。
⑧ 艾周昌、沐涛编著《中非关系史》，华东师范大学出版社，1996，第 10～11 页。
⑨ 《汉书》卷六十一·张骞李广利列传第三十一。
⑩ 据推测即埃塞俄比亚。
⑪ 《汉书》卷二八下·地理志第八下。

这一珍禽异兽来作为证明。

魏晋南北朝时期，中国史书对于大秦的相关记载更加完备，对其地理方位、重要城市、民族容貌以及所献的地方特产均有记录。其中特产收录较有代表性的是没药①（兜纳香）、水精椀（水晶碗）、乳香等。

三国、西晋时期，来华贸易的大秦商人络绎不绝。"孙权黄武五年，有大秦贾人字秦论来到交趾……权问方土谣俗。"②吴黄武五年（公元226年），来自埃及亚历山大城的商人"秦论"来华访问了建业和武昌，并受到了吴政权统治者孙权的接见。③这里"秦论"并非其名字，是以他的出生地（籍）代姓，"秦论"实际上是与亚历山大地区联系密切的昔兰尼加。④昔兰尼加指利比亚的东部地区，秦论的古音与其相似。"俄而大秦国奉献琛，来经于州，众宝既丽，火布尤奇。"⑤西晋时期大秦商人则带来了埃塞俄比亚的火浣布（石棉布）和蜜香纸。

二 唐代至明代的中非交往：官方与民间交往的长足发展

如果说公元前2世纪到公元2世纪是由波斯人扮演中非陆路贸易的中间人，从唐朝开始，则是阿拉伯人和埃塞俄比亚人充当中非海路贸易中间商，并发挥着越来越重要的作用。唐代以来，典籍中开始大量出现有关非洲的记载。6~7世纪，阿拉伯势力在非洲迅速扩张，成为当时非洲与中国交往的主导力量。阿拉伯帝国（大食国）的势力范围囊括了埃及、马格里布以及在东非沿海建立的一众商业城邦。⑥永徽二年（公元651年），来自北非的"大食国遣使朝贡"⑦，这也是伊斯兰教传入中国的标志性事件。

在中非人员往来方面，天宝十年（公元751年），因参与高仙芝西征而

① 即索马里香。
② 《梁书》卷五十四诸夷传·海南诸国传·中天竺。
③ 舒运国、张忠祥、刘伟才主编《非洲经济评论（2016）》，上海三联书店，2016，第188页。
④ 沈福伟：《中国与非洲——中非关系二千年》，中华书局，1990，第113页。
⑤ 《全晋文》卷八十一·奇布赋。
⑥ 艾周昌、沐涛编著《中非关系史》，华东师范大学出版社，1996，第27~28页。
⑦ 郭依峰：《阿拉伯国家政治经济与外交》，知识产权出版社，2013，第62页。

在中亚怛罗斯之战被大食俘虏的杜环，得以到非洲的摩邻国①和大秦（埃及）游历②，他也成了在中国有史记载的第一个到达非洲并留下著述的中国人。彼时亦有黑人来华，西安唐代裴氏小娘子墓出土的黑人陶俑即侧面反映了中非交往的日益深入使得唐人对非洲黑人的体貌特征有了相当的了解。③开元十二年（公元724年），僧祇（Zinj）④献黑奴于华。尔后分别在元和八年（公元813年）、元和十年（公元815年）、元和十三年（公元818年）出现黑人来华之事。"元和八年，遣使献僧祇僮及五色鹦鹉频伽鸟，并异香。"⑤这些黑人或是商人，或是使节的仆从以及奴隶。宋代时，黑人随船从口岸城市来华。"广中富人，多畜鬼奴，绝有力，可负数百斤。言语嗜欲不通，性淳不逃徙。"⑥

唐宋时期，随着造船业的发展，中国船只已具备远航能力，从广州经波斯湾的航线日益成熟，最远可到达东非沿海地区（三兰国）。贾耽所提到的"广州通海夷道"所载的自广州经乌剌到三兰⑦的航线使唐船直航非洲成为可能。⑧"其西岸之西，皆大食国，其西最南谓之三兰国。"⑨但对于唐船行驶到波斯湾的航线是否延伸到东非仍存在争议，因为对航道的叙述反倒更像是从三兰国到乌剌国的景色⑩，因此有学者认为此记述应是来自商人的叙述，并不代表中国商船能到达非洲。

---

① 学界对此有不同的说法，认为可能是肯尼亚的马林迪、北非的马格里布、苏丹的麦罗埃、马里、埃塞俄比亚的阿克苏姆或摩洛哥。

② 武斌：《丝绸之路全史》（上），辽宁教育出版社，2018，第683页。

③ 中国社会科学院西亚非洲研究所《非洲概况》编写组编《非洲概况》，世界知识出版社，1981，第325页。

④ 阿拉伯人、波斯人对东非黑人的称呼，有时与骨论、昆仑奴混用，但昆仑奴指代更广，自林邑以南，皆卷发黑身，通号为"昆仑"，包括了南海、东南亚和印度洋附近的棕黑色民族或土著居民。

⑤ 《唐会要》卷一百·诃陵国。

⑥ 《萍洲可谈》卷二。

⑦ 对于三兰位于何处，学者们众说纷纭，有人认为是亚丁湾南岸的泽拉港或坦桑尼亚的达累斯萨拉姆，较为可能的是桑给巴尔。

⑧ 郑天挺、谭其骧主编《中国历史大辞典》，上海辞书出版社，2010，第191页。

⑨ 《新唐书》卷四三下·志第三三下·地理七下。

⑩ 李安山：《非洲华侨华人史》，中国华侨出版社，2000，第55页。

随着海上丝绸之路的发展，来自东非沿海殊奈①和甘棠的使者也相继访华。②"环王南有殊奈者，泛交趾海三月乃至……九年，甘棠使者入朝，国居海南。"③ 这是对中国船只在公元 7 世纪后到达桑给海岸，进行中非直接贸易的回应。④ 唐朝末期，非洲的贸易中心由北非逐步转移到了东非，这一中非经贸关系的变化是商道受政局变化影响的结果。

在宋代，由于中国同阿拉伯国家进行着大规模的贸易，中国同非洲的贸易自然也成了其中的一部分。⑤ 宋代与东北非、东非国家的交往和造船业的发展息息相关，横渡印度洋到东非的航线得以开辟⑥，也推动了广州、泉州、明州、杭州等地的市舶贸易。自熙宁四年至元丰六年（公元 1071 ~ 1083 年），层檀⑦（桑给巴尔）使者三次自海路至广州访华⑧，这是撒哈拉以南非洲（古称南海大食）与宋朝确立官方贸易关系的开始。熙宁六年（公元 1073 年），来自肯尼亚地区的"大食俞卢和地国⑨遣蒲罗洗来贡乳香等"。⑩ 在今东非坦桑尼亚、肯尼亚和索马里发掘出的唐宋钱币和陶瓷也是当时中非交往的有力物证，而宋币居多则反映了印度洋航线在宋朝较之唐朝更进一步。至于北非埃及的法蒂玛王朝和阿尤布王朝，虽没有与宋朝直接交往的史料记录，但宋瓷在开罗等地的出土证明了此前东北非与中国的联系并未中断。⑪ 长安到丹吉尔的商路上进行的商品交换依旧络绎不绝。

---

① 殊奈国（亦称殊奈国）为东非海岸桑给人（一说索马里人）居住的国家。
② 沈福伟：《中西文化交流史》，上海人民出版社，2014，第 141 页。
③ 《新唐书》卷二二二下·列传第一七四下·南蛮下。
④ 沈福伟：《中国与非洲——中非关系二千年》，中华书局，1990，第 4、219 页。
⑤ 张铁生：《中非交通史初探》，生活·读书·新知三联书店，1965，第 5 页。
⑥ 许永璋：《古代中非关系史稿》，上海辞书出版社，2019，第 102 页。
⑦ 亦称昆仑层期（昆仑与桑给的合称）、层拔，不同于今桑给巴尔，应当为古代东非海岸的统称或指马达加斯加及其附近的东非海岸、朱巴河以南的广大东非海岸和岛屿。有学者认为该地区也有可能是亚丁湾的泽拉、麦加的吉达，而非桑给巴尔。
⑧ 姜义华主编、沈福伟撰《中华文化通志》（第十典中外文化交流——中国与西亚非洲文化交流志），上海人民出版社，2010，第 406 页。
⑨ 今肯尼亚基卢普和格迪。
⑩ 何芳川、宁骚主编《非洲通史·古代卷》，华东师范大学出版社，1995，第 481 页。
⑪ 许永璋：《古代中非关系史稿》，上海辞书出版社，2019，第 151 页。

元代时，中国通过海路连通非洲的航线主要有三条，分别连接北非、东非和马达加斯加。造船术的革新与航海术的进步是建立在唐宋时期的技术积累之上的。① 朱思本在《舆地图》中将非洲大陆的基本轮廓"倒三角形"绘制了出来，体现了古人对非洲基本地理知识的掌握。这也是中国第一幅真正意义上的非洲地图，表明中国对非洲的认识超过了同时代的阿拉伯人和欧洲人。

当时中非往来最典型的例子是两大旅游家的互访：中国的汪大渊和摩洛哥的伊本·白图泰（Ibn Battuta）。致和二年（公元 1329 年），"因附舶以浮于海者数年"②，旅非的汪大渊游历了北非埃及、摩洛哥丹吉尔港马格里布地区和东非的层摇罗③（桑给巴尔）、千里马（肯尼亚的格迪）、加里那（肯尼亚蒙巴萨北部的基那尼）、加将门里的麻那里④等地⑤，可以说汪大渊在非洲东海岸的游历为后来郑和下西洋奠定了基础。而伊本·白图泰于至正六年（公元 1346 年）到访了中国的泉州、广州、干江（干江镇隶属浙江台州市玉环市）、杭州和北京等城市，他将中国、埃及与摩洛哥这三大文明的农业、商业和城市进行了对比。后来根据他的游历经历整理的《伊本·白图泰游记》，向北非阿拉伯国家介绍了元代中国的情况。

在官方交往方面，元朝至元十九年（公元 1282 年）中国使者阿耽去往阿鲁乾伯国，与埃及建立外交关系。受其影响，古答奴国⑥（埃塞俄比亚）也遣使与元廷建立关系。至元二十二年（公元 1285 年），马答国⑦（又名马合答束）使者到元大都觐见忽必烈⑧，这是当时索马里摩加迪沙港与元朝的贸易往来促之，也是当时飞速发展的中国与东非关系的一个缩影。致和元年

---

① 张铁生：《中非交通史初探》，生活·读书·新知三联书店，1965，第 102~103 页。
② 《岛夷志略·吴鉴序》（知服斋丛书本）。
③ 亦称层拔罗。
④ 学者认为该地区可能是坦桑尼亚的松戈·姆纳拉岛、肯尼亚的马林迪或澳大利亚北部的达尔文港以东地区。
⑤ 许永璋：《古代中非关系史稿》，上海辞书出版社，2019，第 173 页。
⑥ 系地名冈达拉的音译，是位于埃塞俄比亚所罗门王朝中心阿姆哈拉以西之地。
⑦ 即索马里的摩加迪沙。
⑧ 李罗力等编著《中华历史通鉴》（第 2 部），国际文化出版公司，1997，第 2220 页。

（公元 1328 年），雅济国①（埃塞俄比亚）又遣使访华。据马可·波罗记载，元忽必烈时期还遣使去往马达加斯加②发展关系。这一时期频繁的、载于史册的互派使节体现了中非海上交通的贯通以及官方联系和民间交往都得到了长足的发展。

元朝与马穆鲁克王朝的交往为摩洛哥以及西非的西苏丹与明廷关系的发展奠定了基础。永乐二十一年（公元 1423 年），鲁迷国③使者到访北京。"日落国④，永乐中来贡。弘治元年，其王亦思罕·答儿·鲁密·帖里牙复贡"⑤，桑海国统治者来华进行朝贡贸易，这是中国与西非交往的标志，也显示了此时中国与非洲的接触在地理疆域上的延伸，此后桑海国与中国都成了印度洋贸易的积极参与者。此外，茶弼沙国（加纳）尽管属于传闻之国，但也为当时中国人所知，存在些许人员往来，并与广州进行了通商。⑥

中非海上贸易的高峰无疑是 15 世纪上半叶郑和下西洋期间与东非沿海各国的商贸往来。郑和的船队先后到达了勿斯里国（埃及）、木骨都束国（索马里摩加迪沙）、竹步国（索马里朱巴）和卜剌哇国（索马里布腊瓦）、慢八撒⑦（肯尼亚蒙巴萨）、麻林⑧（肯尼亚马林迪）和坦桑尼亚等地。其随从费信还提到了孙剌（索法拉）和比剌（莫桑比克港）。郑和远航非洲是中非古代交往的顶峰，留下的《星槎胜览》《瀛涯胜览》《西洋蕃国志》《郑和航海图》等文献、地图资料都完备了对明朝与东非交通的认识。此次远航也吸引了非洲国家使节的回访。东非的木骨都束国（摩加迪沙）、麻林地（马林迪）等地分别派遣使节访华，而北非的密昔儿⑨（Misr）素丹也于

---

① 该国名是根据当时埃塞俄比亚的统治者阿姆达·济荣的省译而得名，与古答奴国同属今埃塞俄比亚境内的国家，分属不同地区。

② 一说所谓的马达加斯加实则是摩加迪沙。

③ 亦称芦眉。

④ 当时桑海阿斯基亚王朝所统治的国家，后来也将加纳和马里称为日落国。

⑤ 《明史》卷三三二。

⑥ 沈福伟：《中国与非洲——中非关系二千年》，中华书局，1990，第 433 页。

⑦ 亦有学者认为是曼布鲁伊。

⑧ 亦称麻剌、麻林地。

⑨ 或米昔儿、勿斯里，即埃及，是哈里发统治下"卫城"的意思。

正统六年（公元 1441 年）遣使来华朝贡。"正统六年，王锁鲁檀阿失剌福复来贡……自后不复至"①，这是古代中非关系中有确切日期记载的尾声。此前官方主导进行的远洋宝船贸易于宣德八年（公元 1433 年）后就停止了，但民间贸易仍然存续着。需要指出的是，这种朝贡活动的实质是中非奢侈品、象征祥瑞的珍禽异兽和地方特产的贸易交换。"永乐时，曹县献驺虞，榜葛剌国、麻林国进麒麟，震请贺。"② 永乐十三年（公元 1415 年），麻林国贡麒麟（长颈鹿）③ 和"木骨都束国进花福鹿（斑马）并狮子"④ 都是非洲国家赠送动物物种来华的佳话。

后来东南沿海倭寇盛行，于是明廷奉行海禁政策，加上葡萄牙、荷兰、法国、英国等欧洲殖民者对中非海上交通的阻断，导致中非官方往来几近停滞，因而也有了外国学者戴闻达（Duyvenduk）、哈奇逊（Hutchsion）等提出的"中非关系五百年中断说"。⑤ 这一论断忽视了仍在进行的中非民间贸易，但一定程度上也反映了中非古代交往受到的影响。自正统六年（公元 1441 年）密昔儿素丹阿失剌福派遣使者访问明廷起，直到 1905 年清朝派领事驻南非为止，见诸史册的中非官方交往确实沉寂了很长时间。

1441~1840 年是中国和非洲交往的一个转型的时期，同先前的中非交往相比，中非之间的直接接触逐渐减少，间接接触成为主要的交往方式。但是，从交往的规模和深度上来看，这并不意味着中非关系重返两汉时期的模式，这一时期中国和非洲的交流和互动更甚于从前，在继续维持着经贸往来的同时，中非之间的人员往来也更加频繁，文化交流更加活跃。这一时期中非交往的特点如下。

首先，旧有的航道被西方殖民者破坏和控制，导致中国同非洲之间的贸易需要通过作为中介的殖民者。1433 年郑和下西洋被停止之后，中国远洋

---

① （清）张廷玉等撰《明史》（卷二七八至卷三三二），吉林人民出版社，1995，第 5634 页。

② 《殊域周咨录》卷九·苏门答剌。

③ 李新烽：《记者调查：非洲踏寻郑和路》，晨光出版社，2005，第 10~11 页。

④ 张星烺编注《中西交通史料汇编》第一册，华文出版社，2018，第 514 页。

⑤ 艾周昌：《近代时期的中国与非洲》，《西亚非洲》1984 年第 1 期，第 68 页。

航行事业的萎缩和衰败，致使朝贡贸易不断减少，最终走向衰落，这也将中国对外贸易区域慢慢限制在东亚和东南亚地区。但是，中非贸易并未完全停止。这一时期中国货物输往非洲主要有两条路线：一条是海路，经印度南部运往亚丁和吉达等地，然后再转销北非及东非；另一条是陆路，主要经由亚洲西部地区抵达埃及的亚历山大城，然后转销欧洲和北非各国。在贸易中，中国向非洲出售的货物主要是瓷器、大黄、姜、肉桂、麝香、漆器等特产，而中国所购买的非洲货物则主要是非洲特产，如来自埃及的丝绒、驼绒、珊瑚、朱砂等。①

然而，西方殖民者对于东亚和东南亚地区的侵略，切断了中国通往非洲的航线。此后，殖民者成为中非贸易的中介。1498 年达·伽马绕过好望角到达了印度，开辟了到达印度卡利库特的航线。之后，葡萄牙殖民者相继占领了印度沿海的果阿、孟买等地，进一步控制了马六甲海峡、马尼拉等地，阻断了中国对外贸易的传统航路。从此，中国同波斯、非洲之间的商贸往来由殖民者取而代之。② 16 世纪葡萄牙又相继占领东非沿海地区的莫桑比克、索法拉、基尔瓦等地，至此葡萄牙人完全垄断了中非贸易。大量的中国瓷器经由葡萄牙人运往欧洲和非洲，给葡萄牙人带来了丰厚的利润。在东非沿海和埃及的考古工作中都发现有大量明代的瓷器及其残片出土，如埃及的福斯塔特遗址，索马里和肯尼亚交界处，帕塔、马林迪、萨斯堡，坦桑尼亚和肯尼亚的边界，巴加莫约、桑给巴尔岛，等等。③ 这些考古发现充分证明了这一时期中非贸易不仅存在，而且分布范围广泛。

16 世纪下半叶，荷兰在尼德兰革命之后迅速崛起为商业资本强国，并参与到世界商业竞争和殖民掠夺的队伍中。在同葡萄牙的竞争中荷兰逐渐夺取了安汶岛、帝多利岛、马六甲等地，排挤了葡萄牙的势力，垄断了海上贸易。在此期间，荷兰开辟了从中国南海经巽他海峡到好望角或是经

---

① 许永璋：《古代中非关系史稿》，上海辞书出版社，2019，第 232 页。
② 许永璋：《古代中非关系史稿》，上海辞书出版社，2019，第 232 页。
③ 艾周昌、沐涛编著《中非关系史》，华东师范大学出版社，1996，第 121 页。

马六甲、马斯克林群岛①到好望角的航线。另外，还有从阿拉伯半岛的木哈到东非的航线。从考古发掘的瓷器碎片来看，中国与非洲之间的间接贸易依然存在。

17世纪中后期有了更丰富的资料显示中国货物被运到非洲。1655年毛里求斯向巴达维亚的荷属东印度公司订购了100件中国粗瓷盘、50件瓷碟、50件大瓷碗、50件小瓷杯。除毛里求斯外，1678年、1681年均有中国瓷器从巴达维亚运到开普敦。②1715年法国从荷兰手中夺取毛里求斯之后，开辟了一条从马斯克林群岛与中国的航线，此后，马斯克林群岛成了法国人将中国货物输往非洲的中继站。1793年，法国政府规定，新印度公司所属的船只每年从中国返航时，应有一艘开往马斯克林群岛，供应中国的丝绸、棉布、瓷器等。③另外，法国商人曾给马达加斯加岛上的萨卡拉瓦（Sakalava）国王带去珍贵的中国花瓶和一个漆雕御座。④清人陈伦炯也在其著作《海国闻见录》中记载非洲的马达加斯加"间有舟楫通粤东"⑤。所以，马达加斯加岛与中国广州在这一时期应该有了稳定可靠的商贸往来。

其次，殖民者的侵略活动在给中非人民带来伤害的同时，客观上促进了双方人员的交流和互动。16世纪中叶葡萄牙殖民者贿赂中国官员取得在澳门的定居权之后，就开始把黑人贩卖到那里为奴。《澳门纪略》述，"澳夷西洋族，自嘉靖三十年（公元1551年）来……白主、黑奴"⑥，又说："其通体黝黑如漆，特唇红齿白略似人者，则曰鬼奴……女子亦具白黑二种，别主奴。"⑦除文字记述外，16世纪的日本南蛮屏风画中描述了从澳门到长崎

---

① 马斯克林群岛位于非洲的马达加斯加岛以东640~800公里的印度洋中，地理坐标为南纬19°43′~21°22′，东经55°15′~63°26′，由留尼汪、毛里求斯和罗德里格斯岛组成，属火山岛，面积4486平方公里。

② 艾周昌、沐涛编著《中非关系史》，华东师范大学出版社，1996，第124页。

③ 艾周昌、沐涛编著《中非关系史》，华东师范大学出版社，1996，第121页。

④ 详见 J. D. Fage, Roland Oliver, *The Cambridge History of Africa*, Vol. 4, London: Cambridge University Press, 2008, p. 465.

⑤ （清）陈伦炯撰，李长傅校注《〈海国闻见录〉校注》，中州古籍出版社，1984，第66页。

⑥ （清）印光任、张汝霖：《澳门纪略》卷下《形势篇》。

⑦ （清）印光任、张汝霖：《澳门纪略》卷下《澳蕃篇》。

的"黑船"上不仅有白色的葡萄牙人，还有深肤色的非洲人。这些黑人为其主人撑着大伞遮挡太阳。[①] 据记载，1635 年澳门的居民人数为 7000 人，其中 5100 人是奴隶，主要是非洲人。[②] 这充分证明了 16 世纪澳门已经有不少来自非洲的黑人。此外，殖民者曾在侵略我国福建、浙江、台湾三省时携带有黑人，他们多为殖民者的仆役、水手，甚至被迫充当炮灰。值得一提的是，1661 年郑成功收复台湾的时候，就有黑人加入他的军队一起抗击荷兰人。这是近代中非人民共同反对殖民统治的第一曲。[③]

随着西方殖民者对占据的殖民地进行开发，劳动力不足、人口过少等情况是殖民地发展中必须解决的难题。为解决殖民地劳动力不足的问题，荷属东印度公司将一些判处流放的罪犯发往殖民地从事劳动，抑或诱拐部分人员送往殖民地，而这些人里面就有中国人。从现有的资料来看，早期华人在非洲的活动范围主要集中在毛里求斯、南非、留尼汪岛等地。1652 年荷兰决定在好望角建立一个补给站，后发展成了开普殖民地。第一任长官范·里贝克（Jan van Riebeeck）针对殖民地存在的劳动力不足、科伊人不愿成为劳工等情况，坚持认为应该在开普推行奴隶制。他曾写信给荷属东印度公司，请求公司派几个中国人来，以便引进农业和捕鱼技术。[④] 然而，这一想法并未成功。

1654 年，荷兰殖民者将 3 名中国人从印度尼西亚的巴达维亚送到毛里求斯，这些是有案可查的抵达非洲的早期中国移民。[⑤] 但是他们是否留在了毛里求斯尚无法确定。1660 年一个名叫"万寿"（Wancho）的中国囚犯从巴达维亚被送到开普，他很有可能是第一个有据可查到非洲定居的中国人。[⑥]

---

① （清）彭蕙：《明清时期澳门黑人问题研究》，中国社会科学出版社，2017，第 49~50 页。
② Philip Snow, *The Star Raft China's Encounter with Africa*, New York: Weidenfeld & Nicolson, 1988, p. 39.
③ 艾周昌、沐涛编著《中非关系史》，华东师范大学出版社，1996，第 186 页。
④ 转引自 Melanie Yap, Dianne Leong Man, *Colour Confusion and Concessions the History of the Chinese in South Africa*, Hong Kong: Hong Kong University Press, 1996, p. 5.
⑤ 李安山：《非洲华人社会经济史》，江苏人民出版社，2019，第 228 页。
⑥ 李安山：《非洲华人社会经济史》，江苏人民出版社，2019，第 237 页。

1727 年，法国商人皮埃尔·波瓦夫勒（Pierre Poivre）为了促进毛里求斯的植物种植，将一些中国园丁从加尔各答带到毛里求斯。到 1783 年，乘坐英国、法国和丹麦船只到达毛里求斯的华人逾 3000 人。① 中国人到达留尼汪岛的时间要晚一些。1727～1735 年，留尼汪岛的皮埃尔·贝努瓦·杜马（Pierre Benoît Dumas）曾从中国引进茶树苗和荔枝苗，为保证育苗成功，可能同时运送了一些中国人到岛上。

进入 19 世纪之后，由于工业革命的迅速发展，工业资本迫切需要庞大的自由劳动力和广阔的市场，再加上美洲黑奴反抗运动和独立战争的高涨，针对国内的舆论压力和发展需求，1807 年英国宣布废除奴隶贸易。殖民者为了获取廉价劳动力，开始在中国沿海地区招募苦力，并以签订契约的形式规定苦力的劳动年限和薪资。但事实上这些契约劳工在抵达目的地之后发现生活条件恶劣、实际薪资同契约不符等，所以它其实是一种"隐蔽的奴隶制"。1815 年拿破仑被流放到圣赫勒拿岛时，当地总督曾写信给英属东印度公司表示，由于波拿巴将军的到来，岛上对于劳动力的需求增加，请求派遣150 个中国人前来，一个月后又改为 350 人。② 1817 年比亚尔在游历毛里求斯时说路易港有个中国营。③

最后，有关非洲的知识和见闻更加丰富。1707 年，樊守义随传教士艾勋爵（Jos. Ant. Provana）前往欧洲，他在《身见录》中记述了沿途见闻，提到了南非好望角（大狼山）。④ 1730 年陈伦炯写成的《海国闻见录》一书中记载了非洲不少地名。据许永璋先生考证，书中记有埃及，苏丹，包含厄立特里亚、埃塞俄比亚和索马里部分的非洲东北角，乌干达、肯尼亚、坦桑尼亚等东非诸国，南部非洲的津巴布韦、莫桑比克、博茨瓦纳、赞比亚、南

---

① David. H. Shinn, Joshua Eisenman, *China and Africa a Century of Engagement*, Philadelphia：University of Pennsylvania Press, 2012, p. 20.

② H. B. Morse, *The Chronicles of the East India Company Trading to China 1635-1834*, Vol. 3, Oxford：Oxford University Press, 1926, p. 254.

③ 〔毛里求斯〕厄斯诺·巴伯吉：《毛里求斯简史》，梁易译，上海人民出版社，1973，第25 页。

④ 沈福伟：《中国与非洲——中非关系二千年》，中华书局，1990，第498 页。

非等国，东南部的马达加斯加，中部的刚果，西非沿岸的几内亚、几内亚比绍、塞内加尔和萨赫勒地区、毛里塔尼亚、马格里布等地方。[①] 1820 年，谢清高依据 1782~1795 年自己在外国商船做海员的经历，口述成书《海录》。书中记述了莫桑比克、毛里求斯、南非等国的地理环境以及当地的物产和风土人情。如他在书中记录了莫桑比克的河马，"海马出麻沙密纪（即莫桑比克）……形似牛，而脚短。居水中，偶上岸食草，或曝于沙埠"[②]。

三 古代中非交往的特点：互惠性质的和平外交

古代中国与非洲的关系性质不同于近代 15~16 世纪西方殖民者恃强凌弱地为了资本原始积累而进行的掠夺，而是厚往薄来的朝贡－回赐形式，所追求的是声望产品而非生产性商品。中非关系的历史主旋律是互惠性质的商贸、文化、政治交往以及和平外交[③]，而非依凭一方更为发达的技术进行掠夺和征服。[④]

从时间跨度来看，纵观中非古代交往，可以发现古代中非交往起于中国与北非的联系，可以说中非关系起于中埃关系，而又以中国与东非的联系最盛。中埃两国同为历史悠久的文明古国，彼此称羡对方的高度文明，"其人民皆长大平正，有类中国，故谓之大秦"[⑤]，这也是埃及被称为"大秦"的原因之一，这在古代中非文明互鉴的过程中具有代表性。

从地域上来说，学界对于北非和东非与中国的古代交往关注较多，对于西非有所忽视。实际上，在元代，以麦加的宗教活动和摩洛哥撒哈拉沙漠商道与北非国家的联系为中介，中国与西非也进行了经济和文化交流。[⑥]

---

① 许永璋：《古代中非关系史稿》，上海辞书出版社，2019，第 241~249 页。
② （清）谢清高：《海录》，载艾周昌编注《中非关系史文选（1500-1918）》，华东师范大学出版社，1989，第 23 页。
③ 陆庭恩：《中国与非洲》，北京大学出版社，2000，第 243 页。
④ Philip Snow, *The Star Raft：China's Encounter with Africa*, New York：Cornell University Press, 1989, p.29.
⑤ 《后汉书》卷八八·西域传第七十八。
⑥ 张象：《古代中非关系研究中的几个问题》，《西亚非洲》1993 年第 5 期，第 73 页。

中非交往的起落主要由两大因素决定。其一，中非双方各自政局的稳定性。若国力强盛，政局稳定，则会产生与外部世界交流的强大推动力。这种交往以战争或商贸的形式开展，历史上罗马帝国、阿拉伯帝国、汉朝、元朝的扩张活动都使双方得到了接触的机会，而通过陆上和海上丝绸之路的转口贸易与直接贸易则是更重要的交流纽带。其二，中非之间陆上和海上交通的通畅程度以及西域、中亚和东南亚各国的政局变化。随着科学技术的进步，中非双方越来越能克服地理的阻隔，商路的兴衰则受外部势力介入程度和扮演角色的影响，或充当中间商，如南印度各国（现印度、斯里兰卡等国）、西亚诸国以及阿拉伯半岛、波斯湾国家承担起了转运商品和传播知识的作用，或垄断商路，阻碍双方的交往。

中非古代交往起于双方对彼此奢侈品和特产的需求，通过商品的流动进而形成了对遥远他者的初步认知，这刺激了官方互相派遣使者，致力于建立起直接的联系以及民间商队投身于长途贸易赚取利润。起初主要是以埃及的亚历山大里亚和福斯塔特、丹吉尔（摩洛哥）的非斯、中国的长安和洛阳这样的首都城市或重要的商品集散地为中非联系的两端。以安息南北的商道为中转，从安谷城（安提阿克）出发，从两河流域的陆路和波斯湾的海道均可抵达埃及。总的来说，中印雪山商道和中印阿富汗商道是东汉与非洲各国商贸交往最主要的道路。① 水陆交通相结合的交通方式使得非洲与中国之间的往来得以实现。

随着陆路交通受中亚、西亚国家对商道控制的影响以及中非航海和造船技术的进步，埃及在红海贸易的基础上进行了拓展，而中国的南海贸易也发展迅速，在朝贡体系辐射的影响下通过南亚国家开展对外贸易，海上丝绸之路日益成熟，逐步实现了中非直航。到了唐宋时期，中国的广州、泉州、交州以及非洲的阿杜利斯、斯瓦希里海岸上的港口城市扮演了越来越重要的角色。中国与非洲的联系从东北非的非洲之角扩展到了整个东非沿海，呈现了由北向南发展的趋势，这也是中非共同参与到印度洋季风贸易系统后所建立

---

① 沈福伟：《中国与非洲——中非关系二千年》，中华书局，1990，第65页。

起的联结。到了元明时期，中非海上丝绸之路实现了北非、东非（包括马达加斯加）与中国多条航线的贯通；西非一些国家也通过参与印度洋贸易、前往麦加进行朝圣活动而间接地与中国建立起了贸易关系。同时，陆上丝绸之路依旧存续和发挥作用。

概言之，中非古代交往从西安出发经西亚、中亚到埃及的陆上"丝绸之路"交通和从中国东南沿海经马六甲海峡、印度到埃及和东非的海上"丝绸之路"的开辟①，经历了从物到人，从间接交往到直接接触，从民间到官方，从商贸到政治、经济、文化联系的逐次发展。在相互认知的过程中，双方也从直观、表面的对中非国家方位和特产的记载，深入对彼此国家政情民风、生产方式的了解。需要注意甄别的是，中国商品到达非洲，并不能代表中国商贾和中国商船与非洲业已联通，仅能作为对古籍记载的补充与佐证。②

四　古代中非交往的意义：推动物质文明与文化交流的双重交往

早期中非交往带来的最直接的影响是促进了物质文明的发展，因而两者间的联系纽带被称为丝绸之路、陶瓷之路和香料之路。双方根据各自的经济禀赋进行交换，非洲商品诸如象牙、香料（如龙涎香、血竭③）、犀牛角（非洲通天犀）、玳瑁（海龟壳）、香木被源源不断地运往中国以交换中国传统商品丝绸和陶瓷。此外，香药贸易在中非古代贸易中占有相当大的份额，主要出产于非洲之角的名贵的香药在满足统治阶级享乐需要的同时也促进了中医药的发展。许多原生作物也得到了传播，丰富了中非人民的生活所需，比如非洲的葡萄、棉花，赤道非洲的西瓜、苋菜，西苏丹的棉花，以及中国的桃、杏、李、生姜、茶。④

需要指出的是，商品交换与文化传播实际上也密不可分，借助商品这一

---

① 艾周昌、沐涛编著《中非关系史》，华东师范大学出版社，1996，第115页。
② 李安山：《中非古代关系史研究四十年》，《社会科学战线》2021年第2期，第109页。
③ 即麒麟竭。
④ 艾周昌、沐涛编著《中非关系史》，华东师范大学出版社，1996，第111页。

介质，文明、技术和思想也得以传播，促进了文化艺术的发展。埃及的造型艺术成为中国北方的陶俑仿效的对象①，埃及建筑的风格对新疆产生了影响。

中国产的丝绸传入非洲后，提花机丝织技术紧随其后也被埃及所吸收，改进了当地手工业的技术，将立机改为平机。② 相应地，随着埃及琉璃、玻璃制品传入中国，"外国作水精椀，实是合五种灰以作之，今交广多有得其法而铸作之者"③，制作琉璃和玻璃的工艺技术也被引入和学习。

中国的陶瓷工艺促进了麦罗埃制陶业的发展，埃及工匠也开始仿造宋代的青瓷，又加入了伊斯兰风格。中国陶瓷对于东非而言，融入了东非沿海文化，在一定程度上，还起到了填补非洲历史记录空白的作用。正如英国考古学家莫蒂默·惠勒（Mortimer Wheeler）在 1955 年所说："我一生中从未见过如此多的碎瓷片……可以毫不夸张地说，从 10 世纪起，坦噶尼喀地下所埋藏的历史，就是用中国瓷器写成的。"④ 津巴布韦遗址中考古发掘出的瓷器等实物，也证明了古代中国与南部非洲存在间接的商贸联系。

中非交往还对中西文化交流起到了中介作用，北非依靠地处亚非欧三大洲交界处的地理优势，成为中欧贸易和文化技术交流的桥梁。最典型的是中国的四大发明传入了非洲，造纸术于 8 世纪传入埃及、马格里布等地，印刷术在 10 世纪时传入埃及，"中国雪"（火药）于 13 世纪下半叶传入埃及。

在文化往来方面，在非洲影响力较大的伊斯兰教和基督教东传到了中国。伊斯兰教随阿拉伯商人在中国主要的商业城市从事的商贸活动而传入，在广州、泉州、杭州等地盛行，各地建造了埃及、叙利亚风格的清真寺，具有代表性的是广州的怀圣寺、泉州的圣友寺。北非伊斯兰教在中国传播的过程中也翻译了不少典籍，同时还促进了医学的发展。而基督教在中国被称为"景教"，属聂斯脱里派，由大秦传入，在中国亦

---

① 沈福伟：《中国与非洲——中非关系二千年》，中华书局，1990，第 158 页。
② 许永璋：《古代中非关系史稿》，上海辞书出版社，2019，第 40 页。
③ 《抱朴子》内篇卷二·论仙"大秦国物产"。
④ Basil Davidson, *Old Africa Rediscovered*, London：Victor Gollancz Ltd. , 1959, p. 132.

产生了一定的影响。

在货币层面，中国钱币作为一种商品大量流入东非，推动了东非沿海货币经济的发展。随后铸币制度和纸币的发行也被当地所借鉴、采用。

应当说中非古代交往起于物质生产领域的交换，随后扩展到科学、技术、宗教、文化以及制度层面的互相借鉴，符合双方认知发展日益深入的规律，并且文化交流寓于经贸活动之中，而政治关系与商业往来又相互促进，不可分割。

第二节　近现代中非交往的发展历程

传统观点认为中国同非洲的交往从 1441 年埃及派遣使者访问中国，直到 1955 年万隆会议周恩来与埃及纳赛尔总统的接触，中间存在约 500 年的中断期。实际上，近代时期的中国与非洲国家的关系并未"中断"，而是在新的历史条件下，以新的形式继续着。[1] 总体上看，近现代中国和非洲的交往可以划分为 1841~1911 年、1912~1949 年二个阶段。

一　1841~1911年的中非交往

1840 年鸦片战争之后，中国的国门被迫打开，从此开始了中国人民受屈辱的一个世纪。在国门打开之后，中国同非洲之间的交往和接触更为频繁，甚至与部分非洲国家建立了外交关系。随着非洲知识的流入和对非洲了解的增加，近代非洲遭受西方剥削和压迫的历史境遇也在中国引起强烈的情感共鸣。这一时期中非交往的特点如下。

首先，在西方殖民者的胁迫下，清政府逐渐放宽移民限制，大量华工被运到非洲。过去西方殖民者多从槟榔岛、巴达维亚等地招纳华工，缘于清王朝明令禁止官民私自出海经商。鸦片战争的失败让西方殖民者看清了清王朝的羸弱不堪，所以在鸦片战争之后，西方殖民者为寻求更低廉的劳动力，开

---

① 艾周昌：《近代时期的中国与非洲》，《西亚非洲》1984 年第 1 期，第 69 页。

始直接在中国沿海招纳华工。1845年和1846年法国种植园主从厦门分别招雇了两批华工，第一批180人，第二批200人。他们与雇主定有为期5年的契约，每人每月工资为银币4元。这是西方殖民者在中国东南沿海城市招工的开始。① 彼时清政府依然禁止移民，但对于西方殖民者的所作所为，地方政府或是佯装不知，或是听之任之。1859年广州清政府大臣柏贵在英国人的压力下发布公告，准许商人外出开展贸易，而且他们在国外居住一段时期后，还可以返回自己的家乡，凡愿意接受外国人雇用的人，在取得合法契约后，有这方面的自由。柏贵也借机谴责那些贩卖"猪仔"② 的绑架行为。③ 为扩大招工和改变非法招工的状况，1860年英法政府强迫清政府签订《北京条约》的续增条约，专门增加招工出洋的条例，规定"大清大皇帝允于即日降谕各省督抚大吏，以凡有华民情甘出口，或在英国所属各处，或在外洋别地承工，俱准与英民立约为凭，无论单身或愿携带家属一并赴通商各口，下英国船只，毫无禁阻"④。因此，1860年以后英法等国的商人可以直接在中国沿海各城市开设馆站，公开招工。所以，同之前到非洲的华工相比较，1860年以后到非洲的华工人数更多。到20世纪30年代，招募到非洲的华工人数估计在10万人以上。在地域分布上，1860年后到非洲的华工几乎遍布整个非洲大陆。华工从之前的以从事农业为主，逐渐转为从事开矿、修建公路和铁路、种植园等行业。

其次，西方殖民者对于华工的大量需求，间接地推动了中非政治关系的发展。一方面，后来的殖民者效仿英法谋求在华招工的权利，促进了中非关系的发展。比利时国王利奥波德二世通过1884~1885年的柏林会议以个人名义领有"刚果自由邦"之后，刚果自由邦大臣埃特维德（Van Eetveldo）就迫不及待地照会清政府希望建立外交关系，同时希望两国开通往来，除了

---

① 艾周昌、沐涛编著《中非关系史》，华东师范大学出版社，1996，第140~141页。
② "猪仔"一词是对于被贩卖的华工的蔑称，这种招募苦力的贸易在当时也被称为"猪仔买卖"。
③ 方积根编《非洲华侨史资料选辑》，新华出版社，1986，第103页。
④ 王铁崖编《中外旧约章汇编》第一册，生活·读书·新知三联书店，1957，第145页。

争取外交上的承认之外，也是谋求在华公开招纳华工的权利。1887 年比利时驻华大使同清政府交涉招聘华工事宜，被清政府以比利时不能替他国代招劳工的理由驳回。1892 年刚果自由邦委托葡萄牙劳工贩子在澳门招工，募得 542 人。这些劳工在抵达刚果之后，全部被送去修建刚果铁路，因生活条件恶劣，监工虐待，大量劳工葬身在那里。1898 年，在刚果自由邦代表余式尔的外交活动下，刚果最终同清政府签署《天津专章》。条约规定："一、中国与各国所立约内，凡载身家、财产与审案之权，其如何待遇各国者，今亦可施诸刚果自主之国。二、议定中国民人可随意迁往刚果自主之国境内侨寓、居住，凡一切动者、静者之财产，皆可购买、执业，并能更易业主，至行船、经商、工艺各事，其待华民与待最优国之民人相同。"① 这充分表明此时的中刚关系实际上是两个不能"自主"的国家在殖民者的压力下发展而来的。

　　另一方面，华工在非洲的活动有了利益被照顾的需求。19 世纪中后期南非相继发现黄金、钻石之后，英国同布尔人之间的矛盾愈加激烈，最终爆发战争。1902 年英国人取得最终的胜利之后，就开始考虑引进薪资低廉的华工以开发矿业。1904 年英国同清政府签订《保工章程》，确定了英国在华招工的权利和招工流程，协议的第六条规定，清政府可以派出领事前往英属殖民地以照料华工利益。同年 9 月 17 日，刘玉麟被任命为驻南非总领事，1908 年由刘毅接任，1911 年刘毅奉调回国，改由美国人埃德温·根苏拉斯（Edwin N. Gunsaulus）代理领署事务。② 清政府虽然派有专人照顾华工利益，但是，华工在金矿上的实际生活状况非常糟糕，谢子修曾撰文详细介绍了他的所见所闻，提到金矿上的华工对他说："我等不知前生积何冤业，始来受此极苦，入地狱一般，有命挨满三年则生，无命则死，如斯而已。"③ 而刘玉麟对于华工悲惨的命运和境遇虽同南非当局有所交涉，但因为国家实力弱

---

①　王铁崖编《中外旧约章汇编》第一册，生活·读书·新知三联书店，1957，第785页。

②　艾周昌、沐涛编著《中非关系史》，华东师范大学出版社，1996，第 182 页。

③　谢子修：《游历南非洲记》，载陈翰笙主编《华工出国史料汇编》第九辑，中华书局，1985，第 288 页。

小，无法从根本上解决华工待遇问题。除南非设有领事馆之外，20世纪初清政府在刘玉麟的建议下还设有莫桑比克领事馆以保障华侨利益。

再次，中非经贸往来得到进一步的发展。一方面，中国国门洞开之后，对外贸易的限制有所减弱，从香港和中国内地沿海城市出口非洲的货物日益增长。毛里求斯殖民地蓝皮书报告显示，毛里求斯在从1878年到1938年的这段时间里，一直有从中国进口货物的相关数据，证明了这一阶段中非经贸往来的存在。贸易金额从1878年的50毛里求斯卢比增加到1938年的725089毛里求斯卢比（大陆地区为200846卢比，香港为524243卢比）。① 另一方面，苏伊士运河的贯通让传统的中非贸易航线再次焕发生机。1869年苏伊士运河的竣工，大大缩短了中国和欧洲之间的交通往来时间，也促进了中国同北非之间的贸易。19世纪中叶以前，瓷器是中国向非洲输出的主要商品，随着欧洲国家仿制中国瓷器的成功，输往非洲的中国瓷器逐渐减少，除了丝绸等传统产品之外，茶叶成为中国输往非洲的重要产品。1878年上海海关公报就记有出口到埃及的绿茶10.62担的记录，1883年中国海关公报显示有丝绸出口埃及的情况。②

最后，有关非洲的知识在这一时期大量涌入中国，而且非洲重大历史事件对于中国思想界产生了深远的影响。另外，同上一阶段相比，1840年以后中国有关非洲的记述大量增加，不少人留下了非洲见闻，尤其是地处欧亚非三洲交界处的埃及。1882年埃及为英国所占领之后，它的历史经验教训对中国影响极大。

鸦片战争失败之后，一些士大夫开始研究世界史地知识，由此出现了一波编撰世界历史和地理著作的浪潮；到1861年，已写出了22部以上的著作。③ 其中，林则徐的《四洲志》、魏源的《海国图志》和徐继畬的《瀛寰

---

① 详见方积根编《非洲华侨史资料选辑》，新华出版社，1986，第112~113页。

② "Imperial Maritime Customs, I. –Statistical Series," *Customs Gazette*, No. XL, October-December 1878.

③ 〔美〕费正清、刘广京编《剑桥中国晚清史1800—1911年》下卷，中国社会科学院历史研究所编译室译，中国社会科学出版社，1993，第176页。

志略》对埃及的政治、经济、军事和文化做了全面的介绍。值得一提的是，林则徐对于穆罕默德·阿里所实施的改革非常感兴趣，对于阿里所采取的学习西方，从而实现强兵富国的做法大加赞赏。1839 年，林则徐任钦差大臣赴两广后，在海防上也采取了类似阿里的做法，提出了类似的主张。[①] 徐继畬在《瀛寰志略》中指出了阿里改革所导致的"兵多饷重，赋敛烦苛，民不聊生"[②]，这就正确指出了阿里改革的局限性。[③]

二 1912~1949年的中非交往

中华民国成立以后，中国和非洲的交往进一步发展，双方的经贸往来更加频繁和畅通，文化交流进一步加强。20 世纪 30 年代中国还派遣了 8 批伊斯兰教留学生团前往埃及爱资哈尔大学进行学习。在相互了解的基础上，中国对于非洲人民争取民族独立和解放的斗争给予同情和声援，非洲人民对于中国的抗日斗争也是积极给予支持。这一时期中非交往的特点如下。

首先，中非经济交往更加频繁，民间交流推动官方建立外交关系。民国时期向非洲出口的物品已经趋向多样化。除茶叶和丝绸之外，木材及家具、棉布、地毯、药材等也成为重要的出口货物。[④] 早在晚清时期就有中国产品出口到埃及的官方记录，1919 年《时报》就报道了埃及烟丝在上海试销的新闻。[⑤] 1923 年华商纱厂联合会创办的《纺织时报》就对埃及的棉花产量、市场价格、埃及政府的管理政策等新闻信息进行了长期的跟踪报道。1923~1937 年这段时间里同埃及棉花相关的报道有 763 篇。[⑥] 这种长期跟踪报道充分说明了此时中国纱厂对于埃及棉花的关注，以及中国对埃及棉花有不小的

---

① 艾周昌、沐涛：《穆罕默德·阿里改革在中国的反响》，《阿拉伯世界》1987 年第 1 期，第 18 页。

② （清）徐继畬：《瀛寰志略》，上海书店出版社，2001，第 243 页。

③ 许永璋：《古代中非关系史稿》，上海辞书出版社，2019，第 282 页。

④ 艾周昌、沐涛：《穆罕默德·阿里改革在中国的反响》，《阿拉伯世界》1987 年第 1 期，第 213 页。

⑤ 详见佚名《华商购买埃及烟丝》，《时报》1919 年 5 月 2 日。

⑥ 根据晚清期刊全文数据库（1833~1911）和民国时期期刊全文数据库（1911~1949）的统计数据所得。

商业需求。1926 年埃及万国烟叶公司等企业向上海总商会发函表示，埃及政府颁布新命令，将调整进口关税，由于埃及同中国此前没有签订贸易协定，所以无法享受一定的关税减免，影响市场价格和销售，因此埃及方面主动建议上海总商会积极游说中国政府同埃及签订贸易协定以保证自身利益。可以说中埃两国民间贸易的往来推动了官方层面的接触，最终两国建立了平等互利的外交关系。

其次，平等互利的中非外交关系得到发展。民国建立之初中国并未直接派遣外交人员前往非洲，直到 1920 年北洋政府方才派遣刘毅出任驻南非总领事。1930 年 4 月，中国同埃及成功地签订了《暂行通商办法换文》，双方互相给予最惠国待遇，促进了中埃两国经贸交流。《暂行通商办法换文》是中埃两国民间推动官方交往的典范。1933 年埃及驻日领事法兹（Fawzy）从日本到上海考察，并同国际贸易局的相关人员进行接触，表达了在中国筹设商务访问专局，以期促进两国间贸易的想法。① 在双方的接触下，1934 年 7 月开罗中国领事馆设立，专门管理北非地区的保侨、通商及签证事务。② 第二次世界大战全面爆发以后，中国还同阿尔及利亚、毛里求斯和马达加斯加建立领事级外交关系。1943 年 10 月 27 日，国民党政府派遣陈忠钧出任驻阿尔及尔代理领事，同年，国民党政府任命郑恩寿为驻毛里求斯代理领事。1945 年中国同马达加斯加建立了领事级外交关系。

再次，随着对非洲的深入了解，中非人民相互同情、相互支持各自为争取民族独立和解放而进行的斗争。1919 年埃及人民走上街头进行示威游行以反对英国逮捕柴鲁尔，并寻求埃及独立的斗争就引起中国媒体的广泛关注。1919 年《新中国》率先报道了埃及革命："继印度之后而革命者为埃及。埃及自欧战以后脱戒严令之羁束，欲求自治。国民党（现译为华夫脱党）方面力求达其目的……有受俄国过激派思想之学生为统率者，以开罗市为发源地。后经亚苏特至亚历山得里行国民的示威运动云。"③ 1922 年埃

---

① 佚名：《埃及拟在华筹设商务访问专局》，《中行月刊》1933 年第 6 期，第 143 页。

② 石源华主编《中华民国外交史辞典》，上海古籍出版社，1996，第 51 页。

③ 佚名：《各国革命风潮：（四）埃及革命》，《新中国》1919 年第 2 期，第 271 页。

及成功独立后，《东方杂志》在这一年里有 6 期内容讲述埃及独立运动，可见中国国内对此给予了充分的关注。针对英国依然有权在埃及驻军，埃及国民经济仍然为英国所把控的情况，《东方杂志》提出的"埃及民族运动尚未成功，还待努力"[①] 的论断可谓一语中的。1927 年埃及民族独立运动的领袖柴鲁尔去世之后，《东方杂志》专门发文悼念，并将他与孙中山先生相提并论，认为他的去世使得"东方的民族革命运动，少了一个指导者，回教的民族独立运动少了一个伟大的领袖；对于世界十二万（亿）五千万的被压迫的民众，这又是何等重大的损失啊！"[②] 除了关注埃及之外，中国人民还对摩洛哥和埃塞俄比亚的反帝斗争给予了充分的关注。1921 年西班牙派兵入侵摩洛哥的里夫山区，当地人民在克里姆的领导下奋起抵抗入侵者，并建立了里夫共和国。1924 年里夫军民甚至将西班牙军队赶到沿海地区，中国报刊为里夫人民取得的胜利感到高兴，反观中国国内的情况，甚至发出"里夫民族的骤然兴起，尤使我们惭愧无地"[③] 的感慨。1934 年意大利悍然发动入侵埃塞俄比亚的战争，在战争爆发之后，上海、北京、天津等地的一些进步报刊大量登载埃塞俄比亚军民英勇抗敌的消息，发表文章抨击意大利法西斯的战争罪行，歌颂埃塞俄比亚人民的战斗业绩。[④] 正在长征途中的中国工农红军也发布了《致亚国[⑤]国民信》，称赞埃塞俄比亚人民的英勇斗争。

　　非洲人民也积极支持中国的反殖民侵略斗争。1931 年 9 月 18 日，日本侵略中国东北三省，自此中华民族开始持久艰巨的抗日战争。同年，第一批中国伊斯兰教留学生抵达埃及并积极向当地人宣传日本侵华行为，埃及人民对中国给予深深同情。1938 年，"中国回民救国协会"的达浦生抵达埃及，借埃及国王法鲁克婚庆之机，揭露日寇侵华暴行和宣传中国抗战："日本帝国主义侵略中国，其居心依旧，已数十年之积虑，一朝爆发，希望于最短时

① 张大同：《还待努力的埃及民族运动》，《东方杂志》第 26 卷第 20 号，1929 年，第 92 页。
② 化鲁：《悼埃及国民革命首领》，《东方杂志》第 24 卷第 14 号，1927 年，第 5 页。
③ 《里夫民族的独立战争》，《东方杂志》1925 年第 14 期，第 6 页。
④ 张忠祥：《现代中非关系史上光辉的一页——中国人民声援埃塞俄比亚抗意战争》，《西亚非洲》1993 年第 2 期，第 68 页。
⑤ 亚国指的是埃塞俄比亚，旧称为阿比西尼亚，此处为统称。

间解决中国。……中国此次对日抗战，委实古兰经旨，'为正义之争'，乃神圣之争也。"① 此举引起埃及社会对于中国抗战的广泛关注以及大量支持。抗日战争期间埃及慈善组织曾捐助金钱，作为中国受伤官兵的医药费。② 在南非，约翰内斯堡组织了"南非非洲人援华会"，专门组织活动将赚取的费用支援中国抗战。约翰内斯堡市市长曾出席活动以示支持。③ 此外，在非华侨可谓毁家纾难，支援抗战，各地华侨尽自己所能，无论男女都慷慨解囊，积极支持中国的抗战。

最后，中非之间的人文交流更加频繁，宗教文化交流成为这一时期文化交流的亮点。1922~1923 年王静斋和徒弟马宏道一起游历阿拉伯地区，考察当地伊斯兰教发展状况，还在爱资哈尔大学进行了短期深造。在此期间，他刻苦学习，并抄录了不少图书。1930 年经阿富汗学者的帮助，云南明德中学同爱资哈尔大学取得联系，最终选派马坚、纳忠、林仲明、张有成和主管沙国珍五人组成第一批伊斯兰教留学生团。1931~1938 年共有 6 批留学生团计 34 名中国学生前往埃及求学。这些人学成之后对中埃文化交流以及中国阿拉伯学和伊斯兰教的研究都起到了重要作用。在爱资哈尔大学留学期间，马坚还将中国儒家的经典《论语》翻译成阿拉伯文，在埃及开罗出版，引起不小的轰动。他是第一位也是唯一一位把《论语》翻译成阿拉伯语的翻译家。

1932 年 8 月，埃及国王福阿德一世发出政令，派遣两位埃及学者赛义德·穆罕默德·达利（Sayed Muhammad al-Daly）和穆罕默德·易卜拉欣·弗雷费勒（Muhammad Ibrahim Fleifel）到北平成达师范学校执教，教授阿拉伯文和《古兰经》、圣训和教法等学科，两位学者一直在该校交流学习，至 1937 年才返回埃及。同年福阿德一世还下令为中国穆斯林捐赠 440 多本珍贵的阿拉伯文献和宗教图书，其中包括《伊斯兰百科全书》。同时，福阿德一世还向马松亭领导和主持的成达师范学校图书馆赠送了许多图书，向云南的明德中学也赠送了不少图书。

---

① 李健彪：《达浦生评传》，作家出版社，2017，第 115 页。
② 雷钰、苏瑞林：《中东国家通史·埃及卷》，商务印书馆，2003，第 401 页。
③ 艾周昌、沐涛编著《中非关系史》，华东师范大学出版社，1996，第 205 页。

除了宗教文化交流之外，中国学者盛成应邀到埃及讲学，在开罗作了三次演讲，题目分别是《中国古今妇女在文学上的贡献》《摩西五经与孔子五经》《中国民族思想与印度民族思想》。他在介绍当代中国妇女对文学的贡献时，特别介绍了谢冰心。[1] 1948 年 2 月，李馨敏女士在中国驻埃及使馆举行钢琴独奏，使馆邀请埃及方面的官员和社会名流等 300 余人出席，这是中国女音乐家在埃及首次演奏，留下了极好的印象。[2] 另外，中国学者夏鼐曾在埃及开罗博物馆从事考古工作，并参与实地研究。抗战期间工程师粟宗嵩曾到埃及实习。

综上所述，新中国成立前中非交往的历史是中非传统友谊和历史联系的宝贵精神财富。坚持以自信的态度来看待中非交往史，用具体历史的、客观全面的、联系发展的观点看待中国与非洲的历史，了解"中非历史从何而来"，才能让我们在了解历史大势、掌握历史主动的基础上更好地理解中非发展的历史路径。在不同的历史时期，中非关系呈现不同的发展特点，但始终在友好经贸文化交流的主线上。"欲知大道，必先为史"，新中国成立之前的中非关系交流史为现如今构建中非命运共同体打下了坚实的历史基础。

---

[1] 艾周昌、沐涛编著《中非关系史》，华东师范大学出版社，1996，第 192 页。
[2] 雷钰、苏瑞林：《中东国家通史·埃及卷》，商务印书馆，2003，第 403 页。

第三章　新中国成立以来的中非交往
（1949~2012年）[*]

　　新中国自1949年成立以来，高度重视对外交往工作，把中国的前途和命运同国际社会联系在一起，特别是与中国同呼吸、共命运、心连心的广大非洲国家。发展同非洲国家的团结合作是中国对外政策的基石。中非基于共同的历史遭遇和战略利益，在长期的共同斗争与合作发展中，缔造和培育起一种新型的中非战略伙伴关系，结下了深厚的友谊，中国也深刻影响了非洲国家的革命与建设历程。在政治上，中国全力支持非洲国家的反帝反殖反霸斗争；在经济上，对非援助不附加任何政治条件并基于平等互利原则开展中非经贸合作；在党际交往上，加强与非洲国家治国理政经验的交流分享；在地区与国际事务上，中非密切磋商与合作，共同维护发展中国家的合法权益。回顾新中国成立之后的中非交往，按照交往主题来划分，可以概括为两大主题：一是中非在反帝反殖反霸斗争中的合作与交往；二是中国对非洲建设的全方位支持与合作。

第一节　中非在反帝反殖反霸斗争中的合作与交往

　　《毛泽东选集》首篇第一句话就是："谁是我们的敌人，谁是我们的朋

---

[*] 本章内容系根据李新烽《百年中国共产党与非洲革命和建设》（《马克思主义研究》2021年第3期）改写而成。

44

友？这个问题是革命的首要问题。"① 1925 年毛泽东提出的这一著名论断，虽然是针对当时国内各阶级的分析，但引申到中国各个阶段的外交工作中同样适用。很显然，与中国有着相同历史遭遇、处于帝国主义与殖民主义压迫下的非洲国家是中国的朋友。早在新中国成立之前，中国共产党就十分关注非洲大陆的情况，同情非洲人民的遭遇，与非洲各国情感共鸣、相互声援，这为后来中非之间的紧密合作奠定了良好基础。如 20 世纪 30 年代中期，在埃塞俄比亚抵抗意大利入侵的战争中，中国共产党呼吁反对侵犯埃塞俄比亚，热情赞扬埃塞俄比亚人民不屈不挠的斗争精神，指出帝国主义是我们两国共同的敌人，号召国人向埃塞俄比亚学习。② 可以说，早在幼年时期，中国共产党就已经从世界革命的角度来认识中国与世界的关系，认为中国已成为全世界反对帝国主义斗争的一个组成部分，必须与全世界的无产阶级和被压迫民族联合起来，结成国际反帝统一战线。③ 正是在这种世界革命观的指导下，新中国成立以后中非在反帝反殖反霸斗争中精诚合作，中国人民是非洲人民反帝反殖斗争最鲜明、最坚定、最主要的支持者，反帝反殖反霸斗争也成为中非交往的黏合剂。

一　全力声援非洲国家的反帝反殖反霸斗争

1949 年新中国成立后，中国与非洲国家的交往日渐增多，从而拉开了中非在反帝反殖斗争中紧密合作的序幕。自 20 世纪 50 年代起，非洲成为全世界反对殖民主义和争取民族解放的主要舞台，毛泽东、周恩来等中国老一辈领导人，站在历史和时代发展的高度，高瞻远瞩，胸怀全局，在新中国成立之初就把非洲的民族解放运动与中国革命和建设的外部环境联系起来，高度关切非洲各国人民的民族解放事业，全力声援非洲的反帝反殖反霸斗争。

---

① 《毛泽东选集》（第一卷），人民出版社，1991，第 3 页。
② 张忠祥：《现代中非关系史上光辉的一页——中国人民声援埃塞俄比亚抗意战争》，《西亚非洲》1993 年第 2 期，第 66～70 页。
③ 李亮：《中国共产党早期对建立国际统一战线认识的演进》，《世纪桥》2005 年第 7 期，第52～54 页。

毛泽东在1951年10月召开的中国人民政治协商会议第一届全国委员会第三次会议上指出，"伟大的中华人民共和国成立了……整个亚洲和北部非洲的民族解放斗争蓬蓬勃勃地起来了，整个帝国主义体系的力量极大地削弱了……我希望我国人民好好地自己团结一致……好好地和世界上一切人民民主国家团结一致，好好地和世界上一切同情我们的民族和人民团结一致"①。1954年9月，周恩来在第一届全国人民代表大会第一次会议《政府工作报告》中强调，希望同"非洲国家发展事务性的关系，以增加互相的接触和了解，并创造建立正常关系的有利条件"②。1956年9月毛泽东在中国共产党第八次全国代表大会开幕式上谈道，我们要积极支持亚洲、非洲和拉丁美洲各国的民族独立解放运动，并特别指出，"我们坚决支持埃及政府收回苏彝（伊）士运河公司的完全合法的行动，坚决反对任何侵犯埃及主权和对于埃及实行武装干涉的企图"③。

在20世纪五六十年代非洲反帝反殖斗争的高潮时期，中国支持非洲人民通过各种方式和途径获得独立。对于那些经过长期议会斗争、艰苦谈判和群众运动赢得独立的国家，如加纳、几内亚、坦桑尼亚、赞比亚等国，中国政府总是迅速致电承认和祝贺，并积极与之建立和发展双边关系。④ 而对于那些需要开展艰苦武装斗争以争取与捍卫民族解放的非洲国家，中国积极声援，特别注重发挥民间团体和民众的力量支持他们的正义斗争，为非洲的民族解放运动营造良好的国际舆论环境。通过中非民间交往，让同样遭受过压迫的中国人民了解非洲人民的苦难，从道义上支持被压迫的非洲人民，这不仅有助于鼓励非洲各界更加坚决地进行斗争，更重要的是谱写了人类历史上被压迫民族和人民之间相互帮助支持、共享胜利成果的辉煌篇章。新中国成立之初，中国人民对非洲大陆还不够了解，对非洲各国如火如荼开展的民族解放运动还不熟悉，为此《人民日报》和其他官方媒体通过报道，揭露西

① 《毛泽东文集》（第六卷），人民出版社，1999，第186页。
② 《中华人民共和国第一届全国人民代表大会第一次会议文件》，人民出版社，1955，第78页。
③ 毛泽东：《中国共产党第八次全国代表大会开幕词》，人民出版社，1956，第5页。
④ 陆苗耕：《毛泽东的非洲情怀》，《百年潮》2015年第5期，第53~59页。

方殖民者对非洲的掠夺和镇压、刊发非洲大陆反帝反殖斗争的最新进展、介绍非洲大陆的历史和现状，让中国人民了解非洲各国的正义斗争。与此同时，中国政府鼓励各类民间团体加强与非洲国家的交往。据不完全统计，从1949 年到 1960 年，非洲 41 个国家和地区的 1000 多人通过民间交往的途径访华，包括民族解放运动领导人、工会代表、青年学生以及妇女组织代表等。同期，我国有 400 多人访问了非洲 13 个国家和地区。[①] 1960 年 4 月，中国非洲人民友好协会在北京成立。中国各类民间团体积极为非洲对应团体的反帝反殖斗争发声，从而塑造了中非民间外交的新景象。全国总工会、全国妇联、全国青联、全国学联等组织都曾致电非洲的同类民间团体，鼓励他们加强团结、坚持斗争，把一切帝国主义侵略势力从非洲赶出去，坚信最后胜利必定属于为争取民族独立而斗争的英勇的非洲人民。中非民间团体与人民之间的直接接触和友好交往，有力推动了中非国家关系的建立和发展。

中国共产党还组织了多场群众集会，以声援非洲人民的反帝反殖反种族歧视斗争。如 1959 年 2 月 18 日，首都各界群众隆重举行了"喀麦隆日"集会，坚决支持喀麦隆人民反对殖民主义、争取民族独立的正义斗争，成千上万的人走上街头，喊着"打倒英法殖民主义"，坚决支持喀麦隆人民争取民族独立的斗争[②]；1964 年 11 月末 12 月初，毛泽东发表关于支持刚果（利）人民反对美国侵略的声明，天安门广场举行 70 万人的群众集会和示威游行，而连同上海、天津、广州等多个城市共有 800 万人走上街头举行示威游行和集会，强烈声讨美国侵略刚果（利）[③]；1986 年北京各界人士集会声援南非人民反对种族主义、争取种族平等的正义斗争。[④]

---

① 李安山：《中非合作的基础：民间交往的历史、成就与特点》，《西亚非洲》2015 年第 3 期，第 51~73 页。

② 《声援喀麦隆人民争取独立的斗争》，《人民日报》1959 年 2 月 19 日，第 5 版。

③ 《我国支援刚果（利）人民斗争声势浩大　八百万人示威游行声讨美帝》，《人民日报》1964 年 12 月 4 日，第 1 版。

④ 《北京集会声援南非人民正义斗争　习仲勋等各界人士千余人及非洲国家驻华外交使节参加　朱学范、恩佐等讲话强烈谴责南非当局的种族主义罪行》，《人民日报》1986 年 4 月 4 日，第 1 版。

而在非洲大多数国家取得民族独立的 20 世纪 70 年代，苏联加速向非洲的扩张和渗透，一些非洲国家把民族解放斗争的矛头从对着西方老殖民主义开始指向苏联霸权主义。埃及、苏丹、安哥拉、扎伊尔和非洲之角的国家开展了反对苏联"新殖民主义"和霸权主义的斗争。新中国自成立以来就面临着美苏两个超级大国争夺世界霸权的斗争，中国领导人在 20 世纪六七十年代就坚持认为霸权主义是世界战争的根源，毛泽东曾多次尖锐地揭露和反对苏联的霸权主义政策，邓小平根据 70 年代后期至 80 年代初的国际形势提出了"反对霸权主义、维护世界和平"这一重要的战略思想，并且把在国际事务中反对霸权主义、维护世界和平列为 80 年代中国的三大任务之一。① 因此，中国支持并愿意与非洲人民一同反对霸权主义和强权政治。1978 年，中国领导人就指出："非洲人民再也不能容忍超级大国横行霸道，愤怒地喊出了外国不得干涉非洲事务、苏联从非洲滚出去的响亮口号。"② 中国人民积极声援非洲国家反对苏联霸权主义的斗争，加强与非洲各国的团结合作，结成最广泛的统一战线，反对超级大国对非洲国家的侵略、干涉和控制。

二 为非洲国家的反帝反殖反霸斗争提供思想理论指导

中非具有共同的历史遭遇。中国在反对帝国主义及其反动派的斗争中取得了胜利，积累了丰富的斗争经验，而这些经验正是渴求独立的非洲国家最迫切需要的，从而使得双方容易亲近。因此，中国不仅从道义上声援非洲的反帝反殖反霸斗争，还通过中非党际交往为非洲国家的斗争提供战略理论指导。如在非洲国家革命的性质上，毛泽东给出了清晰的指向。1959 年毛泽东接见非洲国家的代表时，明确指出整个非洲的任务是反对帝国主义，而不是反对资本主义，不是建立社会主义。他认为目前非洲革命的性质是资产阶级民主革命的性质，不是无产阶级社会主义革命。他还就非洲革命胜利的快

---

① 姚传旺等主编《邓小平著作专题研究》，人民出版社，1988，第 334 页。
② 华国锋：《团结起来，为建设社会主义的现代化强国而奋斗》，人民出版社，1978，第 58 页。

慢和依靠力量这两个问题表明自己的意见：一是不要以为马上可以胜利，要准备长期斗争；二是要以依靠自己力量为主，争取外国援助为辅。在那个年代，毛泽东就创新性地提出，非洲的事情非洲人自己去办，依靠非洲人自己的力量，同时也要在世界上找朋友，中国一定支持非洲，而非洲的反帝运动就是支持中国，所以是相互的支持。① 1960 年毛泽东接见非洲 12 个国家和地区的各方面人士和代表，更是从宏大的国际视野明确提出非洲反帝反殖斗争的世界意义及中非之间的合作关系，强调中国和非洲是朋友，是站在一条战线上的，共同反对帝国主义、殖民主义。他谈道："非洲的反殖民主义、反帝国主义的斗争更有世界意义。不是一个国家，而是很多国家都有革命；不只是在几百万人中间，而是在几千万或者更多的人口中进行了革命的民族解放斗争。我们完全同情你们，完全支持你们。同时我们认为，你们的斗争支持了我们，帮助了我们。……我们是互相支持、互相帮助。"②

在 20 世纪六七十年代，中国共产党及其领导人对非洲各国政党的吸引力日益增强，许多非洲国家自觉把中国共产党当作争取民族独立、摆脱殖民统治的榜样，把毛泽东思想作为非洲国家反帝反殖、争取民族解放之路的指南针，从而推动了毛泽东思想在辽阔非洲大地的广泛传播。在当时，学习毛主席军事著作、佩戴毛主席纪念章、用毛主席的战略战术指导非洲自由战士成为一道独特的风景线。③ "在非洲人民心目中，毛泽东思想就是革命，就是希望，就是胜利。"④ 埃塞俄比亚、贝宁、马达加斯加、加纳等非洲国家都曾由其领导人发出号召，学习中国取得革命胜利的经验。而此时的毛泽东著作，在非洲大陆成为名副其实的超级"畅销书"。据统计，1962~1966年，中国书刊在加纳的发行量为 138 万册，坦桑尼亚 53 万册，尼日利亚 85

① 中华人民共和国外交部、中共中央文献研究室编《毛泽东外交文选》，中央文献出版社、世界知识出版社，1994，第 369~370 页。
② 中共中央文献研究室编《毛泽东文集》第八卷，人民出版社，1999，第 172~173 页。
③ 《非洲自由战士带着毛主席著作踏上征途 他们学习人民战争的战略战术，决心长期坚持游击战》，《人民日报》1967 年 9 月 2 日，第 6 版。
④ 《毛泽东是我们心中的红太阳——非洲人民热爱毛主席》，《人民日报》1966 年 5 月 30 日，第 5 版。

万册，阿尔及利亚 64 万册，埃及 56 万册①，其中大部分是毛泽东的著作。由此可见，以毛泽东思想为代表的中国共产党革命思想为非洲国家反帝反殖斗争提供了战略指导。

在反对霸权主义方面，中国政府明确提出反对大国干涉非洲内政，支持非洲国家根据本国国情选择自己的社会制度和发展模式的主张。这一主张赢得了非洲国家的普遍赞许，鼓舞和推动了非洲国家对自身独立发展道路的探索。特别是 20 世纪 90 年代以来，在非洲国家已普遍实现民族独立、要求更大发展空间，冷战后美国成为全球唯一超级大国，"单边主义"和"新干涉主义"等挑战频现的新形势下，中非合作反对西方国家霸权主义和强权政治的任务在这一时期更加凸显。在 20 世纪 90 年代的十年中，中非高层往来频繁，中国领导人接连访问非洲，表明在两极格局结束后，世界朝多极方向发展时，中国对非洲的高度重视。这一时期非洲各国虽然获得民族独立，但西方殖民统治的遗产如跨国界民族、殖民者人为划定的国家边界等隐患，引发了 90 年代非洲大陆大规模的内战，而西方势力对内战的各种蛮横干涉，导致内战扩大化，对非洲经济社会发展造成了极其恶劣的破坏性影响。非洲国家因之民生凋敝、经济发展缓慢，被西方称为"被遗忘的大陆"，而不公正、不合理的国际经济秩序则进一步阻碍了非洲的经济发展，非洲"被边缘化"的趋势日益明显。

针对这种情况，中国注重为非洲发声，加强与非洲国家开展平等互利的合作，倡导建立有利于发展中国家的国际政治经济新秩序。1993 年中国领导人指出，现在国际上出现了或忽视非洲，认为非洲不重要，或干涉非洲事务，将自己的意志强加给非洲国家这样两种倾向，从而造成非洲国家经济困难、政局动荡，有的还发生严重武装冲突。而我们一向认为，各国的事应由各国人民自己解决，我们反对外来干涉。非洲要发展，就需要一个政治稳定的环境，我们支持非洲各国根据本国的国情选择自己的社会

---

① 何明星：《天下谁人不识君——毛泽东著作的海外传播》，《光明日报》2011 年 7 月 5 日，第 13 版。

制度和发展模式。[1] 1996 年中国领导人在出访非洲时谈道，中国将坚定不移地为非洲国家主持公道、伸张正义；主张非洲国家应平等地参与国际事务；呼吁国际社会认真听取非洲的声音；希望联合国及有关国际机构尊重非洲国家和非洲统一组织的意见。[2] 可见，中国始终从非洲的立场出发，尊重非洲国家的主权、领土完整和自主选择发展道路的权利，期待和帮助非洲国家在保持同西方国家合作关系的同时与霸权主义抗争，为非洲的发展赢得更加广阔的外部空间。

三　以实际行动支持非洲国家的反帝反殖反霸斗争

中国对非洲的支持向来都是"言必信，行必果"。在非洲国家争取民族独立的过程中，我们都能看到中国坚定支持的身影。在 1956 年埃及收复苏伊士运河抗击英法武装侵略的斗争、1954~1962 年阿尔及利亚人民反抗法国殖民统治的武装斗争，以及 20 世纪 60 年代南非人民反对种族隔离制度的斗争中，毛泽东、周恩来等老一辈领导人不仅亲切接见非洲各国来华的政党与武装力量领袖，介绍中国革命的经验和斗争策略，更为关键的是在当时中国经济实力有限的情况下，向非洲国家提供资金、武器、军事培训等各项实质性帮助，以具体行动大力支持非洲国家的民族解放运动。[3] 中国这种扶危济困、除恶扬善的义举赢得了非洲人民的尊敬和友谊，提高了自己在非洲的声望，中国由此被非洲人民视为患难之交和真诚朋友。在莫桑比克从葡萄牙殖民统治下独立前夕，莫桑比克解放阵线领导人萨莫拉·马谢尔（Samora Machel）感激中国的帮助，称赞中国是一个"伟大的可信赖战略后方"。[4] 阿尔及利亚总统胡阿里·布迈丁（Houari Boumediene）在 1974 年访华时如

---

① 《钱其琛会见非洲国家驻华使节时说　中国将继续发展同非洲国家的关系》，《人民日报》1993 年 2 月 9 日，第 4 版。

② 中共中央文献研究室编《江泽民论有中国特色社会主义（专题摘编）》，中央文献出版社，2002，第 553 页。

③ Chuka Enuka, "China's Military Presence in Africa: Implications for Africa's Woobling Peace," *Journal of Asia Pacific Studies*, Vol. 2, 2011, pp. 97-118.

④ 胡锦山：《非洲的中国形象》，人民出版社，2010，第 168 页。

此评价中国的支持：在革命斗争的年月里，阿尔及利亚战士用的枪炮、盖的毛毯、穿的衣服是中国送的，中国是世界上第一个同阿尔及利亚革命战士缔结国与国之间协定的国家。① 中国非洲各国的无私帮助，极大鼓舞了非洲人民以英勇斗争来实现民族解放的伟大历史使命。

四 非洲国家对中国维护主权与提升国际地位的有力支持

中国对非洲反帝反殖反霸斗争给予了力所能及的最大支持和帮助，集中凸显了中国共产党人的世界革命观和天下观。正如毛泽东多次强调的那样，"已经获得革命胜利的人民，应该援助正在争取解放的人民的斗争，这是我们的国际主义的义务"②。确实如此，因为支持是相互的，中国通过支持非洲国家摆脱殖民主义控制，增加了全世界反帝反殖斗争的力量，这就是对中国的极大支持，扩大了中国建设与发展的外部空间。正是在对非洲各国的全力支持中，中国赢得了国际声望、提高了自身对非洲国家的政治吸引力，非洲国家越来越了解新中国，纷纷与中国建交，为新中国的发展营造了良好国际环境。在涉及中国核心利益和重大关切问题上，非洲国家从不缺席，它们始终坚定支持中国维护主权和领土完整，助力中国提升国际地位与话语权。1971 年 10 月，第二十六届联合国大会通过阿尔及利亚等 23 国提案，恢复中华人民共和国在联合国的合法席位，而这正是依靠非洲国家的大力支持和无私帮助。在 23 个提案国中有 11 个非洲国家，表决时的 76 张赞成票中有 26 张来自非洲国家，占了 1/3 以上。在宣布决议时，许多非洲国家代表激动得热烈鼓掌，热情拥抱，情不自禁地手舞足蹈，庆祝这一历史时刻。毛主席曾深情地感谢非洲兄弟的真诚支持。③ 这是中国外交的重大胜利，也是中非合作斗争的胜利，有助于中国在国际事务中发挥更大作用，以维护包括非洲国家在内的广大发展中国家的利益。在挫败反华人权议案和"台湾参与联合国"提案、支持中国加入世贸组织和中国申办奥运会、揭批南海仲裁案，以及涉台、涉港、

---

① 王泰平主编《中华人民共和国外交史》（第二卷），世界知识出版社，1998，第 115 页。
② 中共中央文献研究室编《毛泽东著作专题摘编》（上），中央文献出版社，2003，第 1154 页。
③ 任映红、戴海东：《中国共产党的社会公正观研究》，人民出版社，2009，第 90 页。

涉藏、涉疆、涉疫等一系列重大问题上，绝大多数非洲国家都给予中国有力的支持。

第二节　中国对非洲建设的全方位支持与合作

发展是人类的存在方式和永恒的实践目标，中非面临共同的发展任务。在与非洲国家的交往历史中，中国始终将中国与非洲实现互利共赢、共同发展作为目标，为非洲经济社会建设发展提供了全方位的支持。在这个过程中，中国因时而变，与时俱进，根据国际形势的变化和中非发展战略的调整，不断完善中国对非援助的形式，丰富中非经贸合作的内容，从而实现了中非的互利共赢。

一　新中国成立到20世纪70年代末：无产阶级国际主义思想指导下的对非援助

新中国成立到 20 世纪 70 年代末，中国面临着复杂的国内国际形势，国内经济十分困难，国际上一开始深陷以美国为首的资本主义阵营的封锁包围中，后来中苏关系破裂后，国际生存环境更加恶劣。这一时期正值非洲大陆民族解放运动波澜壮阔、汹涌澎湃，在反帝反殖反霸争取民族独立斗争的同时，发展民族经济成为非洲国家的主要内容。在无产阶级国际主义思想指导下，中国不仅为争取独立的非洲国家提供各项无私援助，还继续帮助已独立的国家发展经济以巩固政治独立。1964 年周恩来曾这样论述中国对外援助的精神和方针政策："我们对外援助的出发点是，根据无产阶级国际主义，支援兄弟国家进行社会主义建设……支援未独立国家取得独立；支援新的独立国家自力更生，发展民族经济，巩固自己的独立，增强各国人民团结反帝力量。"[1]

据统计，1956～1977 年，中国向 36 个非洲国家提供了超过 24.76 亿美

---

① 李连庆：《大外交家周恩来》（第 6 卷），人民出版社，2016，第 25 页。

元的经济援助，占中国对外援助总额（42.76 亿美元）的 58%。① 其中
1956~1969 年对非援助额占援外总额的 43.5%。20 世纪 70 年代初，中国对
非洲国家的援助占对外援助的比重大幅上升，占整个对外援助的三分之二，
其中最高年份占中国对外援助的 85%（1974 年）。1976 年之后，中国对非
援助维持在年平均 7000 多万美元，提供的援助项目覆盖农业、农产品加工、
水利、电力、轻纺、交通运输、打井供水等领域。② 在对非援助过程中，中
国从不附加任何政治条件，始终遵循 1963~1964 年周恩来访问非洲时提出
的"对外经济技术援助的八项原则"，这八项原则包含了真诚、无私、平
等、互利、公正、合理等中国精神。③ 中国将对非援助视为"兄弟""朋
友"间的相互支持与帮助，受到了非洲国家政府和民众的极大欢迎与衷心
感谢。如援建被誉为中非"友谊之路"的坦赞铁路。1965 年，坦桑尼亚和
赞比亚先后求助于西方国家和苏联援建均无果，尽管中国自身经济困难，铁
路运输能力严重不足，但毛泽东主席慨然应允。周恩来总理作出这样的解
释："我们是从支援非洲民族解放事业的高度来看待这项经援项目，援助了
他们也就是援助了我们自己。毛泽东同志讲过，无产阶级只有解放全人类，
才能最后解放自己。"④ 再如 1963 年中国向阿尔及利亚派出第一支医疗队，
这也是中国向国外派出的第一支医疗队，数十年如一日，中国医疗队以高超
的医术、高尚的医德、高度的责任感，活跃在非洲大地，赢得了非洲人民的
信任与尊重，成为中非民心相通的重要纽带。

这一时期，中国在为非洲国家提供各类援助之外，还同多个非洲国家签
订贸易协定，积极发展政府间的贸易往来，中非贸易额呈逐年攀升态势。
1950 年为 1214 万美元，1960 年为 1.1 亿美元，1970 年为 1.77 亿美元，而
到 1980 年则达到 11.9 亿美元。⑤ 除对非洲实施援助和发展双边贸易外，中

① 李安山：《论中国对非洲政策的调适与转变》，《西亚非洲》2006 年第 8 期，第 11~20 页。
② 胡锦山：《中国在非洲形象的变迁和优化》，《对外传播》2011 年第 8 期，第 49~50 页。
③ 熊华源、廖心文：《周恩来总理生涯》，人民出版社，1997，第 420 页。
④ 中共中央文献研究室、中央档案馆《党的文献》编辑部编《共和国重大决策和事件述实》，人民出版社，2005，第 283 页。
⑤ 舒运国：《试析 21 世纪中非经贸关系》，《宁夏社会科学》2002 年第 2 期，第 51~56 页。

国还注重与非洲国家交流经济建设、治国理政的经验，注重提升非洲国家自主发展能力。1963 年，毛泽东同来访的非洲朋友们说："我们希望你们站住脚，不仅在政治上，而且要在经济上站住脚，不要被人颠覆掉了。"① 1964 年，邓小平在与肯尼亚首任驻华大使亨利·穆利（Henry Mulli）的谈话中指出：一个民族不仅要在政治上获得独立，而且还要在经济上获得独立才能算是真正独立。② 1963～1964 年周恩来访问非洲十国时，对非洲国家谈道："新独立的亚非国家一方面需要自力更生，发展独立的民族经济；另一方面也需要在平等互利的基础上同其他国家进行友好合作。……一切援助都是相互支持的，都应该完全符合平等互利和互不干涉内政的原则，决不允许利用援助进行控制、掠夺、干涉甚至颠覆。"③ 基于此，周恩来在这次访问中提出了"对外经济技术援助的八项原则"，这八项原则表明中国愿意尽自己力量帮助受援国发展经济，但希望非洲国家能够了解"自力更生"与捍卫国家主权的密切关系，从而提升国家自主发展能力。

这是因为当时大批非洲国家刚刚取得独立，政局还动荡不安，经济上对原宗主国的依附程度高。加纳总统夸梅·恩克鲁玛（Kwame Nkrumah）、坦桑尼亚总统朱利叶斯·尼雷尔（Julius Nyerere）和赞比亚总统肯尼思·卡翁达（Kenneth Kaunda）等都对独立后国家的状况极为忧虑，希望自己的国家能够跳出西方的发展模式，走出一条自力更生、艰苦奋斗的中国式道路。有些非洲国家开始在本国着手一系列的中国式道路实验，那个时期出现的"非洲社会主义""村社社会主义"都有中国人民公社的影子。恩克鲁玛曾向周恩来询问学习有关人民公社和所有制等问题，尼雷尔被中国的农业政策所打动，对人民公社制度特别感兴趣。1967 年尼雷尔将中国集体主义与非洲传统村社结合在一起，在坦桑尼亚农村广泛开展"乌贾

---

① 中华人民共和国外交部、中共中央文献研究室编《毛泽东外交文选》，中央文献出版社、世界知识出版社，1994，第 491 页。

② 中共中央文献研究室编《邓小平年谱（1904-1974）》（下），中央文献出版社，2009，第 1793 页。

③ 米镇波、郝祥满、宋文峰：《深谋远虑——周恩来与中国外交》，重庆出版社，1998，第 323 页。

马"运动。"乌贾马"是斯瓦希里语大家庭的意思,指非洲部族社会中共同生活、共同劳动、共同分享成果的家族关系,该词被尼雷尔描绘为非洲社会主义的基础。① 由此可见,这一时期中国的建设经验对非洲国家具有较大影响。

二 20世纪80年代到21世纪初:"平等互利"原则指导下的中非经贸合作

1982 年底至 1983 年初,中国领导人访问非洲 11 国,提出了新时期中非经济合作应该遵循的"平等互利、讲究实效、形式多样、共同发展"四项原则。② 这一转变表明中国在继续给予非洲国家力所能及的援助基础上,希望更多地开展中非双方的经济技术合作,从而使中非关系成为推动双方实现各自经济发展与现代化的动力。这四项原则也是对周恩来提出的"对外经济技术援助的八项原则"的进一步发展,调整了中国对非的援助方式,符合中非双方的根本利益,双方经济技术合作进入新阶段。1992 年中国领导人访问非洲并提出在新的国际形势下,发展同非洲国家关系的六项原则,强调支持维护非洲主权和反对外来干涉的同时,支持非洲实现一体化和中非发展形式多样的经济合作等内容。③ 1995 年中国领导人提出顺应形势对非经济援助方式改革的四点意见,十分具有创见。1996 年中国领导人表示中国愿意同非洲国家构筑面向 21 世纪的长期稳定、全面合作的国家关系,并提出五点建议:真诚友好、平等相待、团结合作、共同发展、面向未来。④ 这五点建议超越了中非合作的传统框架,突出了中国支持非洲发展的坚定政策,为 21 世纪的中非合作确立了指导原则。

整体来看,随着中国改革开放的国策与非洲国家自身的经济结构调整,

---

① 王怀超主编《社会主义通史》(第六卷),人民出版社,2011,第 485 页。
② 秦正为:《中国特色社会主义国家利益观》,人民出版社,2013,第 196 页。
③ 《背景资料:中国国家主席访问非洲大事记》,新华网,2013 年 3 月 24 日,http://www.xinhuanet.com/world/2013-03/24/c_124496931.htm,最后访问日期:2022 年 4 月 20 日。
④ 徐坚主编《国际环境与中国的战略机遇期》,人民出版社,2004,第 358 页。

20 世纪 80 年代到 90 年代末这一时期，中国对非洲国家的援助方式开始多样化，内容更加丰富，促进了双方经济的共同发展。比如在巩固经援成果方面，中国从"交钥匙"的方式转变为参与管理、管理合作、代管经营、租赁承包等多种方式。正是通过参与管理运营，坦赞铁路、马里塞古纺织厂、卢旺达水泥厂等非洲企业才实现了转亏为盈，在 80 年代获得较了较好的经济效益。而新的援助方式也为中国企业带来了大量的承包工程和劳务合作业务。据统计，1979 年至 1995 年，中国在非洲对外承包工程和劳务合作的份数达到了 5494 份，总金额达到了 696325 万美元，其中仅在阿尔及利亚的金额就达到了 90767 万美元。① 中国对非新的援助方式对中国的经济建设也有着重大的意义，通过合作真正实现了共同发展、互利共赢的目标。

然而，20 世纪 80 年代被认为是非洲"失落的十年"②，由于发达国家经济衰退与贸易保护主义加剧等，非洲经济在这十年陷入了严重困难，非洲总体贸易出现了负增长。中非贸易额也受到了影响，有所下降。在这一阶段，中国对非洲经济社会的诸多问题保持高度关切，如非洲灾荒与粮食短缺问题、债务援助问题、非洲农业问题、非洲人口政策与计划生育问题，等等。在国际上，针对非洲国家被边缘化的情况，中国在各种重要场合呼吁国际社会加强对非洲的援助，改善非洲面临的国际环境，以实现非洲经济的根本好转。而在国内，中国政府则鼓励中国企业到非洲国家设点经营，扩大贸易；鼓励中国企业到非洲国家投资办厂，搞散件组装、兴办合资企业或开展承包劳务业务。为解决中国对一些非洲国家的贸易顺差问题，中国政府还鼓励企业积极扩大从非洲国家的进口。此外，中国还为非洲国家输送和培养了水稻种植、蔬菜栽培、农业机械等各领域的技术人才和管理人才。

随着 20 世纪 90 年代中后期非洲国家的政局趋向稳定，各类区域性组织纷纷建立，非洲国家的政治和经济一体化进程加快，宏观经济形势开始逐渐

---

① 国家统计局贸易外经统计司编《中国对外经济统计年鉴（1996）》，中国统计出版社，1997，第 389 页。

② Timothy M. Shaw, "Reformism, Revisionism, and Radicalism in African Political Economy During the 1990s," *The Journal of Modern African Studies*, Vol. 29, No. 2, 1991, pp. 191-212.

好转。20 世纪 90 年代中非贸易额也相应地保持了增长态势,中非贸易总额从 1990 年的 16.7 亿美元增加到 1999 年的 64.8 亿美元,年均增速达 16%。[①] 1995 年开始中国实行援外方式改革,截至 1999 年,共向 23 个非洲国家提供优惠贷款援助,实施的优惠贷款项目已有 33 个,新的援外方式被越来越多的非洲国家所接受,取得了较好的社会和经济效益。[②] 与此同时,中国对非洲的投资额大幅上升。到 1999 年底,中国对非洲投资累计达 4.4 亿美元,设立企业 351 家,投资涉及轻工、机电、纺织、服装、制药等领域。[③]

21 世纪被非洲各国誉为"非洲复兴的世纪",汤因比(Toynbee)也曾说"21 世纪是中国人的世纪",中非携手迈进 21 世纪以来,双方合作的深度和广度也迈上新台阶。为进一步加强中非在新形势下的友好合作,共同应对经济全球化带来的新挑战,在中非双方共同倡议下,2000 年中非合作论坛正式成立。中非合作论坛使中非关系走上机制化的发展道路,开启了中非全方位的互利合作,合作内容不断丰富,合作领域不断扩大,合作深度不断推进,中非关系实现了从"新型伙伴关系"到"新型战略伙伴关系"的迈进,中非合作再次提速,双方得以实现更加精准的对接与高质量发展,从而推动中非合作不断走向全方位、宽领域和纵深化的发展道路。

2000 年中非合作论坛第一届部长级会议,中国宣布减免非洲重债穷国和最不发达国家 100 亿元人民币债务和设立"非洲人力资源开发基金"等举措;2003 年第二届部长级会议,宣布在论坛框架下继续增加对非援助,三年内为非洲培养 1 万名各类人才以及给予非洲部分最不发达国家部分输华商品免关税待遇等举措;2006 年北京峰会暨第三届部长级会议,提出支持非洲国家发展的 8 项政策措施,包括增加对非援助、设立中非发展基金、援

---

① 于培伟:《中非贸易前途无量——中非贸易半个多世纪的发展回顾与展望》,《经济研究参考》2006 年第 96 期,第 2~7 页。

② 《1999 年中国与非洲国家的经贸关系》,中华人民共和国商务部网站,2002 年 7 月 16 日,http://www.mofcom.gov.cn/article/bg/200207/20020700032253.shtml,最后访问日期:2022 年 4 月 20 日。

③ 《中非经贸发展五十年》,中华人民共和国商务部网站,2002 年 7 月 16 日,http://www.mofcom.gov.cn/article/bg/200207/20020700032255.shtml,最后访问日期:2022 年 4 月 20 日。

建非盟会议中心、免债、免关税、建立经贸合作区等；2009年第四届部长级会议宣布了中国对非合作的新8项举措，涉及农业、环境保护、促进投资、减免债务、扩大市场准入等；2012年第五届部长级会议宣布在投融资、援助、非洲一体化、民间交往以及非洲和平与安全等五大领域支持非洲和平发展、加强中非合作的一系列新举措。①

中非合作论坛成立以来，中非合作硕果累累。比如中国政府重点推动非洲基础设施等领域的发展。截至2011年底，中国共在非洲51个国家援助建设了约270个基础设施项目，约占中国援非项目总量的25%。② 项目类型主要包括桥梁、道路、港口、机场、电力、通信设施等，这些项目建成使用后，对带动受援国当地经济发展和改善民众生活发挥了十分显著的作用。再以中非贸易和中国对非投资为例。中非双边贸易额1950年仅为1214万美元。2000年，中非贸易额首次突破100亿美元大关，此后连续8年保持30%以上的增长速度。2009年以来，中国一直保持非洲最大贸易伙伴地位。2012年，中非贸易额达1984亿美元。③ 进入21世纪以来，作为"希望的大陆""发展的热土"，非洲国家经济中高速增长，成为全球经济增长最快的地区之一，2000~2012年整体年均增长率为5%，撒哈拉以南非洲达到5.6%。在全球经济增长最快的10个国家中，有6个是非洲国家，非洲崛起一时成为全球热议的话题。④ 可见，中非经贸合作是真正互利共赢的合作，促进了双方的共同发展，也为疲软的全球经济注入了新活力。更为重要的是，中非合作论坛成立后逐渐建立起一种以追求各自经济与社会发展为核心的新型南南合作关系，深刻地改变了非洲在国际体系中的身份与地位。非洲

---

① 《中非合作论坛》，中非合作论坛网站，2019年8月，http://www.focac.org/chn/ltjj/ltjz，最后访问日期：2022年4月20日。

② 《商务部援外司司长王胜文在"非洲基础设施建设发展合作研讨会"上的发言》，中华人民共和国商务部网站，2012年11月6日，http://yws.mofcom.gov.cn/article/m/policies/201304/20130400096071.shtml，最后访问日期：2022年4月20日。

③ 《2012年中非贸易额1984亿美元　加深合作大势所趋》，中国新闻网，2013年3月26日 https://www.chinanews.com.cn/cj/2013/03-26/4676572.shtml，最后访问日期：2022年4月22日。

④ 张忠祥、陶陶：《非洲经济发展的新态势》，《现代国际关系》2020年第9期。

国家更加积极地参与国际市场，逐渐进入全球分工体系，其他国家和地区也纷纷加强了与非洲的经贸合作。非洲因此摆脱了被孤立和遗忘的形象，这对非洲未来的长期经济增长至关重要。

第三节　新中国成立以来中非交往的意义

共同的战略利益把中非人民紧紧联系在一起。总结新中国成立以来中非交往的历程和经验，其成功离不开始终秉持的"非洲观"、"世界观"与"中非友谊观"。"非洲观"体现为中国在对非交往中坚持"非洲是非洲人的非洲，非洲的事情应该由非洲人说了算"①的主张，这一从非洲本位出发的主张从未改变，表明了中国对非洲国家主权独立与各国主宰自己命运的尊重，赢得了非洲国家的高度赞许；"世界观"体现了中国所持有的"非洲是世界不可分割的一部分"的全球视角，即非洲的民族独立斗争是全世界人民争取和平和进步事业的一部分，非洲的经济发展是世界经济繁荣的重要组成部分，因而中国人民深切关怀非洲国家的独立与发展，进而把支持非洲人民当作自己崇高的国际义务；"中非友谊观"体现了中国对"中非是患难与共、风雨同舟的好朋友、好伙伴、好兄弟"的关系定位，从好朋友好伙伴好兄弟的视角来参与非洲国家的革命与建设历程，中非相互支持与相互帮助，从而构建起合作共赢的利益共同体和休戚与共的命运共同体。回望新中国成立以来与非洲的交往历程，正是在这"三观"的指导下，中国政府得以将中国人民的利益同非洲人民的利益紧密相连，把"中国梦"与"非洲梦"联结起来，从而赋予了中华民族伟大复兴更加深刻的世界意义。在这个过程中，中国共产党及其领导人能够以规律性的认识来科学把握中非的反帝反殖反霸斗争和中非的共同发展，彰显了这个大党的全球视野、世界胸怀、大国担当和政治智慧，而这对今后中非关系的发展具有重要的意义。

---

① 习近平：《习近平谈治国理政》（第二卷），外文出版社，2017，第456页。

一　中国对非的基本宗旨从未改变，支持非洲独立与发展

回顾新中国成立以来与非洲国家的交往历史，中国支持非洲国家的独立解放，平等互利共谋发展这一对非的基本宗旨从未改变。从 1955 年提出的"求同存异""关于促进世界和平与合作的十项原则"，到 1963~1964 年的"中国处理同阿拉伯国家和非洲国家关系的五项原则""对外经济技术援助的八项原则"；从 1982~1983 年提出的新时期中非经济合作应该遵循"平等互利、讲究实效、形式多样、共同发展"四个原则，到 1996 年中非关系的五点建议；从 2006 年提出的坚持真诚友好、平等互利、团结合作、共同发展的对非政策原则，到 2013 年的真实亲诚理念和正确义利观，再到 2018 年的"五不"原则，其核心和本质就是独立自主、相互尊重、平等互利、互不干涉内政、共同发展。中国始终致力于与非洲各国在遵循这些核心原则基础之上建立一种基于自身文明特性与现实战略需要的关系，不管是在中非合作反帝反殖反霸的斗争中，还是在中非经济社会合作建设的进程中，支持非洲独立解放的初衷从未改变，推动非洲经济独立与自主发展的努力从未减退，维护中非各自国家核心利益的原则和立场从未动摇。中国对非交往的核心原则，不但保障了中非双方的友好交往和共同发展，还有利于促进国际局势的稳定与健康发展，为世界的和平与发展提供了范例。事实上这些原则已被各国人民广泛认可，成为超越社会制度和意识形态发展国家关系的基本原则。

二　中国所秉持的价值取向始终如一，务实关心非洲人民的福祉

回顾中非交往历程，不管国际形势与中非各自现实如何变化，不变的是中国坚持以谋求非洲人民、非洲国家的解放与发展为目标的价值取向。中国在政治上、道义上、实际行动上倾尽全力支持非洲国家反帝反殖反霸的正义斗争，是为了帮助这些国家获得民族独立，实现政治和社会解放的目标；而中国给非洲各国提供的各类无偿援助、无息贷款及开展的经贸合作，是为了帮助这些国家发展经济、摆脱贫困，让非洲人民过上更加美好的生活。因

此，中国把非洲人民每一次争取独立自由的斗争看成自己的斗争，把非洲人民每一次的胜利当作自己的胜利，把非洲人民每一次的发展视同自己的发展，真正体现了马克思主义政党所具有的"无私血统"和"使命基因"。

三 中国对非政策注重灵活性，塑造中国特色大国外交风格

马克思主义经典作家一贯主张要洞悉形势的变化。中国在参与非洲革命和建设的过程中，坚持原则的坚定性与策略的灵活性相统一的思想，既有必须始终坚持的立场和原则，也有随着形势变化而进行调整的对非方针政策，如20世纪50~70年代偏重以政治诉求为导向的对非援助，20世纪80年代初调整为以经济合作为主要导向的对非援助，20世纪90年代中期加大对非工作力度，21世纪初调整为中非全方位的务实合作，等等。由此可见，在中非交往的历程中，中国注重对非政策的灵活性，能根据不同阶段形势的变化与时俱进，从而走出了一条具有中国特色、中国气派、中国风格的大国外交之路。这一中国特色大国外交之路尤为注重理论先行，在实践中总结理论，用理论去指导中国对非外交实践。比如在20世纪50年代，毛泽东指出中国做工作与交朋友的重点应该放在亚洲、非洲和拉丁美洲三大洲，60年代他提出"两个中间地带"的理论，70年代提出关于"三个世界"划分的理论。这些理论清晰地表明中国和非洲等全世界被压迫人民必须团结起来反帝反殖反霸，捍卫自己的国家独立和民族尊严。毛泽东曾指出："让哲学从哲学家的课堂上和书本里解放出来，变为群众手里的尖锐武器。"[①] 正是将"两个中间地带""三个世界"划分等理论融合于具体的对非政策与对非实际行动，中非才能在20世纪50~70年代的反帝反殖反霸斗争中取得胜利。

四 中国高度重视中非党际交往，共享治国理政经验

在中国与非洲革命和建设的历程中，重视党际交往、坚持交往原则、增

---

① 中共中央文献研究室编《毛泽东文集》（第八卷），人民出版社，1999，第323页。

强政治互信、共享治国理政经验既是中非关系的重要组成部分，也是中非合作不断取得显著成效的重要经验之一。新中国自成立以来，就注重与非洲国家的政党进行多方面的交往，具体内容包括反帝反殖反霸、党建交流、经济合作、治党治国经验交流、进行国情考察、开展理论研讨等。在中非政党交往中，中国严格遵循 1982 年提出的"独立自主，完全平等，互相尊重，互不干涉内部事务"的党际交往四项原则，通过交流增进双方对彼此执政体制和理念的了解和认同，相互学习借鉴经验，共同提高执政能力，促进国家关系发展。整体而言，中非政党交往经历了四个发展阶段：20 世纪 50 年代至 70 年代末以民间团体为主，主要内容为支持非洲国家的反帝反殖斗争和民族独立运动；1978～1989 年中非政党交往包括经济层面和政治层面的交往，这一时期初步形成了对象多、规模大、议题广的中非政党外交格局；1989～1996 年中非政党外交受国际局势影响，陷入低潮，但领导人出访成为新外交方式，并且中国共产党开始将非洲作为首要访问地区，保持了中国共产党在非洲的存在与影响力；1997 年至今中非政党交往进入关系深化的重要时期，交往内容全方位立体化。① 当前的中非政党交往中，许多非洲国家在见证中国现代化建设道路的成功之后，希望能加强中非治国理政经验的交流，这些国家开始思考现代化发展道路的多样性，不再愿意复制西方的发展模式，期待探寻一条符合非洲国情的经济独立、自主发展道路。

五　中国弘扬国际主义精神，彰显中国共产党的担当

中国在支持非洲的革命与建设过程中，始终以马克思主义为指导，以对人类社会发展规律的认知与把握为前提，以人类命运共同体理念为指引，以实现中国与非洲国家各民族的解放和发展为自觉使命，具有强烈的历史主体意识与舍我其谁的责任担当情怀，彰显了浓厚的国际主义精神。在 20 世纪

---

① 范世煜：《当代中国对非洲政党外交研究》，硕士学位论文，外交学院，2016，第 13～21 页。

70年代以前，中国经济还十分困难的情况下，中国政府与中国人民节衣缩食、竭尽其能帮助非洲兄弟国家，这是中国共产党秉持"天下为公"理念、致力于为全世界人民造福的明证，也是中国外交对西方现实主义国际关系理论狭隘国际利益观的超越，这也彰显了中国共产党作为马克思主义使命型政党的特质。

新时代的中非关系，虽然面临着新的国际形势与发展态势，但世界的基本发展规律和内在本质依然没有发生实质性改变，和平与发展仍是当今世界的两大主题。虽然中非经济迅速发展，中非关系深入人心，但双方作为发展中国家的现实定位并没有发生根本性改变，反对霸权主义和强权政治、维护国家利益和世界和平、倡导多边主义和国际合作、推动建立更加公正合理的国际政治经济新秩序依然是中非共同的外交方略与战略任务。"共同的历史遭遇、共同的发展任务、共同的战略利益把我们紧紧联系在一起。"① 在新时代，真诚友好、平等互利、团结合作、共同发展的中非交往与合作原则将继续推动中非关系砥砺前行、开拓前进、走深走实。

---

① 《永远做可靠朋友和真诚伙伴——在坦桑尼亚尼雷尔国际会议中心的演讲》，《人民日报》2013年3月26日，第2版。

第四章　新时代的中非交往
（2013年至今）

中非交往历史源远流长，中非传统友谊真挚深厚，这为新时代的中非关系进一步深化打下了坚实的基础。进入新时代，习近平主席提出真实亲诚对非政策理念和正确义利观，中非高层互动频繁，双方的发展战略持续对接，中非合作在多领域深入开展，在新理念的指导下不断开创新局面，取得新成就。新时代的中国与非洲正在努力构建责任共担、合作共赢、幸福共享、文化共兴、安全共筑、和谐共生的中非命运共同体。

第一节　新时代中非交往的成就与意义

一　新时代中非交往的成就

新时代的中非交往根植于双方深厚的历史友谊和共同利益，依托中非合作论坛框架，结合共建"一带一路"，共同建设休戚与共的中非命运共同体。当前中非在政治上高度互信，经济上紧密合作，在多个领域的交流方兴未艾。当前，中非关系处于历史最好时期，中非合作成果遍布非洲大地，改善了非洲经济社会发展条件，给中非双方人民带来了实实在在的好处。

（一）中非政治关系迈向新高度

进入新时代以来，中非双方不断丰富和完善政府间对话、磋商及合作机制，充分发挥统筹协调作用，促进中非各领域合作全方位发展。目前中国已经同非洲 9 个国家建立了全面战略合作伙伴关系，同 3 个国家建立了全面战略伙伴关系，同 6 个国家建立战略伙伴关系，同 7 个国家建立全面合作伙伴关系。中国已同 21 个非洲国家和非盟委员会建立双边委员会、外交磋商或战略对话机制，同 51 个非洲国家建立经贸联（混）合委员会机制。2016 年，中国同非盟建立人权磋商机制。2017 年，中国同南非建立中非间首个政府间高级别人文交流机制。中非地方合作迸发活力，2012 年以来，中非双方已举办 4 届中非地方政府合作论坛。目前，中非双方共缔结 160 对友好省市，其中 2013 年以来新增友好省市 48 对。①

中国和非洲国家密切开展政党、立法和协商机构交往，构建多层次、多渠道、多形式、全方位的友好合作。进入新时代以来，中国共产党在独立自主、完全平等、相互尊重、互不干涉内部事务的原则基础上，不断密切同非洲国家政党交流与合作，构建求同存异、相互尊重、互学互鉴的新型政党关系。中非在政党交往中分享治党治国理念和经验，党际交往成为推动中非务实合作的重要渠道，双方从立法和监督方面发挥积极影响，为中非合作和交往提供政策支持和保障。此外，全国人民代表大会与埃及、南非、肯尼亚议会建立定期交流机制，与 35 个非洲国家议会建有双边友好小组。中国人民政治协商会议全国委员会及所属机构已同 39 个非洲国家的 59 个机构开展交往。2019 年 6 月，全国政协成立中非友好小组，是全国政协历史上第一个对外友好小组。②

新时代的中非外交关系不断深化，近年来，更多非洲国家加入中非友好大家庭。中国分别同冈比亚（2016 年 3 月 17 日）、圣多美和普林西比（2016 年 12 月 26 日）、布基纳法索（2018 年 5 月 26 日）恢复大使级外交

---

① 《国务院新闻办发表〈新时代的中非合作〉白皮书》，中国政府网，2021 年 11 月 26 日，http://www.gov.cn/zhengce/2021-11/26/content_5653540.htm，最后访问日期：2022 年 4 月 22 日。
② 《国务院新闻办发表〈新时代的中非合作〉白皮书》，中国政府网，2021 年 11 月 26 日，http://www.gov.cn/zhengce/2021-11/26/content_5653540.htm，最后访问日期：2022 年 4 月 22 日。

关系。目前，中国已经同除斯威士兰以外的其他53个非洲国家建立外交关系。中国积极发展同非盟及非洲次区域组织的合作。2014年中国设立驻非盟使团，标志着中国与非盟关系发展进入新阶段。中国重视并坚定支持非盟在推进非洲联合自强和一体化进程中发挥领导作用、在维护非洲和平安全中发挥主导作用、在地区和国际事务中发挥更大作用，支持非盟通过《2063议程》及实施第一个十年规划。中国以观察员身份多次应邀出席西非国家经济共同体（西共体）、南部非洲发展共同体（南共体）、东非共同体（东共体）、东非政府间发展组织（伊加特）、中部非洲国家经济共同体（中共体）等次区域组织峰会等重要活动，并向西共体、南共体、东共体派驻大使。①

（二）中非经济关系更加紧密

中非经济合作是中非交往的重要领域，建设合作共赢的中非发展共同体是构建中非命运共同体的重要内容。新时代的中非经济合作依托中非合作论坛和共建"一带一路"等中非交往的"顶层设计"，在深度和广度上都有极大的扩展，中非经济关系给双方都带来了实实在在的好处，助力中非共同发展。中非经济关系迅速发展体现在中国对非发展援助力度进一步加大、中非贸易规模持续增长和中非经济合作在多领域深化三个方面。

新时代中国继续加大对非洲的援助力度，并总结以往对非援助经验，结合非洲发展的现实需求，更加注重对非洲的发展援助。中国在实现自身发展的进程中，始终关注和支持非洲国家改善民生、谋求发展的事业。进入新时代，中国在力所能及的基础上不断加大对非援助力度。2013~2018年中国对外援助金额为2702亿元人民币，其中对非洲国家的援助占比44.65%，包括无偿援助、无息贷款和优惠贷款。2000~2020年，建成的公路、铁路超过13000公里，建设了80多个大型电力设施，援建了130多个医疗设施、45个体育馆、170多所学校，为非洲培训各领域人才共计16万余名，打造了

---

① 《国务院新闻办发表〈新时代的中非合作〉白皮书》，中国政府网，2021年11月26日，http：//www.gov.cn/zhengce/2021-11/26/content_5653540.htm，最后访问日期：2022年4月22日。

非盟会议中心等一系列中非合作"金字招牌",涉及经济社会生活的方方面面,受到非洲国家政府和人民的广泛欢迎和支持。中国已宣布免除与中国有外交关系的非洲最不发达国家、重债穷国、内陆发展中国家、小岛屿发展中国家截至 2018 年底到期未偿还的政府间无息贷款。新冠疫情发生后,中国宣布免除 15 个非洲国家 2020 年底到期的无息贷款债务。① 新时代的中国对非发展援助成为外部援助非洲的典范,中国秉持授人以鱼不如授人以渔的援助理念,着力通过发展援助帮助非洲摆脱硬件和软件上的发展障碍,变输血为造血,提升非洲的自主发展能力。

新时代的中非贸易规模持续增长,中国对非洲投资力度进一步加大。中国自 2009 年起连续 12 年稳居非洲第一大贸易伙伴国地位,中非贸易额占非洲整体外贸总额比重连年上升,2020 年超过 21%。中非贸易结构持续优化,中国对非出口技术含量显著提高,机电产品、高新技术产品对非出口额占比超过 50%。中国主动扩大自非洲非资源类产品进口,为非洲 33 个最不发达国家 97% 的税目产品提供零关税待遇,帮助更多非洲农业、制造业产品进入中国市场。据统计,2017 年以来中国从非洲服务进口年均增长 20%,每年为非洲创造近 40 万个就业岗位。近年来,中国自非农产品进口持续增长,中国已成为非洲第二大农产品出口目的国。中非电子商务等贸易新业态蓬勃发展,"丝路电商"合作不断推进,中国已与卢旺达建立电子商务合作机制,中国企业积极投资海外仓建设,非洲优质特色产品通过电子商务直接对接中国市场。中国-毛里求斯自贸协定于 2021 年 1 月 1 日正式生效,成为中非间首个自贸协定,为中非经贸合作注入新动力。② 截至 2020 年底,中国企业累计对非直接投资超过 430 亿美元。中国在非洲设立各类企业超过 3500 家,民营企业逐渐成为对非投资的主力,聘用非洲本地员工比例超

① 《国务院新闻办发表〈新时代的中非合作〉白皮书》,中国政府网,2021 年 11 月 26 日,http://www.gov.cn/zhengce/2021-11-26/content_5653540.htm,最后访问日期:2022 年 4 月 22 日。

② 《国务院新闻办发表〈新时代的中非合作〉白皮书》,中国政府网,2021 年 11 月 26 日,http://www.gov.cn/zhengce/2021-11-26/content_5653540.htm,最后访问日期:2022 年 4 月 22 日。

80%，直接和间接创造了数百万个就业机会。①

新时代中非经济合作不仅在援助、贸易、投资等传统领域保持了良好局面，在诸如助力非洲工业化、基础设施合作、数字经济合作等新领域也取得了不少新进展。当前非洲有着迫切的工业化愿望，非洲工业化进程也随着非洲一体化的推进、全球产业链重组等迎来了难得的机遇。工业化是非洲实现包容性和持续性发展的前提，是创造就业、消除贫困、提高生活水平的关键。中国支持非洲国家根据自身国情和发展需求，改善投资软硬环境，以产业对接和产能合作为龙头，助力非洲工业化和经济多元化进程。目前，中国与15个非洲国家建立产能合作机制。中国与非洲国家合作建设经贸合作区、经济特区、工业园区、科技园区，吸引中国等各国企业赴非投资，建立生产和加工基地并开展本土化经营，增加当地就业和税收，促进产业升级和技术合作。中非产能合作基金围绕非洲"三网一化"（高速铁路网、高速公路网、区域航空网和工业化）建设战略开发业务，截至2021年3月，累计投资21个项目，涉及能源、资源、制造业等多个领域，有力带动非洲国家产业发展。数十家中资企业与非洲企业合作建设光伏电站，累计装机容量超过1.5吉瓦（GW），填补非洲光伏产业链空白，有效缓解当地用电紧缺问题并促进低碳减排。②

基础设施短板一直是非洲工业化进程和经济发展的一大瓶颈，中国支持非洲将基础设施建设作为经济振兴的优先发展方向，鼓励和支持中国企业采取多种模式参与非洲基础设施建设、投资、运营和管理。2016～2020年，非洲开工建设的基础设施项目总额达近2000亿美元，2020年中国企业实施的项目占比已达31.4%。中非合作论坛成立以来，中国企业利用各类资金帮助非洲国家新增和升级铁路超过1万公里、公路近10万公里、

---

① 《国务院新闻办发表〈新时代的中非合作〉白皮书》，中国政府网，2021年11月26日，http：//www.gov.cn/zhengce/2021-11/26/content_5653540.htm，最后访问日期：2022年4月22日。

② 《国务院新闻办发表〈新时代的中非合作〉白皮书》，中国政府网，2021年11月26日，http：//www.gov.cn/zhengce/2021-11/26/content_5653540.htm，最后访问日期：2022年4月22日。

桥梁近千座、港口近百个、输变电线路 6.6 万公里、电力装机容量 1.2 亿千瓦、通信骨干网 15 万公里，网络服务覆盖近 7 亿个用户终端。中国企业承建和运营的肯尼亚蒙内铁路是该国百年来第一条现代化铁路，全部采用中国标准、中国技术、中国装备，被誉为新时期中非"友谊之路""合作之路""共赢之路"，累计运送旅客 541.5 万人次、发送集装箱 130.8 万个标准箱，对肯经济增长贡献率达到 1.5%，累计直接和间接创造就业 4.6 万个。中国引导企业采用 BOT（建设-经营-转让方式）、BOO（建设-拥有-经营方式）、PPP（政府与社会资本合作）等多种模式，推动中非基础设施合作向投资建设运营一体化模式转型，促进基础设施项目可持续发展。

中非在金融基础设施方面的合作也在加速开展，为中非经济合作提供系统保障。中非金融机构积极开发对方市场，双方央行积极扩大本币结算和互换安排，推动中非金融便利化水平稳步提高。中国央行先后与南非、摩洛哥、埃及和尼日利亚央行签署了本币互换协议，金额总计 730 亿元人民币。中国已同埃及、南非、尼日利亚等 7 个非洲国家签署了金融监管合作谅解备忘录，为双方金融合作行稳致远打牢基础。中国加入非洲开发银行、东南非贸易与开发银行和西非开发银行等多边开发金融机构。中国已累计向非洲开发银行下的非洲开发基金承诺捐资 9.96 亿美元。[①]

中非在数字经济、电子商务等新业态领域的合作正在不断深化。中国积极帮助非洲国家消除"数字鸿沟"，中非"数字经济"合作发展迅速，从数字基础设施建设到社会数字化转型，物联网、移动金融等新技术应用，全领域合作成果丰硕。中国企业参与了多条连接非洲和欧、亚、美洲大陆的海缆工程；与非洲主流运营商合作基本实现非洲电信服务全覆盖；建设了非洲一半以上无线站点及高速移动宽带网络，累计铺设超过 20 万公里光纤，帮助 600 万户家庭实现宽带上网，服务超过 9 亿非洲人民。目前，超过 15 个非

[①] 《国务院新闻办发表〈新时代的中非合作〉白皮书》，中国政府网，2021 年 11 月 26 日，http://www.gov.cn/zhengce/2021-11-26/content_5653540.htm，最后访问日期：2022 年 4 月 22 日。

洲国家的 17 个城市、1500 多家企业选择中国企业作为数字化转型伙伴，29 个国家选择中国企业提供的智慧政务服务方案；中非共同在南非建立了服务整个非洲区域的公有"云"，以及非洲首个 5G 独立组网商用网络。中非电子商务合作层次和内涵不断丰富，"丝路电商"云上大讲堂有效提升伙伴国中小微企业数字素养，"双品网购节"丝路电商专场、"非洲产品电商推广季"等活动助力非洲优质产品进入中国市场，中国企业积极参与非洲电子支付、智慧物流等公共服务平台建设，在互联互通中实现合作共赢。2021 年 8 月，中非互联网发展与合作论坛成功举办，中国宣布愿同非洲共同制定和实施"中非数字创新伙伴计划"。[①]

（三）中非农业合作、减贫合作蓬勃发展

中国自古以来是农业大国，近几十年来中国的农业生产条件显著改善，生产技术显著提升，产量迅速提高。新时代中国仍然高度重视发展农业，高度重视粮食安全问题，中国共产党始终将"三农"问题作为全党工作的重中之重。当前中国刚刚夺取脱贫攻坚战的全面胜利，现行标准下 9899 万农村贫困人口全部脱贫，832 个贫困县全部摘帽，12.8 万个贫困村全部出列，区域性整体贫困得到解决，完成了消除绝对贫困的艰巨任务，中国正全面推进乡村振兴，加快农业农村现代化。中国的实践为人类解决贫困问题积累了宝贵的经验。非洲是农业的重要起源地，农业发展历史悠久，目前农业仍是许多非洲国家的支柱产业，农业人口占比较大。然而，当前非洲农业发展受限于多方面因素，仍有很大发展空间。贫困一直是困扰非洲大陆的顽疾，过去二三十年许多非洲国家取得了不同程度的减贫成效，非洲地区的减贫持续取得进展，但从静态看，非洲地区是全球贫困人口最为集中、贫困发生率最高的地区，减贫问题突出且迫切。非洲国家要完成艰巨的减贫任务，既需要其自身的努力，也需要加强减贫国际合作。[②] 近年来，中国逐渐重视与非洲

---

① 《国务院新闻办发表〈新时代的中非合作〉白皮书》，中国政府网，2021 年 11 月 26 日，http://www.gov.cn/zhengce/2021-11/26/content_5653540.htm，最后访问日期：2022 年 4 月 22 日。

② 安春英：《中非减贫合作与经验分享》，中国社会科学出版社，2018，第 35 页。

的农业合作与减贫合作，希望通过同非洲分享农业发展要素、交流减贫经验，助力非洲提升农业质量、减少贫困人口。

新时代的中非交往为中非农业合作提供了广阔舞台。中非合作论坛、联合国粮农组织"粮食安全特别计划"框架下的南南合作、中非农业科研机构"10+10"合作机制等都为中非农业合作搭建起沟通平台，有助于中国简单实用的农业生产技术向非洲平行转移，带动以小农户为主体的非洲贫困人口提升农业生产水平，同时也为中非之间开展先进农业技术交流与合作提供了平台。此外，在中非合作论坛框架下形成的一系列对话机制也为农业合作提供了支撑，中非农业合作论坛等平台的构建使得农业合作沟通机制不断健全，双方通过多种途径建立对话机制，确保宏观层面确立的农业合作计划能够更好地付诸实践，并总结和分享农业合作经验，提升合作的质量和可持续发展能力。中非农业合作领域也趋向于摆脱单纯以援助为主的最初形态，呈现援助与投资、贸易相互协调的局面。在援助方面，建立农业技术示范中心、持续派遣高级别专家组、开展农业科研合作等方式保证了援助的有效性和可持续性，尤其是中国向受到蝗灾和新冠疫情影响的非洲国家提供紧急粮食及其他物资援助，更加说明中方重视非洲国家的切实需求并积极给予力所能及的帮助；在投资方面，双方多次在行动计划中表示支持中国企业在非洲开展农业投资，并逐步引导中国企业投资当地粮食种植、棉花、烟草等领域或行业，发挥论坛合作机制的指导作用；在贸易方面，中方给予非洲农产品零关税等优惠措施，确立了鼓励农产品贸易、完善贸易政策的行动计划。此外，中非农业合作的内容与非盟《2063年议程》《非洲农业综合发展计划》等非洲自身发展规划相契合，确保合作内容贴近非洲实际需求，符合双方共同利益。① 2012年以来，在华培训非洲农业学员7456人次；通过实施援非百名农业专家、援非农业专家组等项目，培训非洲当地5万余人次，建成23个农业示范中心。目前，中国与23个非洲国家及地区组织建立农业合作

---

① 唐丽霞、赵文杰、李小云：《中非合作论坛框架下中非农业合作的新发展与新挑战》，《西亚非洲》2020年第5期。

机制，签署了双多边农业合作文件 72 项。2012 年以来，中国与 20 个非洲国家及地区组织签署农业合作文件 31 项。2019 年中非举办首届中非农业合作论坛，成立中国-非盟农业合作委员会，启动中非农业现代化合作规划和行动计划编制工作。截至 2020 年底，中国在非农业投资企业超 200 家，涉及非洲国家共 35 个，投资存量 11.1 亿美元，投资范围涵盖种植、养殖和农产品加工等各产业，超过 350 余种非洲农产品食品可开展对华贸易，中非农业贸易稳步增长。①

　　贫困是中非面临的共同挑战，消除贫困是联合国 2030 年可持续发展议程的首要目标。非洲目前仍然是世界上发展中国家最集中的大陆，非洲的贫困人口比例巨大。参照 2021 年"综合贫困指数"标准，全球贫困人口共 13 亿。按地区划分，撒哈拉以南非洲贫困人口最多，共 5.56 亿人，贫困率为 53%。非洲的减贫工作对消除全球贫困人口意义重大。中国成功走出了一条具有中国特色的减贫道路，使数亿贫困人口摆脱贫困，为解决非洲贫困提供了借鉴。中国积极落实《中国和非洲联盟加强中非减贫合作纲要》，通过"中非合作论坛——减贫与发展会议""中非青年减贫和发展交流项目"等机制，鼓励和支持中非地方政府、学术、企业、青年和非政府组织开展形式多样的减贫经验交流与务实合作。自 2010 年以来，"中非合作论坛——减贫与发展会议"已在中国、埃塞俄比亚、南非、乌干达等国连续举办 10 届，参会总人数接近 1600 人次。2005 年至 2021 年，中国共举办 160 期减贫援外培训班，为非洲 53 国培训超过 2700 人次，占总参训人数的 58.6%。②

　　（四）中非安全合作稳步扩展

　　没有和平稳定的环境，发展就无从谈起。中国是非洲和平与安全事务的

---

① 《国务院新闻办发表〈新时代的中非合作〉白皮书》，中国政府网，2021 年 11 月 26 日，http：//www.gov.cn/zhengce/2021-11/26/content_5653540.htm，最后访问日期：2022 年 4 月 22 日。

② 《国务院新闻办发表〈新时代的中非合作〉白皮书》，中国政府网，2021 年 11 月 26 日，http：//www.gov.cn/zhengce/2021-11/26/content_5653540.htm，最后访问日期：2022 年 4 月 22 日。

建设性参与者，一贯致力于支持非洲人以非洲方式解决非洲问题，坚持标本兼治，坚持合作共赢，支持非洲国家和非盟在非洲和平安全事务中发挥主导作用，支持非洲提升自主维和、维稳和反恐能力，支持非洲国家和非盟等地区组织落实"消弭枪声"倡议，支持联合国为非盟自主维和行动提供资金支持。中国在充分尊重非洲意愿、不干涉内政、恪守国际关系基本准则基础上，积极探索建设性参与非洲和平与安全事务。①

中非不断深化和平安全领域的交流与对话，2019 年以来，中国先后举行中非实施和平安全行动对话会、首届中非和平安全论坛、中非和平安全论坛军事医学专题视频会议，并积极参与非洲国家举行的和平安全领域重要会议或论坛。中国政府非洲事务特别代表积极斡旋非洲热点问题，为推进非洲和平与安全发挥了独特建设性作用。中国通过联演联训、舰艇互访等多种方式，支持非洲国家加强国防和军队建设，支持萨赫勒、亚丁湾、几内亚湾等地区国家维护地区安全和反恐努力，在共建"一带一路"、社会治安、联合国维和、打击海盗、反恐等领域推动实施安全援助项目并帮助非洲国家培训军事人员。中国支持联合国在维护非洲和平与稳定方面发挥重要作用，是安理会常任理事国中向非洲派遣维和人员数量最多的国家。②

自 1990 年参加联合国维和行动以来，中国派出的维和人员超过 80% 部署在非洲，累计向非洲派出 3 万余人次，在 17 个联合国维和任务区执行任务。现有 1800 余名维和人员在马里、刚果（金）、阿布耶伊、南苏丹、西撒哈拉 5 个非洲任务区执行联合国维和任务。根据联合国安理会决议，中国海军自 2008 年以来常态部署亚丁湾执行护航任务，迄今已派出 39 批护航编队，累计完成约 1400 余批近 7000 艘中外船舶护航任务。中国还决定向联合国维和人员捐赠 30 万剂新冠疫苗，优先用于非洲任务区。截至 2020 年 8

---

① 《国务院新闻办发表〈新时代的中非合作〉白皮书》，中国政府网，2021 年 11 月 26 日，http：//www.gov.cn/zhengce/2021-11-26/content_5653540.htm，最后访问日期：2022 年 4 月 22 日。

② 《国务院新闻办发表〈新时代的中非合作〉白皮书》，中国政府网，2021 年 11 月 26 日，http：//www.gov.cn/zhengce/2021-11-26/content_5653540.htm，最后访问日期：2022 年 4 月 22 日。

月，共有 11 名中国官兵在联合国非洲维和行动中献出宝贵生命。①

中非支持扩大双方人员有序往来，不断加强领事合作，推动执法部门合作，共同打击各类跨国犯罪。2019 年，中国公民赴非洲各国达 60.7 万人次，非洲各国公民入境中国达 68.5 万人次。双方人员往来快速增长推动中国和非洲国家领事关系迅速发展。中国支持非洲国家加强执法能力建设，2018 年以来为非洲国家培训 2000 余名执法人员，并提供警用物资。中国在联合国框架下向非洲任务区派出维和警察，在国际刑警组织框架下同非洲国家积极开展案件协作、情报交流、经验分享、联合行动，共同打击跨国犯罪。②

（五）中非在多个社会发展领域的交流逐步加强

新时代中非交往不仅局限于政治、经济、安全等中非关系的"传统强项"，更是在多个领域百花齐放。近年来，中非在涉及广泛社会发展问题的多个领域和多个层面开展合作，中非交往在卫生、教育、科技、环境、人文等方面全位开展，为构建中非命运共同体提供多渠道多角度的支持。

非洲国家的公共卫生体系较弱，流行性疾病在非洲多有暴发。近 60 年来，中国对非医疗卫生合作在派遣援外医疗队、援建医疗卫生基础设施、援助物资、医疗卫生人力资源开发和公共卫生等领域开展了大量项目，挽救了众多非洲人的生命、改善了非洲人民医疗服务的可及性、维护非洲人民的健康。医疗卫生援助为增进中国与发展中国家的友谊作出了历史性贡献。③ 中国践行人民至上、生命至上的理念，帮助非洲国家应对病疫，建设公共卫生体系，以实际行动推动构建中非卫生健康共同体。向非洲国家派遣中国医疗

---

① 《国务院新闻办发表〈新时代的中非合作〉白皮书》，中国政府网，2021 年 11 月 26 日，http：//www.gov.cn/zhengce/2021-11/26/content_5653540.htm，最后访问日期：2022 年 4 月 22 日。

② 《国务院新闻办发表〈新时代的中非合作〉白皮书》，中国政府网，2021 年 11 月 26 日，http：//www.gov.cn/zhengce/2021-11/26/content_5653540.htm，最后访问日期：2022 年 4 月 22 日。

③ 王云屏：《新冠肺炎疫情下中非卫生合作的进展、挑战和应对策略》，载张宏明主编《非洲发展报告（2020~2021）》，社会科学文献出版社，2021，第 219 页。

队是中非开展时间最长、涉及国家最多、成效最为显著的合作项目之一。1963 年中国向阿尔及利亚派出首支医疗队，开创了新中国援非医疗的历史。截至 2021 年，中国累计向非洲派出医疗队员 2.3 万人次，诊治患者 2.3 亿人次。目前，在非洲 45 国派有医疗队员近千人，共 98 个工作点。中国医疗队被非洲当地人誉为"白衣使者"、"南南合作的典范"和"最受欢迎的人"。在非实施 34 次"光明行"义诊活动，帮助近万名非洲白内障患者重见光明。中国重点帮助非洲国家加强专科医学建设，为非洲各国培训各类医务人才 2 万人次。目前，中国已帮助 18 个非洲国家建立了 20 个专科中心，涉及心脏、重症医学、创伤、腔镜等专业，同 40 个非洲国家 45 所非方医院建立对口合作机制。中国支持非洲各国提高口岸卫生检疫能力，并向非洲疾控中心派出疾控专家提供技术支持。①

新冠疫情发生后，中国提出团结抗疫、构建人类卫生健康共同体的倡议，推动中非医疗卫生合作更进一步。中国与非洲国家在抗击新冠疫情期间相互声援、相互支持、守望相助、同舟共济。中国在自身疫情防控和复工复产仍面临较大压力的情况下，迅速响应非洲国家的请求，派出抗疫医疗专家组深入非洲国家抗疫一线提供现场技术支持；竭尽所能向非洲国家提供大量急需的抗疫物资援助；各级政府和民间社会组织积极协同，分享中国的抗疫知识和经验；在全球卫生治理舞台上，中国积极为非洲和广大发展中国家发声，捍卫人人公平享有健康的权益和非洲国家公平获得抗疫工具产品的利益。中国把雪中送炭、大爱无疆的国际主义援助行动转化为同舟共济、守望相助、授人以渔的长期合作机制，符合保护中国与非洲国家人民生命安全和促进健康可持续发展的根本利益。②

非洲是目前世界上人口增长最快的区域，非洲人口呈现年轻化结构特

---

① 《国务院新闻办发表〈新时代的中非合作〉白皮书》，中国政府网，2021 年 11 月 26 日，http：//www.gov.cn/zhengce/2021-11/26/content_5653540.htm，最后访问日期：2022 年 4 月 23 日。

② 王云屏：《新冠肺炎疫情下中非卫生合作的进展、挑战和应对策略》，载张宏明主编《非洲发展报告（2020~2021）》，社会科学文献出版社，2021，第 219 页。

征。将人口数量优势转化为人力资源优势能为非洲发展提供强大的动能，但也是非洲当前面临的一大难题。新时代中国与非洲在教育和人力资源开发领域开展合作。中国大力支持非洲教育发展，根据非洲国家经济社会发展需要，帮助非洲培养急需人才，通过设立多个奖学金专项，支持非洲优秀青年来华学习。2012 年起，中非双方实施"中非高校 20+20 合作计划"，搭建中非高校交流合作平台。中国在联合国教科文组织设立信托基金项目，累计已在非洲国家培训 1 万余名教师。2018 年以来，中国在埃及、南非、吉布提、肯尼亚等非洲国家与当地院校共建"鲁班工坊"，同非洲分享中国优质职业教育，为非洲培养经济社会发展急需的高素质技术技能人才。中国支持 30 余所非洲大学设立中文系或中文专业，配合 16 个非洲国家将中文纳入国民教育体系，在非洲合作设立了 61 所孔子学院和 48 所孔子课堂。2004 年以来，中国共向非洲 48 国派出中文教师和志愿者 5500 余人次。①

中非在科技创新领域积极同非洲加强战略沟通与对接，分享科技发展经验与成果，推动双方科技人才交流与培养、技术转移与创新创业。中国与非洲国家建设了一批高水平联合实验室，创建了中非联合研究中心、中非创新合作中心。近年来，中国通过实施"一带一路"国际科学组织联盟奖学金、中国政府奖学金、"国际杰青计划"、"国际青年创新创业计划"等项目帮助非洲培养大量科技人才。空间和航天合作取得新突破，双方利用中国遥感数据开展防灾减灾、射电天文、卫星导航定位和精准农业等领域的合作，共同参与天文领域国际大科学工程"平方公里阵列射电望远镜"项目。中国在埃及援建卫星总装集成及测试中心项目。中国还分别为阿尔及利亚、苏丹发射两国首颗人造卫星。②

生态保护和应对气候变化是当前全人类面对的共同挑战，中非之间也在

① 《国务院新闻办发表〈新时代的中非合作〉白皮书》，中国政府网，2021 年 11 月 26 日，http：//www.gov.cn/zhengce/2021-11/26/content_5653540.htm，最后访问日期：2022 年 4 月 23 日。

② 《国务院新闻办发表〈新时代的中非合作〉白皮书》，中国政府网，2021 年 11 月 26 日，http：//www.gov.cn/zhengce/2021-11/26/content_5653540.htm，最后访问日期：2022 年 4 月 23 日。

探索应对生态环境问题的合作之道。中非人民对优美环境和美好生活有着共同的向往。中国和非洲一道，倡导绿色、低碳、循环、可持续的发展方式，保护人类的共同家园。2012 年以来，中非共同举办了"中非绿色合作引导未来经济"研讨会和"中非环境合作部长级对话会"，推动加强环境治理政策沟通协调。2020 年启动中非环境合作中心，搭建中非双方以及相关国际组织、研究机构、企业等多方参与的重要平台。截至 2021 年 9 月，安哥拉、肯尼亚等 7 个非洲国家相关机构已加入"一带一路"绿色发展国际联盟，为推进绿色丝绸之路建设作出积极贡献。中方积极开展应对气候变化南南合作，目前已和 14 个非洲国家签署 15 份合作文件，通过实施减缓和适应气候变化项目、共同建设低碳示范区、开展能力建设培训等方式为非洲应对气候变化提供支持。其中，中国向埃塞俄比亚援助的对地观测遥感卫星是中国同非洲合作的第一颗遥感卫星。中非双方通过开展环保法律、法规情报交流、执法能力建设等合作，共同打击走私濒危野生动植物跨国有组织犯罪，在履行《生物多样性公约》《濒危野生动植物种国际贸易公约》等事务中加强沟通协调，共同促进全球野生动植物保护和可持续利用。[①]

新时代中非交往更加重视双方的人文交流。中非双方积极签署双边政府文化协定执行计划，通过合作举办"国家年""文化年""欢乐春节""中非文化聚焦""意会中国"等品牌活动，进一步深化了文化交流与合作。截至 2020 年 12 月，中非签署并落实了 346 个双边政府文化协定执行计划。2013~2020 年，中方组派艺术团赴非 140 国（次）举办演出。2013 年以来，邀请非洲 28 国的艺术团来华演出。2016 年以来，中方为非洲国家举办文化领域研修班上百个，非方参与人员累计近 1500 人。截至 2021 年 11 月，中国在毛里求斯、贝宁、埃及、尼日利亚、坦桑尼亚、摩洛哥设有中国文化中心，已与突尼斯、肯尼亚、科特迪瓦、塞内加尔、埃塞俄比亚、莫桑比克签署互设文化中心或设立中国文化中心的政府文件。中国已与 31 个非洲国家

---

① 《国务院新闻办发表〈新时代的中非合作〉白皮书》，中国政府网，2021 年 11 月 26 日，http://www.gov.cn/zhengce/2021-11/26/content_5653540.htm，最后访问日期：2022 年 4 月 23 日。

签署双边旅游合作文件，将 34 个非洲国家列为中国公民组团出境旅游目的地，与 22 个非洲国家正式开展中国公民组团旅游业务。①

中非还就深化新闻合作、网络空间管理、处理媒体关系不断加强对话与交流，共同举办了中非媒体领袖峰会、中非媒体合作论坛等大型交流活动。30 家非洲媒体加入"一带一路"新闻合作联盟，42 个非洲国家参加"一带一路"媒体合作论坛。中国支持非洲广播电影电视产业发展，积极落实"为非洲 1 万个村落实施收看卫星电视项目"，支持在非洲农村和偏远郊区开展"大篷车"等户外放映活动，覆盖 12 个非洲国家 70 多个村庄和地区。中非双方鼓励联合开发制作、创作更多讲述非洲故事、中非友好故事的作品。中国企业为 1300 万非洲用户提供 11 种语言、600 多个频道的节目资源；近年来，中国对约 200 部中国优秀视听作品进行面向非洲的多语种译制，在 10 余个非洲国家举办中国电影展映展播活动，每年都有一定数量的非洲影片在中国电影节上展映。②

中非在新时代交往中鼓励学术与智库合作，支持双方学术研究机构、智库、高校开展课题研究、学术交流、著作出版等多种形式的合作，优先支持开展治国理政、发展道路、产能合作、文化与法律等课题研究与成果分享，推动壮大中非学术研究力量。80 余个中非智库学术研究机构参加"中非联合研究交流计划"。2012 年，中非合作论坛第五届部长级会议倡议实施"中非智库 10+10 合作伙伴计划"，建立"一对一"长期合作关系。2019 年 4月，中国非洲研究院在北京成立。③

此外，新时代中非民间交流也在不断加强。中非积极落实《中非民间

---

① 《国务院新闻办发表〈新时代的中非合作〉白皮书》，中国政府网，2021 年 11 月 26 日，http：//www.gov.cn/zhengce/2021-11/26/content_5653540.htm，最后访问日期：2022 年 4 月 24 日。

② 《国务院新闻办发表〈新时代的中非合作〉白皮书》，中国政府网，2021 年 11 月 26 日，http：//www.gov.cn/zhengce/2021-11/26/content_5653540.htm，最后访问日期：2022 年 4 月 24 日。

③ 《国务院新闻办发表〈新时代的中非合作〉白皮书》，中国政府网，2021 年 11 月 26 日，http：//www.gov.cn/zhengce/2021-11/26/content_5653540.htm，最后访问日期：2022 年 4 月 24 日。

交流合作倡议书》，鼓励实施"中非民间友好行动""丝路一家亲""中非民间友好伙伴计划"等，支持中非工会、民间组织、非政府组织及社会团体深化交流。2011 年以来双方举办了 6 届中非民间论坛，2012 年以来举办了 5 届中非青年领导人论坛、4 届亚非青年联欢节和 6 届中非青年大联欢活动。2021 年，举办首届中非未来领袖对话。截至 2020 年，中国政府已累计向 16 个非洲国家派遣 484 名青年志愿者。中国已与 53 个非洲国家 100 多个妇女机构（组织）建立联系和交往。中国在毛里求斯、莱索托、吉布提、津巴布韦和苏丹等国建立了中非妇女友好交流（培训）中心。①

二　新时代中非交往的意义

新时代中非交往的新理念新实践取得了丰硕的成果，中非命运共同体正在加速构建，这对于中非双方都有重要意义。

新时代的中非交往对中国的重要意义主要体现在以下几个方面。其一，非洲是"一带一路"倡议的重要节点，中非友好合作是"一带一路"倡议实施的重要组成部分。非洲是"一带一路"倡议和"海上丝绸之路"建设的重要保障。中非经济合作有利于中国顺利实施"一带一路"倡议，有利于中国扩大"朋友圈"，扩展中国的投资载体与海外市场，助力中国实现国内国际双循环的发展格局。②

其二，中非紧密开展各领域合作有利于中国新发展格局。非洲作为世界上发展中国家最集中的大陆，有巨大的潜在市场和广阔的增长空间。当前西方保守主义、贸易保护主义等逆全球化趋势抬头，国际合作面临困难，中非在深厚的历史友谊之上开展合作，成为国际合作中的紧密伙伴。非洲大陆有丰富的自然资源和正在凸显的人口红利，而中国的商品、资金、技术、在非

---

① 《国务院新闻办发表〈新时代的中非合作〉白皮书》，中国政府网，2021 年 11 月 26 日，http://www.gov.cn/zhengce/2021-11/26/content_5653540.htm，最后访问日期：2022 年 4 月 24 日。

② 李新烽、吴传华、张春宇：《新时代中非友好合作：新成就、新机遇、新愿景》，中国社会科学出版社，2018，第 124 页。

洲受到欢迎，中非经济呈现良性互补。中国企业在非洲的活跃经营，中国对非贸易、对非投资等领域迅速增长，这些都有助于中国参与国际循环。以中非在国际金融领域的合作为例，中非双方央行积极扩大本币结算和互换安排，推动中非金融便利化水平稳步提高。截至 2022 年 3 月末，人民币跨境结算系统（CIPS）共有参与者 1304 家，其中直接参与者 76 家，间接参与者 1228 家。间接参与者中，亚洲 946 家（境内 542 家），欧洲 169 家，非洲 44 家，北美洲 29 家，大洋洲 23 家，南美洲 17 家，覆盖全球 104 个国家和地区。[①] 在国际互联网和跨境电子商务方面，中非"数字经济"合作发展迅速，成果丰硕；中国企业参与多个非洲重要数字基础设施的建设，助力非洲数字化转型，弥补非洲的"数字鸿沟"。中非电子商务合作层次和内涵不断丰富，中国企业积极参与非洲电子支付、智慧物流等公共服务平台建设，在互联互通中实现合作共赢。新时代中非交往为中国提供了广阔的舞台，成为中国对外合作的重要组成部分。

其三，新时代中非交往的突出成果是中国提升软实力，打造中国国际话语权的"金字招牌"。当前，国际社会对"一带一路"倡议、中非合作等中国对外合作举措一直存在一些不和谐的声音和不符合事实的看法，特别是一些人鼓吹中国正在将非洲国家带入债务陷阱，把中国与非洲的合作抹黑为"新殖民主义"。中国秉持真实亲诚对非政策理念和正确义利观，追求中非共同发展。中国给非洲带去了发展机遇而不是控制和压迫，与历史上西方在非洲的所作所为形成鲜明对比，中非交往的丰硕成果是破除猜忌与抹黑的最佳证明。

对于非洲来说，新时代中非交往带来的是巨大的发展机遇。从非洲总体发展战略上看，中非合作顶层设计与非盟《2063 年议程》等长远规划的对接，通过跨国跨地区重大基础设施项目的规划和统筹协调，促进非洲一体化进程和整体可持续发展，有助于中国为非洲人民实现"非洲梦"作出更精

---

① 《CIPS 系统参与者公告（第七十五期）》，跨境银行间支付清算有限责任公司网站，2022 年 3 月 22 日，https://www.cips.com.cn/cips/ywfw/cyzgg/57099/index.html，最后访问日期：2022 年 4 月 6 日。

准、更有益的贡献。中国将自身发展利益同非洲的发展利益相结合，给非洲发展注入了强劲动力。从非洲工业化进程来看，中国在非洲不同的行业投资兴业，各类产业技术和标准将更多地进入非洲，不仅会直接带动非洲相关产业发展，还将通过溢出效应带动上下游产业发展，帮助非洲国家建立和完善产业体系，加速工业化进程，实现经济多元化。非洲国家将充分利用中国大量资本的进入，弥补国内储蓄和外汇的双缺口，增加资本积累。中非在"一带一路"倡议框架下的产能合作将拉动非洲国家制造业的发展，有助于非洲国家构建更加完整的工业体系，加快工业化进程，更好地参与国际分工、融入全球产业链。从非洲基础设施建设来看，中非合作将进一步推动非洲在"三网一化"方面的进展，缓解非洲基础设施落后的局面，为非洲经济发展创造新的血脉；中国对非洲数字基础设施领域的投资与合作，有助于非洲实现数字化转型，帮助非洲弥补"数字鸿沟"。从非洲对外贸易来看，中非经济合作将通过更多的贸易便利化措施，增加非洲国家对中国的出口，逐步实现中非贸易均衡，促进中非贸易健康可持续发展。从消除贫困方面来看，中非经济合作将有助于非洲不断改善民生，提升非洲广大民众的福祉。中国在非投资、贸易和各种经营活动为非洲国家创造了大量直接和间接的就业岗位。中国企业在非洲雇用当地劳动力的意愿不断提高，这为提高非洲人民收入、消除非洲贫困具有重要意义。

新时代的中非合作对于非洲自主选择发展道路也有启示和帮助作用。非洲长期陷入发展道路的迷思，20 世纪中叶以后，新独立的非洲国家有着摆脱殖民体制和殖民经济的迫切愿望，急于找到联合自强和实现快速发展的出路，非洲也因此成为舶来发展理念的试验场，多种形式的"社会主义"在非洲遍地开花，各种西方资本主义制度也在非洲粉墨登场。然而，非洲独特的文明和历史留下了根植于非洲本土的文化传统和社会形态，外来发展理念强行移植到非洲造成了水土不服，加之长期的殖民统治严重破坏了非洲的经济基础，大多数非洲国家在初期的发展道路探索中失败了。冷战末期，西方主导的现代化概念风靡全球，西方现代化话语霸权深刻影响了世界各国的发展道路选择。从 20 世纪 80 年代的经济结构调整计划到

"千年发展目标"（MDGs），西方国家和国际金融机构不断影响和塑造非洲发展的议程设置，由此导致的一个重要后果是，非洲国家一直是国际对非合作的客体，不能掌握自身发展和国际合作的主动权。即使是非洲国家提出的"非洲发展新伙伴计划"（NEPAD），也是与西方国家妥协的产物，即通过作出改革承诺和规划设计来换取西方国家的支持。非洲国家对此有清醒的认识，掌握发展主动权、提高议程设置能力已成为非洲国家进行国际合作的重要目标。[①]

客观上看，中非合作补充了非洲发展所需要的必要条件，补充了非洲缺少的生产要素，有利于促进非洲实现自主发展。进入 21 世纪后，非洲成为亚洲之后世界经济增长第二快的地区。经济快速发展有助于非洲国家提升自主发展能力，但基础设施滞后、人才不足、资金短缺等仍对其形成严重制约。以基础设施为例，据非洲开发银行公布的《2018 年非洲经济展望》估计，非洲基础设施建设每年需投资 1300 亿 ~ 1700 亿美元，但实际投入仅为 625 亿美元，资金缺口高达 675 亿 ~ 1075 亿美元。[②]中国在对非合作中也尤其注重帮助非洲摆脱资金、人才和基础设施的发展障碍，先后推出"十大合作计划""八大行动""九项工程"，并将"一带一路"建设向非洲倾斜，以寻求在帮助非洲各国加快工业化和农业现代化的同时，提高它们的自主发展能力，推动其实现自主可持续发展和经济独立。

非洲国家主观上也越来越希望向中国学习，从本国实际情况出发，吸收中国的发展经验，正在走出自己的发展道路。调查机构"非洲晴雨表"2019 ~ 2020 年对非洲 18 个国家 2.6 万名民众的调查显示，现在越来越多的非洲国家民众开始对中国的发展模式产生兴趣，他们认为以前的欧美殖民宗主国的发展模式并不适合他们。在问及适合国家未来发展的最好模式时，虽然受长期以来的价值观影响，有 32% 的受访者选择"美国"，但 23% 的非洲

---

① 周玉渊：《从南南合作到全球合作：中非合作论坛的本质特征与国际影响》，《中国非洲学刊》2020 年第 1 期。

② 沈晓雷：《论中非合作论坛的起源、发展与贡献》，《太平洋学报》2020 年第 3 期。

民众选择了"中国",位居第二。不过这个数据在不同国家之间有很大的区别,布基纳法索、马里、博茨瓦纳等非洲国家受访者选择中国模式的比例高于选择美国模式的比例。有学者对 2000~2017 年非洲主流媒体的新闻报道进行话语分析,考察非洲民众对"中国模式"的认知与态度,结果显示,非洲媒体将中国模式建构为不仅是中国独特的发展经验,并且也是值得非洲国家在政治和经济等领域学习和实践的发展模式。相关报道多为积极报道,少有消极报道,且积极程度总体偏中高,体现出非洲国家与人民对中国模式的信赖和肯定。① 非洲政界和学界也对学习中国经验抱有极大的兴趣。例如肯尼亚"南南合作"智库负责人、学者恩德戈格瓦在肯尼亚《星报》发表评论文章,他高度关注 2021 年发布的《中国的全面小康》白皮书,且高度评价中国扶贫成就。他认为中国共产党的正确领导、中国人民对美好生活的向往,以及在前进道路上克服一切困难和挑战的不屈不挠的意志是中国成功消除绝对贫困的主要原因,为其他发展中国家提供了宝贵经验。非洲领导人和政界人士也对学习中国发展经验抱有热切态度。几内亚前总统孔戴曾表示,他一直都在关注中国,对中国发展经验有着浓厚兴趣。中国这样一个拥有十几亿人口的国家都可以摆脱贫困并解决众多问题,这启示非洲也能摆脱贫困。非洲不是复制中国模式,而是要从中国的发展中借鉴有益经验,并且要结合实际来学习,中国就是非洲实现发展、改变旧面貌的榜样。② 中非政党间积极开展治国理政经验交流,中非政党理论研讨会迄今已经举办四届,吸引了非洲各国政党领导人踊跃参与。2022 年 3 月中共中央对外联络部通过视频方式举行"符合国情的现代化道路:中非政党的探索与实践"主题研讨,来自非洲 16 个国家的 17 个政党的领导人出席了会议,与会非洲政党领导人高度赞赏中国共产党在习近平新时代中国特色社会主义思想的指引

---

① 李玉洁:《中国方案对非洲的价值启示与传播探索》,《湖南师范大学社会科学学报》2021 年第 5 期。

② 驻几内亚使馆经商处:《几内亚总统:中国脱贫经验值得学习》,中华人民共和国商务部网站,2019 年 10 月 8 日,http://gn.mofcom.gov.cn/article/zxhz/201910/20191002902071.shtml,最后访问日期:2022 年 4 月 10 日。

下，坚持以人民为中心、执政为民的理念，成功探索出符合中国国情的现代化道路，表示愿同中国共产党加强交流合作，促进非中关系更大发展。[①] 非洲国家各界人士对借鉴中国发展经验的热切态度，反映了新时代中非交往为非洲寻找适合自身情况的发展道路提供了有益的帮助。

三　新时代中非交往与构建新型国际关系

新时代的中非交往有利于维护多边主义，有利于倡导处理国际关系的新理念，对于构建新型国际关系有积极意义。新时代的中非交往本身就是依托重要的多边合作机制展开，中非合作论坛和共建"一带一路"是新时代中非交往的主要平台。新时代中非交往的理念、实践和成果表明了多边主义是实现世界各国合作共赢的解决之道，是人类社会实现共同发展的重要工具。中非合作的示范效应对抵御孤立主义的影响、破除逆全球化思潮有着积极作用。新时代中非交往秉持真实亲诚对非政策理念和正确义利观，中非合作追求互利共赢、共同发展，主张互相尊重、平等相待，这为国际对非合作作出了表率，也为处理国际关系树立了榜样。此外中非之间的人文交流扩大开展，彰显了中非各自的悠久历史和灿烂文明，对维护世界文明的多样性有积极作用。中非治国理政经验和发展经验的交流，有利于破除西方主导的现代化话语霸权，鼓励各国自主选择发展道路。

新时代的中非交往促进了国际社会对非洲的关注，推动国际社会重新认识非洲的价值和潜力。非洲长期以来在国际体系中处于边缘地位，中非交往不仅带动了非洲的发展和中非命运共同体的构建，也重塑了非洲在国际社会上的形象，改变了国际社会对非合作的态度，让世界看到了非洲的发展潜力，看到了与非洲合作的重要意义。近年来，各国各地区对非合作掀起了一股新热潮，发展同非洲关系成为大国对外合作的新选择和新目标。新时代中

---

① 中共中央对外联络部：《"符合国情的现代化道路：中非政党的探索与实践"主题研讨会举行》，中共中央对外联络部网站，2022 年 3 月 29 日，https：//www. idcpc. gov. cn/bzhd/wshd/202203/t20220329_148611. html，最后访问日期：2022 年 4 月 10 日。

非交往取得的卓越成绩为国际对非合作树立了新的标杆，促使国际社会对以往的对非合作进行反思。受中非合作论坛的影响，日本、欧盟等国家和地区创新和升级了各自的对非合作机制，与此同时，印度、巴西、土耳其等新型国家也认识到了非洲的重要性，加大了对非合作力度。中国引领了国际对非合作，其意义至关重要：一方面，中非合作推动了非洲社会经济快速发展，并提高了非洲自主性和自主选择合作对象的能力；另一方面，中非合作提升了非洲的整体国际地位，使世界各国尤其是西方大国重新审视非洲，使非洲在国际博弈中大大增加了自身的权重，并因此能够最大限度地从中获取利益。[①]

新时代的中非交往也成为南南合作的样板和典范，带动了南南合作更进一步开展。中非合作及其对国际多边合作的推动作用体现在中国和非洲国家在联合国及其相关机构、非盟及非洲各次区域组织、不结盟运动和七十七国集团等发展中国家组织等不同层面的合作中，并且产生了实实在在的积极效果。近年来，以中非合作为标杆，中国与阿拉伯国家、拉美及加勒比国家全方位、宽领域的多边合作取得积极成果。政治上，中国与相关国家的双边、多边互动更加频繁，政治互信水平不断提高。经济上，中国与相关国家的经贸合作关系不断加深，互利共赢成效越发显著。据中国海关、商务部统计数据，2021 年中国与非洲贸易额为 2542.89 亿美元，中国仍然保持非洲第一大贸易国地位[②]；2020 年中国与阿拉伯国家的贸易额为 2398 亿美元，中国成为阿拉伯国家第一大贸易伙伴[③]；2021 年中国与拉丁美洲国家贸易额为 4515.91 亿美元，较 2020 年增长 41.1%，中拉经贸关系加速升温。[④] 新时代的中非交往极大促进了南南合作的发展壮大，对有关国家和地区的经济社会发展、改善民生起到了积极作用。

---

① 沈晓雷：《论中非合作论坛的起源、发展与贡献》，《太平洋学报》2020 年第 3 期。

② 数据来自中国海关总署统计月报。

③ 《商务部召开第五届中国—阿拉伯国家博览会新闻发布会》，中华人民共和国商务部网站，2021 年 6 月 18 日，http：//www.mofcom.gov.cn/xwfbh//20210618.shtml，最后访问日期：2022 年 4 月 11 日。

④ 数据来自中国海关总署统计月报。

第二节　新时代中非交往的特点

当前中非关系正处于历史最好时期，中非合作在多个领域持续深化，新时代的中非交往表现出一些鲜明的特征：其一，新时代中非双方密切的高层互动引领着中非关系不断发展；其二，新时代中非交往的不断扩大和深化是双方战略需求高度契合的结果；其三，新时代的中非交往尤其重视行动落实，中非合作绝不是坐而论道走过场，而是追求实实在在的合作成效；其四，新时代的中非交往坚持新型国际关系准则，中非之间平等相待，互利共赢，共同发展；其五，非洲在新时代的中非交往中表现得更加积极主动。

一　高层互动引领新时代中非交往

进入新时代以来，习近平主席高度重视发展中非关系，以元首外交引领中非关系行稳致远。非洲国家也高度重视同中国发展关系，非洲国家领导人频繁访华，积极参与中国主办的双边和多边外交活动。中非双方密切的高层互动引领着中非关系不断发展。

2013 年以来习近平主席已经四次出访非洲，足迹遍及非洲多地。2013 年 3 月，习近平就任国家主席后首次出访就远赴非洲，在坦桑尼亚发表演讲时提出真实亲诚对非政策理念和中非合作的正确义利观，为新时代中非交往指明了前进方向、提供了根本遵循。2015 年习近平主席出席中非合作论坛约翰内斯堡峰会，宣布将中非新型战略伙伴关系提升为全面战略合作伙伴关系，提出中非"十大合作计划"。2018 年习近平连任国家主席后的首访再次选择非洲，同年在中非合作论坛北京峰会上，习近平主席又同与会的 50 余位非洲国家领导人逐一会面，并出席近 70 场双边和多边活动。新冠疫情发生以来，中非在国际舞台上声援彼此的防疫措施，在国际抗疫合作中相互支持，召开中非团结抗疫特别峰会，共同商讨克服疫情影响实现共同发展的对策，成为新时代构建中非命运共同体的生动写照。2021 年 11 月中非友好大家庭克服困难，再次齐聚一堂，习近平主席以视频方式出席中非合作论坛第八届部长级会议开幕式并发表主旨演讲，与非洲领导人共同规划中非合作未来发展方向。2013 年以来非洲领导人也频繁来华访问，积极参与中非双边和多边外交活动，2014 年就有 13 位非洲领导人来华访问，2015 年有 17 位非洲领导人来华访问，不断刷新非洲国家领导人访华频次的纪录。2018 年中国两会后有近 10 位非洲国家领导人密集访问中国，中非合作论坛北京峰会更是吸引了 50 余位非洲国家领导人来华出席。中国与非洲密切的高层互动引领着新时代的中非交往，推动新时代的中非关系不断迈向新的高度。

中非高层互动反映了中非双方都将彼此视为重要合作伙伴。当前中国是世界上最大的发展中国家，而非洲是发展中国家最集中的大陆。非洲国家正在努力联合自强，加速推进工业化，发展势头锐不可当，而中国正着力构建新发展格局实现高质量发展，在国际舞台上寻求构建新型国际关系。中国的发展离不开非洲，非洲的发展也离不开中国，中国与非洲在彼此的对外关系中都扮演着重要角色，是你中有我、我中有你的命运共同体。中非高层互动促进了双方发展合作持续对接。"一带一路"倡议是新时代中国对外合作的重要实践，也是中国着力实现国内国际双循环、构建新发展格局的重要举措。非洲最具代表性、最重要的发展规划当数非盟《2063 年议程》。在 2018 年中非合作论坛北京峰会上，习近平主席强调要把"一带一路"建设同落实非洲联盟《2063 年议程》、联合国 2030 年可持续发展议程以及非洲各国发展战略相互对接，开拓新的合作空间，发掘新的合作潜力，在传统优势领域深耕厚植，在新经济领域加快培育亮点。[1] 在北京峰会召开短短的几天时间内，就有 28 个非洲国家以及非洲联盟与中国政府签署了共建"一带一路"的政府间合作备忘录。截至 2021 年，在 53 个同中国建交的非洲国家中，有 52 国以及非盟委员会已经同中国签署了共建"一带一路"的合作文

---

[1] 习近平：《携手共命运　同心促发展——在 2018 年中非合作论坛北京峰会开幕式上的主旨讲话》，人民出版社，2018，第 7 页。

件，非洲成为"一带一路"合作最重要的区域之一，基本实现了"一带一路"合作的全覆盖。非盟委员会还同中国签署了《中华人民共和国政府与非洲联盟关于共同推进"一带一路"建设的合作规划》，这是中国同区域性国际组织签署的第一份共建"一带一路"规划类合作文件。中非之间的高层互动推动了双方发展规划的对接，促进中非交往助力双方发展。

新时代的中非高层互动对中非关系的发展产生了重要的引领作用，双方领导人在频繁密切的互动中就双边关系和双方共同关心的重大问题加强沟通协调，保持了中非高层交往的密度和热度，为中非双方巩固传统友谊、增强政治互信，维护共同利益、共谋发展合作提供了有力的平台和保障。

二　新时代中非战略需求高度契合

新时代的中非交往是中非双方基于对世界形势和自身发展的需要作出的战略选择。当前世界正处于百年未有之大变局，国际力量的消长变化及分化组合使国际体系正在经历自冷战终结后乃至国际体系形成以来最为深刻的变革。在旧的世界格局解体和新的世界格局形成的转型时期，各种国际力量激烈碰撞、博弈频仍，不稳定性和不确定性构成了过渡性国际局势的基本特征。由西方民粹主义泛滥和大国博弈加剧引发的国际规则失灵、国际治理缺失、国际秩序失序便是当今国际局势的真实写照。[①] 当前全球产业链加速重构，孤立主义、保护主义等阻碍全球产业分工的不利因素叠加新冠疫情的影响，造成传统国际产业布局的风险频现。面对世界百年未有之大变局，中非实现各自的发展目标都将经受考验。

从外交战略来看，新时代中国主张推动构建新型国际关系，构建人类命运共同体，促进全球治理体系变革；主张促进贸易和投资自由化便利化，推动经济全球化朝着更加开放、包容、普惠、平衡、共赢的方向发展；主张尊

---

① 张宏明：《大变局背景下中国对非洲需求的变化》，载张宏明主编《非洲发展报告（2020～2021）》，社会科学文献出版社，2021，第 247 页。

重世界文明多样性，以文明交流超越文明隔阂、文明互鉴超越文明冲突、文明共存超越文明优越。非盟于 2015 年发布的《2063 年议程》中提出推动非洲一体化、保障非洲和平与安全、实现非洲文化复兴等目标，这些目标与愿景和中国的外交主张有着相似相通的价值观。中非在追求开放包容的国际关系、平等普惠的发展、文明多样性的保护等方面有着高度契合的外交战略需求。对于中国来说，非洲是中国外交"基础之基础"，其地位独特，作用不容低估。随着中国外部环境的变化，非洲在中国外交全局中的重要性将更加凸显。① 对于非洲来说，中国是其最重要的战略合作伙伴之一，中非开展了多领域的深入合作，提升了非洲大陆的自身能力，帮助非洲实现了预期发展目标。中国支持"以非洲方式解决非洲问题"，中国将自身设置在多边合作框架内，支持非盟集体安全机制建设，以提升非洲的集体安全能力。中国在与非洲国家的交往中坚持不干涉别国内政，这一立场也得到了非洲国家的广泛赞誉和支持。

从中非双方发展战略来看，新时代中国历史性地解决了绝对贫困问题，全面建成小康社会，迈上全面建设社会主义现代化国家新征程，正向着第二个百年奋斗目标进军。在这一过程中，中国面临着新的挑战。作为世界上最大的发展中国家，中国在过去的发展过程中出现了发展不平衡、不协调、不可持续等问题，新时代中国社会主要矛盾已经转化为人民日益增长的美好生活需要和不平衡不充分的发展之间的矛盾。目前，中国正着力构建新发展格局，强调加强国内国际双循环，在畅通国内循环的同时深入参与国际循环，更好联通和利用国内国际两个市场、两种资源。而当前非洲联合自强势头强劲，在国际事务中的影响力不断上升，正在推进自由贸易区建设，加快工业化和现代化进程，朝着非盟《2063 年议程》描绘的美好梦想前行。非盟《2063 年议程》提出，到 2063 年将非洲建设成为一个繁荣和平的地区。在肯定 21 世纪以来各领域不断发展的基础上，非洲强调利用好当前良好的外

---

① 张宏明：《大变局背景下中国对非洲需求的变化》，载张宏明主编《非洲发展报告（2020~2021）》，社会科学文献出版社，2021，第 247 页。

部发展环境，利用好非洲各种资源，包括自然资源、人力资源、市场及技术、贸易等，促进非洲各国发展，满足人民对经济增长和民生改善的期望。《2063 年议程》同时提出系统的工业化发展目标和保障措施，并提出实施若干关键性项目。非盟希望以此推动非洲工业化进程，实现非洲大陆互联互通，推进非洲地区一体化进程，实现"发展"这一非洲人民的普遍愿望；同时强调包容性增长，实现更公平的收入和财富分配，打破"有增长、无发展"的长期痼疾，实现发展的普惠性。[①]

对于中国来说，"一带一路"倡议是中国深入参与国际循环的重要举措，非洲是共建"一带一路"的重要战略伙伴。对于非洲来说，"一带一路"倡议与《2063 年议程》的愿景是一致的，通过两者的融合，中非合作可以取得更多硕果，助力非洲实现发展目标。经过多年的高速发展，中国形成了适用性较强的技术能力，通过对接中国相对先进的产业，引入优质资源，在国际产业分工和要素禀赋变化的过程中，中国的优势产业有可能成为非洲国家的新兴产业，甚至是支柱产业，其中共建"一带一路"国家将成为最主要的受益者。此外，中国的改革开放，以及不断探索和深化内部改革的成功经验对非洲国家也具有借鉴意义。中国在治国理政、发展经济、改善民生等领域与非洲分享经验，有助于非洲国家加强自身能力建设，促进其经济增长与社会进步。"一带一路"倡议契合非洲国家的自身需求，在很多内容和目标上与《2063 年议程》不谋而合，中非在发展规划的对接中坚持积极务实、互惠互利，必将给双方带来大量贸易和投资机会，助力发展目标的实现。

面对世界百年未有之大变局，中国和非洲更需要团结合作。中国的发展离不开世界和非洲，非洲的发展离不开世界和中国。新时代中非交往的一大鲜明特征就是双方高度契合的发展需求。中国将继续坚定支持非洲国家走符合自身国情的发展道路，坚定做非洲实现《2063 年议程》的重要合作伙伴，

---

① 李新烽、吴传华、张春宇：《新时代中非友好合作：新成就、新机遇、新愿景》，中国社会科学出版社，2018，第 144 页。

支持非洲一体化建设和非洲国家维护主权、安全和发展利益，同非洲国家携手共建"一带一路"，构建更加紧密的中非命运共同体，更好造福中非人民，为建设持久和平、共同繁荣的世界，构建人类命运共同体作出新的更大贡献。

三 新时代中非交往重视务实合作

中国与非洲的交往历经岁月考验，在不断磨合中持续深化，目前中非交往的领域比以往任何时期都要广泛，中非各领域合作比任何时期都要深化。在中非合作持续扩大的同时，中非交往的务实本色始终没有改变。不同于一些西方国家在与非洲的交往中表现出的"口惠而实不至"，中国一直注重落实双方达成的既定方案，讲求中非合作的成果和实效。中非合作上，中方从不开"空头支票"，只要是中方作出的承诺，中国都会认认真真地落到实处。在中非合作论坛的历次会议上，双方都会盘点过去一段时间中非合作目标的落实情况，制定下一阶段中非合作的具体措施。2018 年在中非合作论坛北京峰会上，中方在 2015 年提出的中非"十大合作计划"基础上宣布实施涵盖产业促进、设施联通、贸易便利、绿色发展、能力建设、健康卫生、人文交流、和平安全领域的"八大行动"。如今，"八大行动"已在各领域结出硕果。在2021 年的中非合作论坛第八届部长级会议上，中非双方盘点了北京峰会提出来的"八大行动"的落实情况，一大批中非合作项目落地生根，转化为实实在在的中非合作成果。2020 年以来，中非交往虽然受到疫情的影响，但中非合作仍然保持了强劲的势头，各项合作指标都呈现全面上升的态势。目前，在非洲有 3700 家中资企业，中方企业的投资为非洲创造了很多就业岗位。非洲是中国经济发展所需要的最重要的战略资源来源地之一，非洲的特色产品销到中国来，也为中国消费者提供了更多的选择。中国在非洲建设了 80 多个大型的电力设施，援建了 130 多个医疗设施、45 个体育馆、170 多所学校，为非洲培训各领域的人才共计 16 万余名，打造了非盟会议中心等一系列中非合作的金字招牌。中国企业利用各类资金帮助非洲国家新增和升级铁路超过 1 万公里，公路接近 10 万公里，桥梁接近 1000 座，港口接近 100 个，通信骨干网

15 万公里，网络服务覆盖了近 7 亿个用户终端。数字经济、航空航天、清洁能源、新基建等新兴领域的合作也在不断拓展。中非合作的成果遍布非洲大地，改善了非洲的经济社会发展条件，增强了非洲的发展能力，给双方人民带来了实实在在的好处，也为国际对非合作创造了良好的条件。①

四 新时代中非交往坚持新型国际关系准则

历史上非洲有过悲惨的遭遇，在国际交往中长期受到不公正对待。在西方主导的全球化进程中，奴隶贸易践踏了非洲人权，殖民活动扭曲了非洲的传统社会和文化形态，独立后的非洲又被当作冷战的棋子用而又弃。长久以来西方社会对非洲抱有深刻的偏见，否定非洲文明的独特性，不尊重非洲人民自主选择的权利，频繁干涉非洲国家的内政，忽视非洲国家的正当权益。

中国与非洲的友好交往从一开始就是在互相尊重的基础上展开的，新中国成立之初就提出将和平共处五项原则作为处理国际关系的一般原则。20世纪 60 年代中国进一步明确了"对外经济技术援助的八项原则"。八项原则坚持平等互利、共同发展，不附带任何政治条件，在包括众多非洲国家在内的受援国中引起强烈的反响。1983 年中国政府提出新时期中非经济合作应该遵循的"平等互利、形式多样、讲求实效、共同发展"四个原则，推动中非交往互利互惠。20 世纪末中国在西方世界"抛弃"非洲时坚定看好非洲发展前途，加大与非合作力度，将非洲称为中国的"全天候"朋友。21 世纪伊始中非建立了中非合作论坛机制，开启了中非平等互利合作的新篇章。2013 年以后中非交往进入新时代，习近平主席提出真实亲诚对非政策理念和正确义利观，为新时代对非合作指明了前进方向、提供了根本遵循。在 2018 年的中非合作论坛北京峰会上，习近平主席总结了中国在对非合作中的"四个坚持"，即坚持真诚友好、平等相待，坚持义利相兼、以义为先，坚持发展为民、务实高效，坚持开放包容、兼收并蓄。习近平主席还

---

① 《国务院新闻办发表〈新时代的中非合作〉白皮书》，中国政府网，2021 年 11 月 26 日，http：//www.gov.cn/zhengce/2021-11/26/content_5653540.htm，最后访问日期：2022 年 4 月 25 日。

指出中国在与非洲的交往中将坚持做到"五不",即:不干预非洲国家探索符合国情的发展道路,不干涉非洲内政,不把自己的意志强加于人,不在对非援助中附加任何政治条件,不在对非投资融资中谋取政治私利。[①]

新时代的中非交往坚持互利共赢,追求中非共同发展。在 2014 年 6 月和平共处五项原则发表 60 周年纪念大会上,习近平主席指出,"我们应该把本国利益同各国共同利益结合起来,努力扩大各方共同利益的汇合点"[②],道出了中国坚持把本国利益同各国利益结合起来谋求共同发展的美好愿景。中国与非洲之间的合作是这种义利观的最佳体现。蒙内铁路就是中国与非洲国家寻求共同利益、谋求共同发展的一个鲜活案例。蒙内铁路连接东非第一大港口蒙巴萨和肯尼亚首都内罗毕,是一条采用中国标准、中国技术、中国装备建造的现代化铁路。蒙内铁路的建成通车是东非铁路互联互通的重要基础,有利于促进东非人力、商品和资本的自由流通。同时,蒙内铁路对中国来说也是中国铁路走出去的又一张名片,是中国铁路开拓国际市场的又一次勇敢探索。诸如蒙内铁路的中非合作成果还有很多,涉及基础设施、农业、工业、矿业等多个领域。中国充足的产能和投资,为非洲带来了发展的动能,补充了非洲发展的必要条件;非洲广阔的市场和前景,为中国带来了可观的合作回报,中非在互利合作中不断实现共赢。

新时代的中非交往坚持互相尊重,平等相待。中国一贯主张,各国无论体量大小,发展程度如何,都应该在国际交往中平等相待,互相尊重,共同参与国际合作。中国与非洲的关系正是平等合作的最佳体现。当前中国是世界上最大的发展中国家,而非洲是发展中国家最集中的大陆。从体量上来看,中国毋庸置疑远比任何非洲国家要大,但中国在与非洲国家的交往中从来没有恃强凌弱,而是处处平等相待。2013 年习近平当选和 2018 连任国家主席后的首访目的地都是非洲,并在多个时间多个场合反复强调中非关系的

---

① 习近平:《携手共命运 同心促发展——在 2018 年中非合作论坛北京峰会开幕式上的主旨讲话》,人民出版社,2018,第 3 页。

② 习近平:《弘扬和平共处五项原则 建设合作共赢美好世界——在和平共处五项原则发表 60 周年纪念大会上的讲话》,人民出版社,2014,第 9 页。

重要性，表达构建中非命运共同体的殷切期盼，这充分体现了中国对中非关系的重视和对非洲伙伴的尊重。中国始终对非洲国家以诚相待，中国与非洲的合作不附加任何政治条件，不将自己的利益置于非洲的利益之上，而是本着平等互利的原则与非洲展开合作。过去几十年当中，非洲在国际合作中经常处于不平等的地位，被强加了很多政治上的不合理要求。中国虽然与非洲国家有着紧密的经济合作，但中国始终坚持不干涉他国内政，不附加任何政治条件，不提强人所难的要求，充分尊重非洲国家的主权和尊严。

新时代的中非交往坚持多边主义，中非关系开放包容。中非合作没有排他性，中国认为中非合作是国际对非合作的组成部分，而不是非洲对外交往的唯一对象，中国主张非洲应成为国际合作的大舞台，而不是大国博弈的竞技场。中国虽然在国际对非合作中发挥着重要引领作用，但中国对国际社会各方加大对非投入亦表示欢迎，希望与其他国家和国际组织在对非合作中发挥各自优势，形成有效合力，共同促进非洲发展。①

五 非洲在新时代中非交往中更加积极主动

非洲正处在蓬勃发展的时期，非洲人民正踌躇满志地为实现非洲梦而奋斗。当前非洲发展需要更多助力，非洲自立自强需要中国更多的支持，中国自身的发展成果能为非洲提供帮助，中国的发展经验也吸引着非洲学习借鉴。以中非共建"一带一路"为例，非洲国家政府普遍对"一带一路"合作持积极参与态度。非洲国家领导人多次展现对"一带一路"合作的积极姿态，2018年9月召开的中非合作论坛北京峰会，非洲国家有40位总统、10位总理、1位副总统以及非盟委员会主席出席会议。埃塞俄比亚两任总理、肯尼亚总统、吉布提总统、埃及总统和莫桑比克总统先后出席了分别于2017年5月和2019年4月在北京举行的第一届和第二届"一带一路"国际合作高峰论坛。非洲国家领导人对"一带一路"合作的表态，集中反映在

① 《王毅：推动中非团结合作，树立互利合作典范》，中华人民共和国外交部网站，2019年6月23日，https://www.fmprc.gov.cn/chn/pds/gjhdq/gj/fz/1206_45_12/xgxw/t1674715.htm，最后访问日期：2022年4月6日。

七个方面。一是表达积极支持和参与"一带一路"的愿望，愿以"一带一路"合作为契机，深化双边合作；二是提出"一带一路"合作的具体领域，如加强同中国在工业化、经济贸易、人力资源、基础设施、能矿、电站、民生等领域的合作；加快本国农业、数字化和减贫事业发展；三是希望借鉴中国治国理政经验，借鉴中方在执政党建设、企业管理等方面的有益经验；四是支持中国在国际上的主张，愿密切同中方在多边事务中沟通协调；五是认为"一带一路"是非洲的希望所在，也将助力非洲联盟实现《2063年议程》；六是愿同中方在"一带一路"框架下，拓展中非合作论坛框架下各领域合作，带动非洲大陆及有关非洲次区域的发展，共同推进构建更加紧密的中非命运共同体；七是高度评价习近平主席提出的"一带一路"倡议和人类命运共同体理念，愿将本国发展战略同"一带一路"倡议对接，加快自身发展。① 非盟常驻中国代表奥斯曼曾表示："中国切实履行支持非洲和平发展的承诺，是非洲实现《2063年议程》不可或缺的合作伙伴。……'一带一路'倡议与《2063年议程》的愿景是一致的，它的最终目标不仅停留在基础设施方面，而且将通过更多便利的通关措施，便于非洲国家间的人员往来和互联互通。我认为通过两者的融合，我们可以取得很多成就。'一带一路'不仅是一条道路，而且涵盖了很多东西，这些都是我们非洲国家需要的，能够促进非洲大陆的发展。"②

---

① 张永蓬：《"一带一路"倡议与非洲反响》，载杨宝荣主编《"一带一路"倡议与中非合作论坛"八大行动"》，中国社会科学出版社，2020，第148页。

② 《非盟驻华代表：中国是非洲实现〈2063年议程〉不可或缺的合作伙伴》，中华人民共和国外交部网站，2019年1月18日，https：//www.mfa.gov.cn/ce/cgauchm/chn/sghd/t1630767.htm，最后访问日期：2022年4月6日。

第五章　中非在考古领域的交流与合作

第一节　习近平关于中非在考古领域交流
与合作的论述

习近平主席高度重视文化交流在国际合作中的独特作用。2017 年 1 月 18 日，习近平主席在联合国日内瓦总部的演讲中指出，"每种文明都有其独特魅力和深厚底蕴，都是人类的精神瑰宝。不同文明要取长补短、共同进步，让文明交流互鉴成为推动人类社会进步的动力、维护世界和平的纽带"[①]。

习近平主席高度重视考古和文化遗产工作在文化交流、文明互鉴乃至构建人类命运共同体中的作用。早在 2016 年，习近平主席在上海合作组织成员国元首理事会第十六次会议上的讲话中指出，"人文合作不断发展，为各国民众加强相互了解和友谊搭建了重要桥梁。成员国境内的历史古迹是人类共有的文明财富，中方愿为各国开展古迹修复和考古合作提供支持"[②]。

2018 年 9 月 3 日，习近平主席在中非合作论坛北京峰会开幕式上发表主旨讲话，提出共建中非命运共同体，实施中非合作"八大行动"，他特别指出，要"携手打造文化共兴的中非命运共同体"，"我们要促进中非文明

[①] 习近平：《习近平主席在出席世界经济论坛 2017 年年会和访问联合国日内瓦总部时的演讲》，人民出版社，2017，第 29 页。

[②] 《弘扬上海精神　巩固团结互信　全面深化上海合作组织合作——在上海合作组织成员国元首理事会第十六次会议上的讲话》，《人民日报》2016 年 6 月 25 日，第 3 版。

交流互鉴、交融共存，为彼此文明复兴、文化进步、文艺繁荣提供持久助力，为中非合作提供更深厚的精神滋养。我们要扩大文化艺术、教育体育、智库媒体、妇女青年等各界人员交往，拉紧中非人民的情感纽带"①。为落实这一目标，习近平主席提出，中国会采取一系列措施，将"实施50个文体旅游项目，支持非洲国家加入丝绸之路国际剧院、博物馆、艺术节等联盟"②，其中明确将博物馆作为中非共建命运共同体的重要载体。

2020年9月28日，习近平总书记在中央政治局第二十三次集体学习时发表讲话，着重提出要建设中国特色中国风格中国气派的考古学，更好认识源远流长博大精深的中华文明。习近平总书记在讲话中指出，"考古工作是一项重要文化事业，也是一项具有重大社会政治意义的工作"，"要运用我国考古成果和历史研究成果，通过交流研讨等方式，向国际社会展示博大精深的中华文明，讲清楚中华文明的灿烂成就和对人类文明的重大贡献，让世界了解中国历史，了解中华民族精神，从而不断加深对当今中国的认知和理解，营造良好国际舆论氛围"③。

2021年10月17日，习近平总书记致信祝贺仰韶文化发现和中国现代考古学诞生100周年。习近平总书记在贺信中指出，100年来，几代考古人筚路蓝缕、不懈努力，取得一系列重大考古发现，展现了中华文明起源、发展脉络、灿烂成就和对世界文明的重大贡献，为更好认识源远流长、博大精深的中华文明发挥了重要作用。习近平总书记希望广大考古工作者增强历史使命感和责任感，发扬严谨求实、艰苦奋斗、敬业奉献的优良传统，继续探索未知、揭示本源，努力建设中国特色、中国风格、中国气派的考古学，更好展示中华文明风采，弘扬中华优秀传统文化，为实现中华民族伟大复兴的

---

① 习近平：《携手共命运　同心促发展——在2018年中非合作论坛北京峰会开幕式上的主旨讲话》，人民出版社，2018，第7～8页。
② 习近平：《携手共命运　同心促发展——在2018年中非合作论坛北京峰会开幕式上的主旨讲话》，人民出版社，2018，第12页。
③ 《习近平在中央政治局第二十三次集体学习时强调　建设中国特色中国风格中国气派的考古学　更好认识源远流长博大精深的中华文明》，《人民日报》2020年9月30日，第1版。

中国梦作出新的更大贡献。①

2022 年 10 月 28 日党的二十大后，习近平总书记的首次国内考察，就来到了安阳殷墟遗址，并强调考古工作要继续重视和加强，继续深化中华文明探源工程。习近平总书记高度重视考古工作，指出纵观历史，中华文明具有独特文化基因和自身发展历程，植根于中华大地，同世界其他文明相互交流，与时代共进步，有着旺盛生命力。习近平总书记强调考古工作是展示和构建中华民族历史、中华文明瑰宝的重要工作。认识历史离不开考古学。②

习近平总书记关于考古工作的重要讲话与论述，具有宏大的国际视野，对中国考古工作的开展提出了新的要求，为中国考古学走出中国迈向世界设计了新的目标。在习近平总书记关于考古工作与中非考古合作的一系列指示下，中非在考古领域的交流与合作取得了重要推进和众多备受瞩目的成就。

第二节　中非在考古领域的交流与合作以及成就与意义

一　中非在考古领域交流与合作的整体情况

近十年来，中国和非洲明显加快了在考古工作方面的合作步伐，所涉领域广泛，成就斐然。双方在联合考古、博物馆展览交流、文化遗产、专业人才培养与能力建设、打击文物走私等方面展开了不同程度的合作。

中非双方展开多项联合考古工作，推动了古代中非交流、文明起源、文明比较、人类起源等重大课题的进展。2010～2014 年，在中国商务部援外经费的资助下，北京大学、中国国家博物馆与肯尼亚国家博物馆签订"中国和肯尼亚合作实施拉穆群岛地区考古项目"合同，联合展开包括水下考古、

---

① 《习近平致信祝贺仰韶文化发现和中国现代考古学诞生 100 周年》，新华网，2021 年 10 月 17 日，http://www.news.cn/politics/2021-10/17/c_1127966301.htm，最后访问日期：2023 年 3 月 29 日。

② 习近平：《建设中国特色中国风格中国气派的考古学 更好认识源远流长博大精深的中华文明》，《求是》2020 年第 23 期。

陆上考古和瓷器调研在内的考古调查、发掘与相关研究。北京大学考古人员于 2010 年、2012 年、2013 年三个年度分四次前往肯尼亚马林迪地区和拉穆群岛地区进行陆上考古发掘和瓷器调研。考古发掘总面积达 1753 平方米，是肯尼亚历史上规模最大的考古发掘工作；调研 37 处肯尼亚古代遗址和遗迹单位出土的中国陶瓷，调查中国瓷片万余片，是对环印度洋古代遗址出土中国瓷器开展的规模第二大的调研工作。① 中国国家博物馆负责水下考古部分工作，于 2010 年获得马林迪附近海域奥美尼角沉船线索，并下水确认，于 2013~2014 年进行了正式水下考古发掘，出水大量遗物，并根据船体结构明确判断沉船为 16~17 世纪的葡萄牙商贸运输船。② 这项综合性考古项目为探索古代马林迪王国的变迁、古代中国与非洲地区的交流、郑和航海等重大议题奠定了扎实基础，得到了肯尼亚同行和民众的好评，受到了国际学界的广泛关注。2017~2019 年，河南省文物考古研究院、山东大学、洛阳市文物考古研究院等单位联合肯尼亚国家博物馆，对肯尼亚吉门基石遗址和博高利亚湖遗址进行了考古发掘与调查。考古总发掘面积 170 平方米，出土石制品及哺乳动物化石 2000 余件。考古队对巴林戈湖、博高利亚湖区域的考古调查，发现旧石器地点 41 处，时代涵盖旧石器时代早中晚期。③ 这一考古工作为探讨现代人类起源、细石器起源与传播等课题提供了重要材料。2018 年，中国社会科学院考古研究所与埃及文物部签署《中埃卢克索孟图神庙联合考古项目协议》。2018~2020 年，中国和埃及考古工作者在埃及卡尔纳克北的孟图神庙遗址展开发掘工作，布设探方面积约 2000 平方米，已成功揭露多处建筑遗迹，并发现大量带有铭文的建筑石构。除发掘工作外，中国

---

① 秦大树、丁雨、戴柔星：《2010 年度北京大学肯尼亚考古及主要收获》，载李安山主编《中国非洲研究评论（2012）》，社会科学文献出版社，2013，第 247~273 页。

② 中国国家博物馆水下考古研究中心、肯尼亚国家博物馆滨海考古部：《肯尼亚马林迪奥美尼角沉船遗址 2013 年度水下考古发掘简报》，《中国国家博物馆馆刊》2014 年第 9 期，第 6~23 页。

③ 张清俐：《东非旧石器考古助力现代人起源研究——访山东大学历史文化学院教授李占扬》，《中国社会科学报》2020 年 9 月 25 日，第 4 版；赵清坡：《中肯旧石器联合考古项目 2019 年度考古工作进展（二）》，河南省文物考古研究院官网，2019 年 12 月 3 日，https://hnswwkgyjy.cn/NewsView.php? News_ID=900，最后访问日期：2022 年 4 月 20 日。

考古项目组还与埃方联合对部分神庙建筑展开修复工作。① 这一发掘工作，受到了中埃双方政府高层的重视，获得广泛关注。

中非双方在博物馆展览方面交流频繁。2012 年 9 月 23 日，中国博物馆协会与非洲博物馆协会在中国武汉签订了合作谅解备忘录，双方旨在加强在博物馆人才和展览项目方面的交流。这一备忘录的签署促进了双方博物馆与文物展览的交流。2013～2014 年，由来自中部非洲多个国家的 300 多件非洲传统兵器文物组成的"中部非洲传统兵器艺术展"先后在天津博物馆、河南博物院、深圳博物馆等展出；2016～2017 年，"神秘非洲——中部非洲珍稀面具艺术展"先后亮相广东省博物馆、南京博物院、甘肃省博物馆、云南省博物馆等；近年来，中国国家博物馆、中国美术馆、山东美术馆、广东省博物馆、福建博物院、上海博物馆等先后举办非洲雕刻艺术展。一系列非洲主题展和专题展在我国引起了广泛反响，加深了我国人民对非洲文化的了解。除此之外，非洲多国博物馆馆长曾访问中国各大著名博物馆进行业务交流。中国文物也屡屡赴非展览。2008 年，中国与南非联合举办的中国大型出土文物展"华夏瑰宝展"在南非国家文化历史博物馆展出；2013 年中国茶叶博物馆 71 件文物亮相摩洛哥；2014 年，中坦联合举办的"牵星过洋——中非海上丝路历史文化展"在坦桑尼亚国家博物馆展出；2019 年，由三星堆与金沙遗址出土文物组成的"神秘的古蜀王国"展览在摩洛哥拉巴特中国文化中心举行。展览项目的交流无疑取得了良好的效果。近年来，在中国，一些非洲留学生志愿加入遗址博物馆服务行列，为宣传中华文明贡献力量。②

在文化遗产、专业人才培养与能力建设、打击文物走私等方面，中国也与非洲多个国家展开合作。在多届世界遗产大会和联合国教科文组织相关文化遗产论坛上，中国文物代表团与非洲有关国家和国际代表进行会谈，就中非文化遗产保护合作展开交流。中国文物系统官员受邀访问非洲多个国家，

---

① 贾笑冰：《中埃联合对孟图神庙遗址考古取得新进展》，《光明日报》2020 年 8 月 24 日，第 14 版。

② 相关报道参见国家文物局官方网站，http://www.ncha.gov.cn/。

与非洲国家政府官员就加强文化遗产保护领域的交流与合作深入交换意见。在中非双方的共同努力下，近年来，中国和非洲在文化遗产多个领域的合作取得进展。中国与非洲 52 个国家签署了包含文化遗产保护合作内容的政府间合作协定和跨年度执行计划；2009 年、2010 年、2013 年，中国和埃塞俄比亚、埃及、尼日利亚分别签署"关于打击文物非法进出境"的协议，共同打击文物犯罪。另外，中国在国际文化财产保护与修复研究中心（ICCROM）设置政府奖学金，每年资助来自非洲的专业人员参加该组织的专业培训。[①]

总体而言，中国和非洲在考古领域已经展开了多种类型不同程度的合作与交流。这些合作与交流得到了中非两地政府与民众的支持和好评，具有重要的意义，其不仅推动了考古研究的进步，彰显了两地文明的独特性，而且深化了两地各界民众对彼此文化的了解，增进了中非友谊，产生了良好而广泛的国际影响。

二 中非合作考古的标志性项目

"中国和肯尼亚联合实施拉穆群岛地区考古项目"是中非合作实施的第一个考古项目，这一项目取得了重大学术成果，产生了广泛的国际影响，为此后中非联合考古项目的进一步开展奠定了良好的基础。此后，非洲多个国家产生了与中国合作进行考古工作、共同展开考古研究的愿望。近年来，中国与非洲合作进行的标志性考古项目主要包括中国和肯尼亚合作实施拉穆群岛、马林迪地区考古发掘及瓷器调研项目，中国和肯尼亚合作实施巴林戈地区旧石器时代考古项目，中国和埃及合作实施卡尔纳克孟图神庙考古项目等。

（一）中国和肯尼亚合作开展拉穆群岛、马林迪地区考古发掘及肯尼亚出土中国陶瓷调研

这一考古工作开展最早，也是目前成果最为丰富、国际影响力最大的项

---

① 《中非文化遗产保护合作潜力巨大——访中国国家文物局副局长宋新潮》，中国网，2019 年 6 月 6 日，http://guancha.china.com.cn/2019-06/06/content_40777742.html，最后访问日期：2022 年 4 月 20 日。

目。这一项目的设立源于国际社会对郑和航海的密切关注。20 世纪 90 年代西方作家、记者在实地考察时发现拉穆群岛帕泰岛上传说有中国人的后裔，推测是郑和船队船员的后人。这一信息经过十年的传播酝酿，在我国内外形成了广泛影响，并在 2005 年郑和下西洋 600 周年纪念时掀起了关注与讨论的高潮。基于国际国内社会各界的高度关注，我国政府指示学者介入，展开相关学术研究。经过国家文物局委派业务官员和专家的实地考察和认真评估，我国国家文物局决定委派北京大学、中国国家博物馆与肯尼亚国家博物馆合作，以探索中非古代交流、寻找郑和遗迹为目标，开展对肯尼亚拉穆群岛和马林迪地区的陆上、水下考古发掘工作，并对肯尼亚沿海地区出土中国瓷器进行调查。2007 年贾庆林出访期间代表中国政府与肯尼亚政府签订中肯合作在拉穆群岛开展合作考古项目的换文，确定项目经费由中国商务部从援外经费中列支。2010 年 2 月，中国国家博物馆、北京大学和肯尼亚国家博物馆在北京签署合作合同。① 2010～2014 年，北京大学、中国国家博物馆先后多次派遣考古队员前往肯尼亚开展陆上考古发掘与水下考古发掘工作，与此同时开展对肯尼亚沿海地区出土瓷器的调研。

　　北京大学主要负责马林迪地区的陆上考古发掘和瓷器调研工作，秦大树担任这两项工作的领队。之所以选择马林迪为主要发掘区域，是因为马林迪的谐音名称屡见于中外古代文献，传说这里就是明初永乐年间向明成祖进献瑞兽麒麟（即长颈鹿）的"麻林"。在马林迪诸多遗址可见与中国相关的遗物。同时，这一地区也是达·伽马绕过好望角之后最早的东非登陆点。无论从中非交流史还是世界史来看，马林迪均具有非常重要的地位。而当时，对马林迪的考古研究相对匮乏，这也为中国考古团队提供了机会。2010～2013 年，北京大学与肯尼亚联合考古队先后在肯尼亚马林迪市附近的曼布鲁伊、卡提布清真寺、马林迪老城、姆简那赫利、塔卡耶 5 个遗址进行了三个季度的发掘工作，总发掘面积 1753 平方米，其中曼布鲁伊遗址和马林迪老城遗

---

① 秦大树、丁雨、戴柔星：《2010 年度北京大学肯尼亚考古及主要收获》，载李安山主编《中国非洲研究评论（2012）》，社会科学文献出版社，2013，第 247～273 页。

址是发掘的重点区域。

曼布鲁伊遗址位于今马林迪市以北约 11 公里处。其与马林迪老城遗址分处肯尼亚第二大河萨巴基河的南北两侧,是萨巴基河口地带规模最大的聚落遗址之一。之所以选择曼布鲁伊遗址作为重点区域,是因为曼布鲁伊遗址至今保存着镶嵌有中国明代晚期青花瓷片的柱墓,并拥有口述历史中排名第二早的清真寺。地理位置、地表现象与口述历史等多方面特征暗示这一地区对探索马林迪地区的早期历史具有重要价值。三年间,联合考古队在曼布鲁伊 12 处地点布设探方进行发掘,并对现代村落叠压区域的 14 处地点进行了调查。发掘出土当地陶器、伊斯兰釉陶、印度陶器、中国陶瓷、铁器、玻璃珠、骨贝器、坩埚、鼓风管等遗物 10 余万件,出土灶、窑炉、卫生设施、各类房屋基址多处,取得重要发现。综合来看,曼布鲁伊这一聚落鼎盛时期面积可达 30 万平方米,是东非沿海地区的大型部落。其历史最早可追溯至 9～11 世纪,整体发展可分为 4 个阶段,其在 13～14 世纪进入鼎盛时期,出现了发达的冶铁业和规模宏大的建筑群。遗址出土的大量伊斯兰釉陶、中国瓷片等外来遗物,表明其融入了环印度洋贸易。在不同发展阶段,曼布鲁伊的聚落分布与范围有所变化,在早期阶段,其主要以柱墓区和库巴清真寺一线为中心,17 世纪之后,曼布鲁伊聚落萎缩,并整体略微南移,原聚落区变为墓葬区。曼布鲁伊的位置、冶铁手工业的存在与 12 世纪阿拉伯文献对马林迪地区的记述相当一致,其 13～14 世纪的兴盛状态,更胜于同一地区的格迪与马林迪老城区域。综合来看,其很有可能曾是古代马林迪王国的核心地区。[①] 曼布鲁伊遗址另一项重大的发现在于其出土了多件与郑和航海密切相关的物证。2010 年曼布鲁伊柱墓发掘区(A 区)出土"永乐通宝"钱币一枚、永乐御窑青花瓷一片,2012 年曼布鲁伊 E 区出土明初龙泉官窑青瓷一片。两片瓷片尤为重要。有明一代,宫廷对御窑的管控十分严格,御窑的大部分产品流入宫廷使用,少量用于赏赐和外交用途。如有

---

① 秦大树、丁雨:《肯尼亚滨海省曼布鲁伊遗址的考古发掘与主要收获》,载李安山主编《中国非洲研究评论(2014)》,社会科学文献出版社,2015,第 253～271 页。

外流，则失职的督窑官员性命堪忧。这一政策在明初执行得尤为严格。因此，景德镇御窑青花瓷和龙泉官窑青瓷几乎不可能像"永乐通宝"一般通过走私渠道出口。其在曼布鲁伊出现，极有可能是郑和航海的结果。曼布鲁伊遗址一系列遗物的出土为郑和到访非洲提供了关键物证。①

马林迪老城遗址位于今马林迪市。这里地望确切，几乎可以肯定是明代及其之后文献屡屡提及的"麻林""麻林地"之所在。其与中国关系密切，很有可能是郑和抵达过的东非港口。同时，马林迪老城也是西方殖民者绕过好望角开辟新航路之后在东非的第一个登陆点，后续成为葡萄牙人进军亚洲的重要基地，在全球一体化进程中具有标志性意义。这座在世界历史中具有重要地位的历史名城，此前缺乏实证资料研究。由于马林迪老城属"古今重叠型"城市，故 2012~2013 年，中肯联合考古队围绕马林迪老城的标志性地点柱墓清真寺，选择了 5 个地点发掘，并对马林迪老城全城范围内 33 处地点进行了调查，以探索老城兴建历史。考古队在马林迪 A 区发现 17 世纪大型房屋建筑一处。此处房屋规模宏大，营建考究，与附近格迪古城的宫殿建筑类似，应是当时的高等级建筑。在马林迪 B 区发现了大批非正常死亡非正常埋葬的人骨遗存，经碳十四测年为 9 世纪左右；在这批人骨遗存下发现了东非 8~9 世纪的早期陶器。这些综合证据将马林迪老城人群活动的确切时间提早了近 500 年。马林迪老城 C、D、E 三区的发掘，对于推断马林迪老城的分布范围具有重要意义。发掘出土当地陶器、伊斯兰釉陶、中国陶瓷、印度彩陶、欧洲瓷片等各类遗物约 10 万件。发掘结果表明，马林迪老城在葡萄牙人抵达之前已经成长为东非沿海地区重要的贸易中心，其鼎盛阶段聚落面积可达 30 公顷，对外交流频繁。②

中肯联合考古队还对卡提布清真寺、姆简那赫利和塔卡耶三处遗址进行

① 秦大树：《肯尼亚出土中国瓷器的初步观察》，载秦大树、袁建主编《2011 古丝绸之路——亚洲跨文化交流与文化遗产国际学术研讨会论文集》，八方文化创作室，2013，第 61~82 页。

② 丁雨：《肯尼亚滨海省马林迪老城遗址的初步研究》，《南方文物》2014 年第 4 期，第 127~135 页。

了小规模发掘。卡提布清真寺位于马林迪老城以南，其地表存在断壁残垣，仍能显露出其布局结构。布局特征表明其为 16 ~ 17 世纪的清真寺。通过发掘可知，在其地表建筑叠压之下存在早期石质建筑的地基，据出土遗物判断，早期地基修筑年代为 14 世纪。这一发掘实例证实了当地口述史中所说的清真寺位置不变但会不断翻建的建筑传统。同时清真寺通常是聚落的标志性地点，早期清真寺位置的确定，对探索早期马林迪地区的聚落结构和信仰体系意义重大。姆简那赫利遗址位于曼布鲁伊遗址西北方向 4 公里处，其地表可见较密集的中国龙泉青瓷。对此地点的发掘出土了丰富的中国瓷片和伊斯兰釉陶，时代以 14 世纪至 15 世纪初为多。此地点的发掘有助于判断萨巴基河以北地区的聚落分布和海岸线变化。塔卡耶遗址位于马林迪老城遗址西南 4 公里处，是一处靠近内陆的遗址，选择此处进行发掘，主要是想要探究沿海遗址与内陆遗址的关系。塔卡耶遗址最早地层出土标本年代可早至 10 世纪，仅出土本地陶器，未出土外来遗物。这一情况表明东非沿海人群可能存在由内陆至海岸的迁徙情况，且外来遗物主要流行于沿海地区。

发掘工作完成后，中方考古队员主导对各类标本进行了整理和类型学分析，拼对、修复了大量标本，并选出代表性标本千余件，进行照相、绘图等工作，并利用便携式科技设备进行成分检测。肯尼亚学者对这一整理工作表示赞叹，指出许多器物是肯尼亚沿海地区甚至斯瓦希里海岸地区从未修复成功过的，这为将来的展示利用提供了极好的素材。

马林迪地区的发掘工作取得了许多重要成果。其一，通过发掘工作，将曼布鲁伊和马林迪老城的人群活动年代提前至 9 世纪，为探索古代马林迪王国的兴衰提供了重要证据；其二，大量中国瓷片的出土，证明了中国商品在海上丝绸之路的商业生命力和影响力，印证了中国和肯尼亚自古以来的传统友谊；其三，通过发掘，基本明确了曼布鲁伊和马林迪老城的聚落变化规律，为探讨东非沿海斯瓦希里人群的特殊文明结构奠定了基础。

在瓷器调研方面，北京大学团队在肯尼亚国家博物馆的密切配合下，总计调研 37 处肯尼亚沿海遗址出土的中国瓷器，整理中国瓷器万余件，拍摄照片数万张，绘制线图千余张。这些工作使得以往西方出版物缺少出土中国瓷片详细信息的情况大为改观。瓷器调研通过目鉴、材料对比、科技检测等方式，确定瓷器产源与时代。在调研基础之上，秦大树团队对肯尼亚沿海地区输入中国瓷器的阶段性进行了分析。其指出，中国输往肯尼亚的瓷器始自9世纪，此后延续不断。9~10世纪，是肯尼亚输入中国瓷器的第一个高峰时段，主要产品为长沙窑瓷器、越窑青瓷、广东青瓷和北方白瓷；11~12世纪后半叶为中国瓷器贸易的低潮；13~15世纪是肯尼亚输入中国陶瓷的又一个高峰时段，代表性产品为龙泉青瓷，亦有14世纪开始出现的青花瓷和釉里红瓷器；15世纪中后期至16世纪早期、17世纪是肯尼亚输入中国瓷器的另外两个高峰时段，产品以青花瓷为主。[①] 此项工作得到了国际学界的广泛肯定。调研获得的第一手资料不但为中国学者在外销瓷研究、世界贸易史、航海史研究领域获得更多的话语权奠定了基础，而且相关成果逐步发表后，为世界相关领域研究的专家学者提供了新的翔实资料。日本学者认为，这是可以比肩中国陶瓷史领域的重要学者三上次男关于陶瓷之路研究的一次重要学术突破。

中国国家博物馆主要负责水下考古发掘工作。2010~2011年，中肯联合水下考古队发现6处水下文化遗存线索、3处滨海散落遗存，完成了260万平方米海域的旁侧声呐扫描。同时，潜水探摸水下调查面积达46963.7平方米，完成了12000平方米的水下遗址平面图测绘。重点对拉穆岛谢拉东侧海域水下遗址和马林迪奥美尼角沉船遗址进行了水下探摸。[②] 这一工作为2013年的正式水下考古发掘工作奠定了基础。2013年11月至2014年1月，中肯联合水下考古队对奥美尼角沉船遗址进行正式水下考古发掘。遗址主体为一艘木质沉船残骸。考古队将遗址分为4区，重点对A区进行了发掘。发掘较为清晰地揭露了沉船的船体结构和造船工艺情况。这一沉船呈现了葡萄牙

[①] 秦大树：《肯尼亚出土中国瓷器的初步观察》，载秦大树、袁婕主编《2011古丝绸之路——亚洲跨文化交流与文化遗产国际学术研讨会论文集》，八方文化创作室，2013，第61~82页。

[②] 中国国家博物馆水下考古研究中心、肯尼亚国立博物馆沿海考古部：《2010年度中肯合作肯尼亚沿海水下考古调查主要收获》，《中国国家博物馆馆刊》2012年第8期。

商贸船的特征，发掘出水陶器、金属器、石器、象牙、滑轮、木桶、铜锭、青花瓷等各类器物 681 件，还包括硫化汞 2380 克，液体水银 4.5 毫升，为探讨这一时期葡萄牙的全球贸易和东非在这一体系中的作用增添了新的实物资料。2010～2014 年的肯尼亚沿海水下考古工作，是中国和肯尼亚第一次合作进行肯尼亚沿海水域水下考古工作，揭开了肯尼亚沿海水下考古工作的序幕。这也是中国水下考古队首次在国外开展的大规模工作，为此后的海外水下考古工作积累了重要经验。

中国和肯尼亚合作实施拉穆群岛、马林迪地区考古工作与瓷器调研工作是一项综合性的大型项目。我国派出了国内顶尖的考古力量，与肯尼亚文物部门通力合作。考古发掘范围涵括陆上水下，瓷器调研范围遍及肯尼亚沿海，最终取得了世所瞩目的成果。此次考古合作是我国考古学理论、方法在肯尼亚的一次成功应用。发掘项目结束后，中肯联合考古队及时刊布成果，目前已在海内外各类重要期刊发表论文数十篇。考古工作纠正了以往对肯尼亚历史，特别是对早期马林迪王国历史的一些不实认识，增添了中非、亚非交往的研究实据。考古工作和由此产生的众多研究成果也极大地推动了我国的外销瓷研究、中非交流史研究，并开辟了我国的斯瓦希里考古研究新领域。

发掘得到了肯尼亚各方面的高度肯定，发掘期间，肯尼亚国家博物馆馆长伊多·奥马尔·法哈博士（Dr. Idle Omar Farah）多次前往工地视察，对考古工作和取得的成绩给予了高度的肯定和赞扬。肯尼亚马格里尼地区长官和马林迪地区长官也曾数次前往工地，帮助考古队解决发掘中遇到的问题，布置文物保护的宣教工作。当地群众十分欢迎考古队的到来，认为考古工作的进行为他们带来了新的就业机会。

发掘期间，肯尼亚、中国以及西方媒体争先报道。发掘的消息和成果在 KBC、NTV 等电视台，在 *Nation*、*The Star* 等肯尼亚国内重要的报刊上有多次、及时的报道。BBC、路透社、《泰晤士报》等国际知名媒体均特稿对这次考古工作进行了报道。中国中央电视台非洲分台派出记者在马林迪长期跟踪报道，央视非洲分台法语频道、中国国际广播电台、新华社也做了多次报道。CCTV9 纪录频道的 3 集纪录片《发现肯尼亚》节目组则进行了一个月的跟踪拍摄。众多媒体的报道产生了巨大反响。除此之外，考古工作展开期间，中方考古队员积极与当地民众互动沟通，多次组织活动，接待当地学校和文物爱好者组织的参观活动，为当地青少年普及发现成果。项目负责人先后受邀赴英国、法国、新加坡、美国等地学术机构展开学术交流，介绍项目成果和由此产生的新观点，产生了巨大的国际影响力。

（二）中国和肯尼亚合作开展巴林戈湖、博高利亚湖区域考古发掘与调查

现代人类起源问题是国际学界关注的焦点课题，而东非地区是探讨这一课题最为关键的地区之一。2014 年，河南省文物考古部门与肯尼亚初步达成协议，计划在肯尼亚展开联合考古工作，探索现代人类起源问题。2017年，河南省文物考古部门与肯尼亚国家博物馆正式签订合作协议，计划在肯尼亚巴林戈湖、博高利亚湖区域展开旧石器时代遗址的调查与发掘工作。2017～2019 年，河南省文物考古研究院、山东大学、中国科学院古脊椎动物与古人类研究所等单位和肯尼亚国家博物馆组成中国-肯尼亚现代人类起源联合考古队在肯尼亚进行考古发掘与调查工作，中方学者李占扬担任考古领队。数年来，这一考古项目取得了一系列进展。

2017 年度，考古队分两次抵达肯尼亚展开工作。4～5 月，考古队进入肯尼亚裂谷省巴林戈湖附近的遗址区进行前期调查，采集旧石器时代各类石制品 40 余件，经比对确认这批石器属桑戈文化，对应的技术体系年代为距今 20 万～30 万年。[①] 10～11 月，联合考古队对位于肯尼亚裂谷地区的吉门基石遗址进行了考古发掘，发掘面积 66 平方米，清理旧石器时代中期石器551 件及哺乳动物化石数十件。通过对巴林戈地区的考古调查，发现旧石器时代地点 13 处，发现石器及动物化石近千件，时代跨越旧石器时代早中晚期。纳库鲁郡玛卡利亚瀑布砾石层是中国考古工作者在非洲发现的首个旧石

---

① 赵清坡：《山大学者赴肯尼亚联合考古探索现代人起源》，山东大学新闻网，2017 年 10 月 8 日，https：//www.view.sdu.edu.cn/info/1003/94920.htm，最后访问日期：2022 年 4 月 19 日。

器地点，此外，考古队在 2 号调查地点发现了疑似房屋遗迹。①

2018 年 9 月，联合考古队再次抵达吉门基石遗址进行发掘，发掘面积48 平方米，在地层中首度发现细石器，共清理细石器和旧石器时代中期石器 300 余件，出土石器类型包括石核、石片、石器等。结合 2017 年的发掘成果，联合考古队在吉门基石遗址发现了罕见的旧石器时代三期文化叠压层。旧石器时代早期遗存位于吉门基石遗址下层，年代距今约 200 万年。发掘区主要堆积为旧石器时代中晚期地层和遗迹，出土有典型的手斧和较成熟的刮削器，并出现预制石核技术，年代为距今 30 万年左右。2018 年细石器文化层的发现丰富了吉门基石遗址的年代序列，初步判断其年代为距今5 万~7 万年。细石器文化层的发现有助于探索细石器传播、现代人走出非洲等重要问题。此外，2018 年调查旧石器地点 14 处，其中发现制作石器场地 1 处。②

2019 年 9~11 月，中肯联合考古队在肯尼亚博高利亚湖遗址进行了发掘工作，对其附近区域展开了考古调查。发掘博高利亚湖遗址 2 处，总面积56 平方米，出土石制品、动物化石 1200 余件。其中发掘的博高利亚湖遗址第 2 地点为包含地层叠压关系的小型石器制作场。发掘确认博高利亚湖遗址包含旧石器时代早中晚三期遗存，以中期遗存为主。此年度在周边区域调查旧石器地点 14 处，其中 4 处推测为小型石器制作场，发现石制品 5000 余件，以旧石器时代中期典型的勒瓦娄哇技术产品为主，亦发现有细石器、手斧等。③

中肯学者在肯尼亚联合开展旧石器时代考古工作具有重大意义。东非是

---

① 李占扬：《肯尼亚吉门基石遗址考古发掘》，《大众考古》2018 年第 1 期。
② 中肯旧石器联合考古队：《2018 年度中肯旧石器联合考古工作进展》，河南省文物考古研究院官网，2018 年 10 月 16 日，https：//hnswwkgyjy.cn/NewsView.php? News_ID=773，最后访问日期：2022 年 4 月 15 日；张清俐：《东非旧石器考古助力现代人起源研究——访山东大学历史文化学院教授李占扬》，《中国社会科学报》2020 年 9 月 25 日，第 4 版。
③ 赵清坡：《中肯旧石器联合考古项目 2019 年度考古工作进展（二）》，河南省文物考古研究院官网，2019 年 12 月 3 日，https：//hnswwkgyjy.cn/NewsView.php? News_ID=900，最后访问日期：2022 年 4 月 15 日。

人类起源地之一，也是现代人类起源的关键地区之一，是探讨人类起源、现代人类起源等重大课题无法绕开的地点。长期以来，受历史因素影响，这一地区的考古工作主要由西方研究者主导，中国学界在这一涉及全人类历史的问题上缺少话语权。2017～2019 年中国考古工作者进入东非地区展开旧石器考古工作，是一次大胆的尝试，是一个良好的开端。它标志着中国考古力量在这一关键领域走向国际舞台，加入了探索现代人类起源的"国际考古俱乐部"，为在全人类关心的科学和历史课题上发出中国声音奠定了扎实基础。2017～2019 年度取得的众多考古成果，对于探索旧石器时代的文化交流、人群迁徙、现代人群起源等具有重要意义。中肯联合发掘、调查旧石器时代遗存得到了肯尼亚考古工作者的欢迎和密切配合。肯尼亚前总统莫伊亲切接见了中方队员，鼓励联合考古队取得更大成就。肯方专家高度评价中方队员的工作，认为中国专家提供的先进技术与经验为肯尼亚考古带来了很大帮助。

（三）中国与埃及合作推进卡尔纳克孟图神庙考古工作

埃及是人类最重要的文明起源地之一，也是全世界考古工作者的圣地。2018 年 10 月 27 日，在中国国家副主席王岐山的见证下，中国社会科学院考古研究所与埃及文物部签订合作互助协议。中埃联合考古随之在埃及卢克索孟图神庙遗址区启动，中方领队由中国社会科学院考古研究所副研究员贾笑冰担任。[①] 迄今为止，中埃联合考古队已完成两个季度的考古工作，取得重要进展。

孟图神是埃及最古老且最重要的神祇之一，对孟图神最早的记录可追溯至公元前 24～前 22 世纪的古王国第六王朝时期。此后其长期流行，一度成为底比斯主神。据推测，卢克索卡尔纳克北部的孟图神庙始建于公元前1391～前 1353 年间。孟图神庙遗址是卡尔纳克神庙建筑群的组成部分。

---

① 中埃联合考古队：《走出国门！"中国队"亮相埃及考古舞台》，《中国文物报》2020 年 9 月 18 日，第 7 版。

1979 年，卡尔纳克神庙区即入选世界文化遗产，是享誉国际的旅游胜地。①

2018 年 11 月至 2019 年 4 月，中埃联合考古队展开第一期考古工作，对主要工作区域及其周边地区进行了调查和遗址现状记录，并对地表进行了清理。2019 年 11 月至 2020 年 4 月第二期考古工作展开，联合考古队将研究工作聚焦于考古发掘、铭文研究和修复保护三个方面。在考古发掘方面，布设探方面积约 2000 平方米，主要集中在神庙南围墙处的奥西里斯神殿区（区域 1）、孟图神庙西南角与玛阿特神庙相连部分（区域 2）两大区域。在奥西里斯神殿区共有神殿六座，此次工作主要发掘了第三座奥西里斯神殿和第二座奥西里斯神殿的柱厅区，相关发现对于探究奥西里斯神殿区的建筑布局和建筑结构具有重要作用。区域 2 内出土的泥砖地面提供了准确的年代标尺。为了解孟图神庙的堆积形成过程，考古队在区域 2 内布设探沟，不仅发现了更早的地层，还出土了网坠、鼓风管等生产工具，暗示了神庙建设前这一区域可能具有生产生活性质。此外，在探沟底部还发现了尼罗河的沉积物，证明了尼罗河在历史上的摆动情况。在铭文研究方面，考古队循国际惯例，对出土铭文石刻进行了保护、辨识、展示、编号、拍照、登记等工作，并进行了初步研究。针对孟图神庙毁坏严重的情况，中埃双方密切合作，对奥利西斯神殿数处建筑进行了加固、修复和保护工作。②

中埃联合考古工作备受国际瞩目，目前已刊布了英文版的阶段性成果报告，向国际学界展示阶段性工作情况。③ 中国与埃及联合进行考古工作对双方均具有重要意义。在合作中，中方秉持"互相了解、互相尊重、求同存异、加深友谊"的方针④，互相学习，加强沟通与了解。对中方而言，埃及文明具有自身特色，是探索中华文明起源的重要参照系。中国考古走出国

① 贾笑冰、高伟：《孟图神庙考古：复原神之圣域》，中国社会科学网，2020 年 8 月 6 日，http://www.cssn.cn/kgx/sjkg/202008/t20200806_5166583.shtml，2022 年 4 月 15 日。
② 贾笑冰：《中埃联合对孟图神庙遗址考古取得新进展》，《光明日报》2020 年 8 月 24 日，第 14 版。
③ *Egyptian-Chinese Mission at Montu Temple of Karnak*，*Report 2019–2020*，Louxor，2020.
④ 肖天祎：《中埃联合考古发掘孟图神庙遗址　古埃及文明腹地上的交流互鉴》，《光明日报》2020 年 8 月 17 日，第 12 版。

门，深入备受瞩目的海外古文明腹地进行探索，这既是中国考古力量受到国际肯定的标志，亦是中国考古进一步发展和融入世界考古的重要机遇。埃及方面对此项合作十分肯定，并对未来合作充满期待。埃及最高文物委员会秘书长扎西·哈瓦斯指出，"埃及和中国的考古合作才刚刚开始，中国考古队在埃及大有可为"；埃及卢克索地区文物部主任叶瓦达怀抱热切期望，指出"埃中首个联合考古项目意义重大，中国在考古领域处于世界一流水平，相信中国考古人员能用自己的经验和智慧，为埃及考古带来新思路、新方法、新发现"①。

三　中非合作考古的意义

现有中非合作考古工作在中非交流与文明互鉴中发挥了多方面的积极作用，并仍有多重价值有待发掘。从习近平主席在诸多场合的指示来看，考古工作至少可在五个方面为中非交流与文明互鉴作出贡献。

（一）有助于增进中非两地人民的彼此了解与认同

运用我国的考古成果和历史研究成果，向全世界讲好中国故事，是习近平总书记和党中央赋予我国考古工作者的光荣任务。这一任务包括两个层面。其一，通过展览、翻译书刊等方式将中国优秀的考古研究成果引介至非洲，有助于增进非洲人民对中华文明的理解。其二，中国如能与非洲各国联合展开考古相关的各项工作，也将大大加深中非两地人民的彼此理解。考古工作与一般的文化交流不同，其要求考古工作者和相应的研究者深入实地持续性地展开田野工作，并与田野工作所在地的各类人群展开密切的互动与交往。在这一工作中，中国的考古研究者不仅要与非洲当地的学者、考古工作者展开合作，而且必须深入当地社会，与当地的民众、官员以及相关组织频繁交流、通力协作，才能推动考古工作和研究的进展。在这一过程中，中国的考古工作者和研究者不仅能够深入感知、了解非洲社会，并有机会向非洲同行、当地民众等宣传、展示博大精深的中华文明。

---

① 姜浩峰：《揭秘埃及孟图神庙，中国考古走出去》，《新民周刊》2020 年第 34 期。

除此之外，在合作中，我国考古工作团队实质上承担了为非洲培训专业考古工作者的任务，同时促进非洲各国文化部门产生将潜在人才送往我国学习考古知识的需求。这一良性循环互动的形成，有助于增进双方多种层面的交往与合作。除此之外，博物馆、文化遗产保护与管理、世界遗产申报等方面的互动与交流，使得中非双方对彼此文明特质的了解与认同进一步加深。

（二）为探索非洲文明贡献东方智慧

中国考古学科百年来走出了一条中国学派的道路，在田野考古技术和工作方法上有自己的独特之处，这将为非洲的考古工作带来新的气象。更重要的是，中国考古力量将为非洲考古工作带来新的视角与立场。在中国考古工作者进入非洲开展考古工作之前，非洲地区的考古工作长期由西方学者主导。受近现代殖民历史的影响，西方研究者的工作方法、研究导向或多或少地带有殖民色彩，致使在很多研究议题中忽视非洲本土人群的文明创造力。非洲本土学者很早便意识到了这一问题，并展开了有针对性的研究与驳论。中国自古以来从未涉入非洲的大规模冲突和殖民过程，因此，中国特色的考古工作将为探索非洲文明提供更为客观的视角。此外，由于中国在近现代史中也曾经历与非洲各国类似的历史，在展开考古工作与研究时，亦能保持"理解之同情"。总体而言，在研究方法、研究视角与研究立场等多个方面，中国对非洲考古工作的参与能为更好挖掘与展现非洲文明贡献重要力量。

（三）有利于探索中非文明的独特性和展现两者对世界文明的贡献

中国与非洲均是人类文明的发源地。两大文明，一东一西，各具魅力。文明的独特性需置于比较之中和更宏大的背景环境中方能呈现。百年来，中国考古学对中华文明的探索取得了巨大成就，但其对世界文明的探索尚处于起步阶段。非洲是人类文明最重要的发源地之一。一方面，参与非洲地区的考古工作，为中国考古事业的国际化设置了高起点。这是中国考古学继续发展、向国际迈进的需要，也是在全球视野比照下理解中华文明独特道路的需要。另一方面，中国考古力量的加入，将为非洲考古工作注入新的活力。中国考古在中华文明探索方面取得的研究成果，能够为理解非洲文明的发展道路提供新的参考。中非双方在考古工作方面的密切合作，将加深彼此对彼此文明独特性的认识，亦将更好地展现两大文明对世界文明的贡献。

（四）为中非交往历史提供实证和重新书写中非交流的历史篇章

中非人民的交往历史源远流长，绵延不绝。多年来，中非两地出土的大量文物有力地证明了这一历史。遗憾的是，在很长一段时间里，中非两地学者进入对方地区展开考古工作的机会不多，难以深入参与到非洲地区出土中国文物和中国出土非洲文物的研究中。中非两地学者加强考古方面的合作，将有助于系统解读古代中非交往物证，推动中非交往历史的研究，重新书写中非交流的历史篇章。这将为中非人民的友好交往提供有力的实证依据，进一步加深中非人民的相互理解和深厚友谊。

（五）助推人类命运共同体构建中的文化认同

中国和非洲都是人类起源和文明起源的重要地区。两地考古研究者加强合作，互通有无，深入调研，有利于推进中非双方共同关心的重大课题，有利于推进全人类历史研究中共同关心的重大课题，诸如人类起源、文明起源等。这些重大课题，将有助于推动形成全人类的文化共识。在此方面，中国和非洲因具有丰富的资源和潜力而肩负着重要的责任和使命。唯有携手共进，精诚合作，优势互补，共同探索，方能为构建更加紧密的中非命运共同体以及人类命运共同体提供重要的材料支撑与历史依据，以迎接当今世界变局中的机遇与挑战。

第三节　中非在考古领域的交流与合作的前景

一　中非考古交流与合作面临的困难

中非在考古领域的合作取得了很多成绩，在快速推进合作的同时，也面临一些困难，具体如下。

（一）对非洲社会环境的适应问题

与欧美国家相比，我国的非洲研究总体而言较落后。由于以往缺少条件，国内对非洲的研究以近现代史及偏重社会科学的研究为多，人类学、民族学乃至语言学等基础学科研究较少。从整体来看，我国研究者对于非洲社会的了解还不够深入，对非洲社会环境的文化根源不够了解，而且我国考古工作者在进入非洲之前，能够得到的相关培训和研究经验也较少。而考古工作本身需要长期身处非洲社会之中，与非洲地方民众打成一片，对此类经验和培训有十分强烈的需求。非洲考古的先行者、开拓者通常在进入非洲初期遇到一些意想不到的困难。因此，中国参与非洲考古工作的研究者，有必要增强了解非洲社会环境的意识，更多地了解所处国家的政府系统、社会运作模式、文化、风俗、宗教、语言，尊重对方，认真观察和体验当地社会状况及民众生活，并有意识地对其加以记录与研究，以方便后续工作的展开。

（二）综合资源的利用问题与经费使用问题

中国与非洲很多国家很早就建立了友好关系。在考古领域的合作之前，已有不同类型的政府机构、公司、非政府组织进驻非洲，与非洲国家展开相关领域的合作。这些机构、公司本身积累了很多与当地人打交道的经验及教训，对当地社会相当了解，同时其本身在当地也积攒了相当多的资源，这些是中国考古力量进入非洲时值得发掘利用的珍惜资源。但是这些经验与资源通常不会以文字形式发表。因此，在早期工作中，考古工作者对此部分综合资源的了解不多、利用不够，所依靠的主要是驻非各国大使馆。而考古工作地点通常较为偏僻，使馆的触角未必能够完全达到。如有可能还是应当充分调查考古工作所在地已有的中方资源，并与其进行相应的接触与整合。

非洲很多国家的经济体系不够完善，通货膨胀时有发生，而我国的考古经费来源于政府拨款，一般按照既定的预算支出，因此在实际使用经费过程中，有时会因地方经济形势的变化而产生经费短缺的情况，这需要上级部门或财务管理部门在处理此类情况时提高灵活度。

（三）考古工作的持续性与后续工作问题

考古是一项长期的工作。一方面，考古成果的取得，往往需要积年累月的发掘和研究。特别是在非洲这种人类古代文明辉煌之地，更需要长期的投入。殷墟考古近百年，汉长安城考古数十年，至今每年仍在进行考古发掘工作。英国为研究东非地区的历史与社会，20 世纪 60 年代在肯尼亚内罗毕设置英国东非研究所，至今仍是研究东非地区考古学、人类学、语言学、历史学的重要国际性机构。想要真正在非洲地区取得考古研究的成果，有必要做好持续性投入的准备。短期项目难以为继，缺乏可持续性，是对前期开创大好局面的浪费。

另一方面，考古调查与发掘工作，仅仅是考古领域合作的第一步。中非在考古调查、发掘完成之后，科技考古、文物保护、文化遗产管理、博物馆建设、世界遗产申报等一系列工作大有可为。考古文博工作是一个整体。从整体视角综合性地考虑考古工作，有利于扩展双方合作交流的深度与广度。而目前，我国与非洲国家的考古工作合作尚未打通整体链条，这应是下一步工作中应当注意的问题。

二 加强中非考古交流与合作的路径

（一）加强国内各部门的协调与互助，搭建与非洲文物部门联系的桥梁

在考古工作开展之前，应建立起一套常规机制，加强相关部门的联系与协作，加强对考古工作者的培训与指导，增进考古工作者对相关非洲国家社会现状的了解，使其拥有对当地社会各类情况的心理预期，并对各类困难的应对方式和解决方案有初步了解。同时，通过这一协作机制，加强与非洲国家文物部门及其他相关部门的联系，使中非两国考古工作者的沟通更为顺畅。此外，在非的中方公司企业已经积累了相当多的当地社会经验。可采用政策鼓励、税收减免等方式，鼓励公司企业对中非考古合作进行帮助，引导在非中资企业等对考古工作提供更大支持。

（二）对考古工作展开长效支持与长期规划

可在非洲若干关键遗址点所在地建立考古工作站或研究机构，制定长期考古工作规划，形成周期性、规律性的考古活动，从而加强对非洲古代文明的研究和相关合作交流。在展开考古工作的同时，制订文物保护、博物馆建设、文化遗产管理等方面的计划与规划，与非洲国家加强合作，形成良性循环，扩大加强文化互动与交流的范围，提升考古工作的社会效益与公共影响力。

三 中非考古交流与合作的前景展望

中国与非洲国家的合作有着广阔的前景。从历次合作的情况来看，非洲方面的合作者非常欣赏中国考古学家的工作态度，赞赏中国考古学家的工作方法，认为中国考古属于世界一流水平。非洲国家希望在西方国家之外，寻找到能够帮助它们探索自身文明的第三方力量。在考古文博整个领域，非洲国家存在多方需求，也有着很大的开发潜力。

对于中国而言，与非洲国家合作进行考古工作，是中国考古学科发展的需求，也是文化交流的迫切需要。近年来，中国考古事业愈益受到党和国家领导人的重视，得到了政府的大力支持，中国考古学正处于黄金发展期。在这样的大好局势下，中国第一梯队的考古力量应当进一步开拓研究领域，走向世界，树立中国考古的正面形象，同时建设中国的世界考古学，走出一条中国特色、中国风格、中国气派考古学的独特道路。

中非合作展开考古领域的研究，将为中非交流、文明互鉴和国际社会作出独特贡献。考古研究强调务实求真、实事求是，通过考古工作建立文化合作关系，不仅能够让双方的沟通更为顺畅，也能够让双方对彼此文明的理解更为透彻。以此道路推动文明交流互鉴，不仅有助于树立中非双方的文化形象，亦将强化共建人类命运共同体的文化基础。

第六章　中非在旅游领域的交流与合作

习近平主席曾在亚洲文明对话大会开幕式上的主旨演讲中强调，"文明因多样而交流，因交流而互鉴，因互鉴而发展。我们要加强世界上不同国家、不同民族、不同文化的交流互鉴，夯实共建亚洲命运共同体、人类命运共同体的人文基础"①。旅游交流合作是中外文明交流互鉴的重要组成，是构建人类命运共同体的重要方面。中国与非洲大陆都拥有丰富悠久的历史文化资源和多样的自然资源，中非旅游交往有益于中非之间的文明交流互鉴，有利于促进中非双方之间的社会经济发展，有助于中非人民通过文化和旅游交往拥有更多获得感和幸福感。中非旅游交流合作是推动中非共同发展、共同繁荣，构建更加紧密的中非命运共同体的一个重要途径。

第一节　习近平关于中非在旅游领域
交流与合作的论述

2017 年，习近平主席在联合国日内瓦总部演讲时强调，"人类正处在大发展大变革大调整时期……和平、发展、合作、共赢的时代潮流更加强劲……（各国之间要）坚持交流互鉴，建设一个开放包容的世界。……不同文明要取长补短、共同进步，让文明交流互鉴成为推动人类社会进步的动

---

① 习近平：《深化文明交流互鉴　共建亚洲命运共同体：在亚洲文明对话大会开幕式上的主旨演讲》，人民出版社，2018，第 5 页。

力、维护世界和平的纽带"①。"旅游是传播文明、交流文化、增进友谊的桥
梁"②，旅游是提升中国人民与世界各国人民亲近感的最好方式，是推进文
明交流互鉴的重要方面。同样，中非旅游交流合作是推动中非文明互鉴的动
力与载体。深入理解习近平总书记关于中非旅游交流合作的相关论述及其思
想内涵，对于深入认识和构建更加紧密的中非命运共同体有重要意义。

一 促进中非旅游合作

党的十八大以来，以习近平同志为核心的党中央在深刻把握新的世界形
势变化及我国自身发展变化的基础上，统筹国内国际两个大局，提出习近平
新时代中国特色社会主义经济思想，以及构建人类命运共同体的对外政策理
念，引领中国经济社会进一步发展，以自身发展促进世界共同发展、共同繁
荣。进入新时代，旅游发展对于促进中国内部经济发展及对外文明交流有更
加重要的价值。国务院印发的《"十四五"旅游业发展规划》中指出，"十
三五"以来，旅游作为国民经济战略性支柱产业的地位更为巩固，成为小
康社会人民美好生活的刚性需求及传承弘扬中华文化的重要载体，在促进经
济结构优化方面起着重要的推动作用，并成为加强对外交流合作和提升国家
文化软实力的重要渠道。③

旅游事业发展与旅游国际合作有助于促进中非关系良好发展及中非文明
交流互鉴。习近平主席在多个外交场合提出要加强中非旅游合作。在 2015
年中非合作论坛约翰内斯堡峰会开幕式上，习近平主席提出中非"十大合
作计划"，其中"支持开通更多中非直航航班，促进中非旅游合作"④ 是中

---

① 《共同构建人类命运共同体——在联合国日内瓦总部的演讲》，《人民日报》2017 年 1 月 18
日，第 2 版。
② 《在俄罗斯"中国旅游年"开幕式上的致辞》，《人民日报》2013 年 3 月 23 日，第 2 版。
③ 《国务院关于印发"十四五"旅游业发展规划的通知》国发〔2021〕32 号，中国政府网，
http://www.gov.cn/zhengce/content/2022-01/20/content_5669468.htm，最后访问日期：2022
年 4 月 4 日。
④ 《开启中非合作共赢、共同发展的新时代——在中非合作论坛约翰内斯堡峰会开幕式上的
致辞》，《人民日报》2015 年 12 月 5 日，第 2 版。

非人文合作计划的一项重要内容。在 2018 年中非合作论坛北京峰会开幕式上的主旨讲话中，习近平主席提出包括人文交流行动在内的"八大行动"，"实施 50 个文体旅游项目……支持更多非洲国家成为中国公民组团出境旅游目的地"①。在 2019 年第二届"一带一路"国际合作高峰论坛开幕式上，他强调"要积极架设不同文明互学互鉴的桥梁，深入开展教育、科学、文化、体育、旅游、卫生、考古等各领域人文合作……形成多元互动的人文交流格局"②。在 2021 年中非合作论坛第八届部长级会议开幕式上，习近平主席指出中国将同非洲国家密切配合，共同实施"九项工程"。"中国愿支持所有非洲建交国成为中国公民组团出境旅游目的地国"③，加强中非人文交流合作。

习近平主席关于中非旅游交流合作的论述是其关于旅游工作系列重要论述的一个重要组成部分，蕴含着丰富的思想内涵，需要从所处的时代背景、文明与旅游之间的关联去深入理解，即从为什么需要文明交流互鉴，以及以何种路径去实现文明交流互鉴两方面去理解。

（一）构建开放包容、和平稳定的世界需要文明交流互鉴作为推动力

百年变局之下，世界面临两种力量的博弈平衡：一种是全球化、信息化深入发展带来的不同文明频繁互动的"向心力"；另一种则是建立在霸权政治经济秩序及发展不平衡基础之上的"离心力"，其外在表现为强权政治、单边主义、贸易保护主义、恐怖主义等危机。未来世界将向何处去？究竟是共同进步、包容互鉴，还是你输我赢、冲突对立？这取决于人类的共同选择，影响着世界的和平与稳定发展的前景。西方学者亨廷顿提出"文明冲突论"，在世界范围内引起巨大反响及广泛的争议与批评。"文明冲突论"

①　习近平：《携手共命运　同心促发展——在二〇一八年中非合作论坛北京峰会开幕式上的主旨讲话》，《人民日报》2018 年 9 月 4 日，第 2 版。

②　《第二届"一带一路"国际合作高峰论坛举行圆桌峰会　习近平主持会议并致辞》，"一带一路"国际合作高峰论坛官方网站，http://www.beltandroadforum.org/n100/2019/0427/c24-1314.html，最后访问日期：2022 年 4 月 4 日。

③　《同舟共济，继往开来，携手构建新时代中非命运共同体——在中非合作论坛第八届部长级会议开幕式上的主旨演讲》，《人民日报》2021 年 11 月 30 日，第 2 版。

认为，后冷战时代，不同文明之间将因为差异而产生对抗，爆发国际冲突。然而，事实证明，当今世界发展并未呈现因文明差异而产生的文明集团之间的对抗态势。同时，将"文明差异"视作产生国际冲突的必然原因，体现了西方一贯的霸权主义与零和博弈的思维方式。与此对应的是，习近平主席站在人类命运共同体的高度提出另一种截然不同的发展思想，为世界该向何处去提供了中国方案。文明差异不应该成为世界冲突的根源，而应该成为人类文明进步的动力。人类文明多样性是世界的基本特征。不同文明如中华文明、希腊文明、罗马文明、埃及文明、两河文明、印度文明等，都既是以某个国家或某个民族为主体创造出来，又属于世界和全人类的文明成果。① 文明之间没有高下之分，因而，不同文明之间需要相互尊重与承认，坚持和而不同、求同存异、美美与共。文明之间的差异是不同文明交流学习互鉴的前提，文明之间的交流融合是世界进步的重要驱动力。从历史上看，古丝绸之路架起了中国与其他地域文明互融互通的桥梁。明代航海家郑和先后七次下远洋，最远到达非洲东海岸，留下了中非友好往来的佳话。近代的"西学东渐"，让中国人开阔了科技的视野。经济全球化的今天，全球文明的互动往来更加频繁，世界成为真正的地球村，不同文明在交流互鉴中共同发展。习近平主席强调，"交流互鉴是文明发展的本质要求"，"文明因多样而交流，因交流而互鉴，因互鉴而发展"。如果固守"文明冲突论""西方中心论"等过时的消极思维，人类只会走向封闭与冲突。只有积极开展文明间的对话与互鉴，才能创造人类文明新形态，建设一个更加开放包容的世界。

（二）旅游交往是促进不同文明交流互鉴的重要途径之一

文明之间的多样性和差异性是彼此交流互鉴、互相补充、创新发展的基础与前提。从过去到现在，文明通过交流互鉴不断发展，如中国的茶文化通过来中国学习新知识的佛教僧人传播到日本，形成日本独有的茶道文化②；唐代的玄奘去印度求法，从而促进了佛教在中国的传播与发展。当今美国的

---

① 求是杂志社编《治国理政新理念新思想新战略》，学习出版社，2018，第682页。
② 〔瑞士〕沃尔夫冈·费勒：《日本茶室与空间美学》，广西师范大学出版社，2019，第117页。

文化集合了诸多民族文化，而在世界范围内，全球文化也正受到欧美文明的强势影响。

　　旅游交往是文明交流互鉴的重要途径之一，通过人员之间的往来互动，可以认识不同文明的差异性和多样性，了解自身文明的优点与不足，尊重和平等对待不同文明，从而增进不同文明间的互学互鉴，促进文明的发展和累积。历史上，著名的大旅行家通过旅行架起了不同文明之间互学互鉴的桥梁。唐代杜环所著的《经行记》载录了 8 世纪中叶在当时阿拉伯世界流行的大食法、大秦法和寻寻法这三大宗教发展状况，留下了中华文明有关阿拉伯的最早的第一手记载，见证了中国人民同西亚各国人民之间源远流长的文化交往。12 世纪，著名犹太旅行家拉比·本杰明（Rabbi Benjamin）历时 14 年，先后访问欧洲、亚洲、非洲诸多地区，记载了 12 世纪犹太人所生活的国家、地区与犹太人流散状态，并详细记述了西方人与"东方"国家（包括印度、中国）的贸易往来，留下了这一时期东西方交流的重要文献记载。13 世纪，意大利人马可波罗访问中国，将中国及亚洲地区的风俗民情及社会文化通过其行纪介绍给西方，唤起了西方对遥远中国文化的想象与向往。14 世纪，阿拉伯旅行家伊本·白图泰（Ibn Battuta）游历北非、非洲之角、东欧、中东、南亚、中亚、东南亚及中国等地，记录了所到各地区的历史、文化、社会、政治等状况及人民生活，其翔实丰富的资料为研究东西方交通史、中非关系、中国与伊斯兰世界的关系等方面提供了重要参考价值。在经济全球化的今天，交通、信息设施便捷化使得不同国家之间的人员往来更加便利，人们能够更加直接感受到文明的差异性与多样性，为旅游交往提供了重要动力，有力推动了文明间的交流与理解。

　　旅游对文明交流互鉴的重要性不仅体现在文化之间的互通有无，还体现在旅游业发展对社会经济的积极推动作用上。世界各国都有着不同于别国的文明、文化、自然资源，其既具有重要的历史、科学、艺术价值，也具有直接或间接的经济价值。这些独特的文化历史及自然资源能够带动旅游业等第三产业的发展，在一国的经济结构中占据重要位置。旅游者在异国他乡的旅游观光，不仅有助于增强对他国异质文明的了解与认识，也有助于一国的旅游经济发展，对文明交流互鉴以及为构建人类命运共同体奠定社会人文基础有重要价值。

二 旅游促进中非人文交流

党的十九大报告中指出，我国社会的主要矛盾已经转化为人民日益增长的美好生活需要和不平衡不充分的发展之间的矛盾，这为发展旅游业提供了方向性指引。习近平主席在出访时经常强调要与各国加强旅游交流合作。在与非洲国家交往时，习近平主席在历届中非合作论坛上强调要深入开展中非旅游交流合作，将其作为中方人文交流行动中的一个重要方面，加强中非旅游交流合作，体现了旅游业发展在中非关系中的重要性。

（一）深入开展中非旅游交流合作有助于推动国际国内双循环的新发展大局

新形势下，在科学研判国际及国内发展环境及条件变化的基础上，党的十九届五中全会将高质量发展作为"十四五"时期经济社会发展的主题，强调既要关注经济增长的速度，也要兼顾经济增长的质量，改革调整供给侧，把握好内需与开放的关联，以期更好满足人民对美好生活的追求与需要。在新发展阶段，旅游业作为推动国民经济发展的重要驱动力，也将向高质量发展方向迈进。目前，我国旅游业面临旅游供给结构与市场需求结构不匹配的情况，低层次、同质化的产品开发现象普遍存在。[①] 非洲大陆有着丰富多元的历史文化遗产及壮丽的自然生态资源，赴非洲境外旅游一方面能够满足中国公民对旅游产品差异化、多样化的体验需求，以吃、住、行、娱、购等旅游需求带动赴非旅游产业链的发展壮大，促进旅游经济及其他产业联动发展；另一方面也能够促进非洲国家当地的旅游业发展和经济增长，为中非关系发展营造良好环境。有研究表明，国际游客消费对非洲国家的经济增长有积极影响，国际游客旅游消费每增加10%，人均GDP则增加0.4%。联

---

① 夏杰长、张博、张雪婷：《习近平旅游思想的内涵与实践意义》，《价值理论与实践》2018年第 3 期，第 5~9 页。

合国贸易和发展会议发布的《2017 年非洲经济发展报告》也指出，旅游业已经成为非洲经济的重要组成部分，2016 年旅游业对非洲国民生产总值的直接贡献达 730 亿美元，预计到 2026 年，这一数字将增加至 1210 亿美元。① 近年来，中国出境游游客规模巨大，出境旅游市场发展较快，是全球旅游业增长的强劲动力，同时，非洲国家旅游业在国际市场占有的份额还不高，中非旅游合作在未来有着巨大潜力，对非洲经济发展有着积极推动作用。② 因此，充分发挥旅游产业对中非合作的带动性、引领性作用，有利于非洲经济发展和政治稳定，并对"一带一路"下的中非合作走深走实有正向促进作用，助力双方合作进一步开放深入、互利共赢。

（二）深入发展中非旅游合作有助于构建更加紧密的中非命运共同体

近年来，旅游成为中国对外交往中的一个重要支撑，能够营造国家间的友好关系，促进国家及人民间的相互认识与了解，改善民生，增进民心相通，为构建人类命运共同体奠定民意基础。

例如，"旅游年"活动被纳入中国对外交往的顶层制度设计框架，为中国深入发展与他国友好关系提供了机制平台，有利于国家间合作的拓展，以及加深民众之间对彼此文化的认知与好感。2012 年，中俄开启"旅游年"活动。2017 年，中澳、中哈、中国-欧盟、中瑞、中丹等旅游年活动启动。2019 年，中国-老挝旅游年开启。"旅游年"的合作国家不断扩大，举办的规格越来越高，形成一系列"旅游年"外交活动引领下的高层次、多领域、高规格交流合作模式，推动了中国与周边国家及地区友好往来。此外，旅游在国际合作方面的主要形式还包括博览会、战略协议、跨境合作区、边界和平公园等，推动国家间互利共赢③，如 2017 年世界旅游组织第 22 届大会发布的《"一带一路"旅游合作成都倡议》，有效提高了"一带一路"

---

① 《旅游业对非洲经济直接贡献十年后将达 1210 亿美元》，中国经济网，2017 年 7 月 14 日，http://intl.ce.cn/specials/zxgjzh/201707/14/t20170714_24214432.shtml，最后访问日期：2022 年 4 月 4 日。

② 杨劲松：《中非旅游合作挑战》，《中国投资》（中英文）2019 年第 24 期。

③ 项文惠：《旅游外交的形成、内涵和变化》，《国际展望》2020 年第 5 期。

沿线国家和地区旅游目的地的影响力，有利于推动"一带一路"倡议走深落实。①

在推动民心相通方面，旅游依托的主体不仅包括国家政府行为体，也包括国际组织、企业、民间团体、个人等非国家行为体，尤其后者是对"官方"背景的旅游交流合作的有力补充，有着其他外交形态无法替代的优势。旅行团体、个人等民间旅游主体在与当地居民的直接接触往来中，形成对目的地的感知，以及获得对方对自身及客源地的印象，使得双方在互动中形成对彼此的新感知与新认识，并进一步推动文化交流，密切两国人民之间的情感往来，以民心相通促进国家间的深入合作。

同样，中非旅游合作是中国对非国际合作中的一个重要组成部分。历届中非合作论坛为中非旅游合作行动提供了框架指引，中非双方积极落实旅游交往活动，如旅游签证便利化、增加直航线路、举办旅游推介活动、鼓励支持中国企业赴非投资等，为促进中非经济发展及人文友好往来作出积极贡献。根据中国旅游研究院、文化和旅游部数据中心联合携程旅游网、马蜂窝旅游网、景域集团等旅游大数据联合实验室共同发布的《中非旅游数据报告 2018》，2017 年全年，中非双边旅客互访达到 142.6 万人次，其中，中国游客旅非 79.78 万人次，非洲游客旅华 62.83 万人次，经由主要旅行商赴非洲出境旅游的人数高速增长，旅游正成为中非人文交流的排头兵。中青旅遨游网的《2018 中国公民非洲旅游报告》显示，中国赴非游客人数再创新高，增长速度持续保持高位，年均增幅超过 40%，非洲日益成为关注深度游、品质游的中国游客首选目的地。② 中非旅游交往促进了双方间的友好往来。中国旅游研究院国家旅游经济实验室对全球 102 个国家的出境旅游服务质量监测数据显示，非洲当地居民对中国游客普遍友好，同时中国游客对于埃及吉萨金字塔、毛里求斯红顶教堂、摩洛哥库图比亚清真寺等历史文化旅游景

---

① 李飞：《论旅游外交：层次、属性和功能》，《旅游学刊》2019 年第 3 期。

② 《中国赴非游客年均增幅超 4 成　埃及、摩洛哥等最受青睐》，人民网，2018 年 8 月 31 日，http：//travel. people. com. cn/n1/2018/0831/c41570-30264285. html，最后访问日期：2022 年 4 月 4 日。

点评价最高。① 中非旅游活动加深了中非民众彼此间的认知，拉近了相互关系和亲近感，以民间交往促进民心相通，有利于构建更加紧密的中非命运共同体。

第二节　中非在旅游领域交流与合作及其成就

中非合作对于推动中非文明交流互鉴有着重要作用。非洲拥有与中国迥然不同的历史文化资源和生态自然资源，这种差异性是中非文明交流的前提与基础。中非通过人员之间的往来互动，增进对自身文化特征及目的地文化的认知、了解。两种文化互相映照，取长补短，彼此丰富。旅游交往带动经济增长和文明、文化知识的增长累积，又进一步促进文明的发展。目前，在中非合作论坛的引领下，依托"一带一路"倡议，中非旅游交流合作取得了一定成就，推动了中非人文友好合作深入发展。

一　非洲旅游资源特征及旅游业发展情况

（一）非洲旅游资源禀赋状况

非洲大陆地域辽阔，历史悠久，旅游资源丰富，不仅历史文化古迹众多，动植物等自然生态资源也极为复杂多样，构成非洲大陆别具一格的旅游吸引力。

非洲是世界古文明的摇篮。截至 2021 年 8 月，《世界遗产名录》中非洲地区的世界遗产共有 98 处，占名录总数的 8.49%。其中包含 54 处文化遗产、39 处自然遗产以及 5 处混合遗产。② 著名的世界历史文化遗产如埃及的金字塔、狮身人面像、卢克索大神庙，贝宁的阿波美王宫、埃塞俄比亚的拉

---

① 中国旅游研究院：《〈中非旅游数据报告 2018〉新鲜出炉》，中国出境旅游交易会网站，2018 年 9 月 3 日，http://www.cottm.cn/news_details.asp? id=1513，最后访问日期：2022 年 4 月 4 日。

② 《非洲世界遗产现状是全球共同面临的挑战》，环球网，2021 年 9 月 6 日，https://go.huanqiu.com/article/44efhmxyvnf，最后访问日期：2022 年 4 月 4 日。

利贝拉岩石教堂、马里的杰内古城、突尼斯的杰姆圆形竞技场，体现了古非洲人的卓越智慧。除此之外，在非洲大陆各地还分布着大量的雕像、洞穴壁画、梯田和灌溉工程遗址及古城遗址等，如撒哈拉沙漠中部阿杰尔高原的岩画描绘了古畜牧部落的风俗人情，大津巴布韦石头建筑遗址体现了公元 8～10 世纪的东非文化，埃塞俄比亚北部的阿克苏姆古城留下了古代非洲强国阿克苏姆王国的遗迹。非洲大陆还保存有殖民时期欧洲殖民者用来囚禁并运送黑人的奴隶堡等据点，被联合国教科文组织列为人类文化遗产，如塞内加尔的戈雷岛奴隶堡、加纳的埃尔米纳和海岸角奴隶堡等，见证了黑暗的奴隶贸易历史。非洲文化的多样性还体现在民俗风情的多元上。非洲民族、部族多样，不同地区语言、宗教、传统习俗差异显著，构成了多姿多彩的人文景观。原始的部族部落文化，不同的宗教信仰文化，特色的民居建筑、服装、手工艺品、音乐舞蹈，等等，都显著区别于世界其他地区，有其独特吸引力。

此外，非洲的自然地理环境复杂，动植物资源丰富。最著名的自然旅游资源包括乞力马扎罗山等山地的赤道雪峰、东非大裂谷、维多利亚湖、莫西奥图尼亚瀑布等，以及热带稀树草原生态群落。非洲享有"动物世界"之美誉，如非洲象、犀牛、河马、长颈鹿、猎豹、狮子等野生动物都是非洲最具代表性的旅游资源，其还拥有世界上数量最多的自然野生动物园区，如肯尼亚的察沃国家公园、坦桑尼亚的塞伦盖蒂国家公园、乌干达卡巴雷加瀑布公园、赞比亚卡富埃国家公园、南非和博茨瓦纳的卡拉哈里羚羊国家公园，这些多样且差异化的野生动物资源格外吸引世界各地的游客。

（二）非洲旅游业的发展状况

从历史角度来看，非洲旅游经济的发展最早和殖民主义在非洲的扩张紧密相关，是殖民者为服务于自身利益而开展的旅游活动。例如，埃及现代旅游业是在 19 世纪的欧美白人探险家的探险活动推动下发展起来的，莫西奥图尼亚瀑布的发现标志着欧洲殖民者的足迹深入中部非洲心脏。[1] 非洲国家

---

[1] Christian Rogerson, "Reviewing Africa in the Global Tourism Economy," *Development Southern Africa*, Vol. 24, No. 3, 2007, pp. 361-379.

独立后，旅游业在国民经济中开始占据日益重要的地位，被视作"通往发展的护照"（passport to development），带动了埃及、摩洛哥、突尼斯等国的经济发展。在这些国家的示范效应下，冈比亚、乌干达、毛里求斯、坦桑尼亚、博茨瓦纳、塞舌尔、南非等国也纷纷重视旅游业对经济和社会发展的促进作用。经过多年发展，非洲大陆整体旅游业发展较快，在接待国际游客的数量及国际旅游收入上都有大幅度的增长，但整体而言，非洲旅游业发展的水平还不高，区域发展差异性较大，旅游业蕴藏的巨大潜力还有待挖掘。

从旅游行业发展水平来说，非洲旅游业在全球市场份额中所占比例很小，游客数量规模及国际旅游收入与世界其他地区还有较大差距。根据世界旅游组织（UNWTO）发布的数据，2019年全球国际游客数量总数为15亿人次，赴非旅游人数只占总数的5%，非洲的国际旅游收入占全球国际旅游总收入的3%。[①] 这一现状与非洲落后的交通设施及旅游设施、旅游花费成本、签证限制，以及国际游客对非洲大陆多年来的负面形象认知有关，如饥饿与疾病、种族部族冲突、腐败、政治不稳定、贫穷等，成为阻碍非洲旅游业发展的障碍。

从区域发展水平来说，由于地理环境、资源禀赋、经济发展条件不同，对旅游业的重视程度及开发程度不同，非洲各国及地区旅游业发展极不平衡。次区域层面，北部非洲由于与欧洲、中东隔海相望的地理优势及历史文化资源优势，成为非洲旅游业最为发达的地区。埃及、摩洛哥、突尼斯是北非最具吸引力的旅游目的地国。南部非洲旅游发展次之，其中南非、科特迪瓦、塞舌尔、津巴布韦、毛里求斯、马达加斯加近年来较多受到国际游客青睐。东非、西非和中部非洲的旅游竞争力相对较弱。从客源市场来说，欧洲、北美依然是非洲国际游客主要且传统的客源地，来自亚洲、拉丁美洲等新兴市场及非洲本土的客源数量相对较少，但如今呈现逐渐壮大的趋势。

---

① UNWTO, "Brand Africa-A Guidebook to Strengthen the Competitiveness of African Tourism," July 2021, https：//www. e-unwto. org/doi/book/10. 18111/9789284423071, accessed：2022-04-04.

（三）旅游业在非洲经济和社会发展中的作用

旅游业被称为"朝阳"行业，对形成包容性社会、经济发展有重要助推作用。非盟《2063年议程》与联合国2030年可持续发展议程将旅游业视作包容性增长及发展的引擎之一。旅游业发展对非洲减贫、促进就业和资源及环境保护有积极影响。非盟发展署官方网站数据显示，2016年，旅游业创造了约900万个就业岗位，约占2016年非洲大陆总就业人数的3%，仅非洲航空业就支持了690万个工作岗位，并为非洲大陆的GDP贡献了800亿美元。① 非洲正成为全球旅游业发展最快的大陆，旅游业对GDP的贡献率不断上升。非洲的旅游业还处于早期发展阶段。预计，到2030年，消费者在非洲的旅游、酒店和休闲方面的支出将达到2617.7亿美元，比2015年增加1378.7亿美元，非洲旅游业仍有巨大潜力待释放。②

二 中非旅游交流合作的政策支持

自2000年中非合作论坛成立之后，中非关系进入快速发展期。其中，旅游合作是中非全方位合作中的一个重要方面。历届中非合作论坛通过的系列成果文件为中非旅游合作确立了合作方向与框架。

中非合作论坛第一届部长级会议提出了中非社会发展领域合作框架，中非旅游合作与医疗、教育合作共同列入其中。自此次会议后，中非旅游合作起步。埃及、南非和摩洛哥成为中国公民自费出国旅游目的地国。

2004年，在中非合作论坛第二届部长级会议上，中国政府在《中非合作论坛——亚的斯亚贝巴行动计划（2004—2006）》中承诺拓展旅游合作，增列埃塞俄比亚、肯尼亚、坦桑尼亚、赞比亚、毛里求斯、塞舌尔、津巴布韦、突尼斯8个非洲国家为中国公民自费出国旅游目的地国。

---

① African Union Development Agency, "Harnessing Africa's Engine of Growth: The Role of NEPAD the Tourism Action Plan," 2018 - 09 - 06, https: //www. nepad. org/news/harnessing - africas - engine-of-growth-role-of-nepad-tourism-action-plan, accessed: 2022 - 04 - 04.

② Landry Signé, "Africa's Tourism Potential Trends, Drivers, Opportunities, and Strategies," https: //www. brookings. edu/wp - content/uploads/2018/12/Africas - tourism - potential _ LandrySigne1. pdf, accessed: 2022 - 04 - 04.

2006 年，中非合作论坛北京峰会上通过《中非合作论坛北京峰会宣言》，提出要增进旅游交流合作，加强人文对话。《中非合作论坛——北京行动计划（2007—2009 年）》中提出，中国政府决定新增加阿尔及利亚、佛得角、喀麦隆、加蓬、卢旺达、马里、莫桑比克、贝宁、尼日利亚 9 国为中国公民组团出境旅游目的地国，使中国在非洲批准开放的旅游目的地国增至 26 个，并将根据非方要求，给予更多条件具备的非洲国家中国公民组团出境旅游目的地地位。非洲方面欢迎更多的中国旅游者赴非旅游，并鼓励其国民赴华旅游。

2009 年，中非合作论坛第四届部长级会议在埃及沙姆沙伊赫召开，会议通过《中非合作论坛——沙姆沙伊赫行动计划（2010 年至 2012 年）》，中非双方均认为发展旅游业是促进国民经济发展和文化交流的有效途径，双方将采取切实措施，为赴对方国家和地区旅游提供便利。中国政府将根据非方要求，给予更多条件具备的非洲国家中国公民组团出境旅游目的地地位。

2012 年，《中非合作论坛第五届部长级会议——北京行动计划（2013 年至 2015 年）》中将旅游纳入经济领域的合作范畴，强调双方将继续加强双边旅游交流与合作，在信息分享、旅游投资、技能培训、旅游安全和品质保障等方面开展合作，并继续采取切实措施，为双方公民赴对方国家和地区旅游提供便利，并支持在对方境内举办旅游推介活动。

2015 年，习近平主席在中非合作论坛约翰内斯堡峰会上提出"十大合作计划"，其中，"支持开通更多中非直航航班，促进中非旅游合作"是中非人文合作计划的一项主要内容。《中非合作论坛——约翰内斯堡行动计划（2016—2018 年）》提出要拓展旅游领域合作，鼓励开通更多直航航线，增加旅游领域投资，提升旅游安全和品质，扩大以技巧培训为导向的人员交流，培育非洲新的经济增长点；继续为各自公民赴对方国家和地区旅游提供便利，并支持对方在本国、本地区境内举办旅游推介活动；中方欢迎更多的非洲国家申请成为中国公民出境旅游目的地国家；鼓励和支持中非互设旅游办事处，鼓励和支持中国企业到非洲投资宾馆和景点建设等旅游基础设施。

2018 年，中非合作论坛第七届部长级会议提出对非"八大行动"，强调实施包括旅游领域在内的人文交流行动。《中非合作论坛——北京行动计划

（2019—2021 年）》指出，中方支持更多非洲国家成为中国公民组团出境旅游目的地。双方将推动实施更加便利的旅游签证政策，简化通关手续，不断提升旅游便利化水平，力争实现双向旅游交流人数稳步增加；双方将继续邀请对方国家参加旅游展会、举办旅游宣介会等活动；鼓励双方地方政府、旅游和旅游贸易企业间增进对话、加强合作，增加人员往来和游客数量，扩大双向投资，利用各种渠道加强旅游发展信息和经验交流；鼓励双方开展旅游及相关产业从业人员能力建设和培训交流活动，不断提升旅游服务接待水平。双方将合作改善非洲与旅游业发展相关的基础设施，包括促进赴非洲国家邮轮旅游和过境旅游产业的发展。

2021 年，中非合作论坛第八届部长级会议通过《中非合作论坛——达喀尔行动计划（2022—2024）》，中非旅游合作内容进一步细化，中方将持续推进对非旅游合作，具体行动计划如下。一是中方将持续推进对非旅游合作，愿支持所有非洲建交国成为中国公民组团出境旅游目的地国，助力非方旅游振兴；支持中方参与非方举办的国际性旅游展会。中方欢迎更多非洲国家参加"中国国际旅游交易会"等国际性大型旅游展会，并将举办中非旅游合作相关研讨会，为双方交流经验、推介产品、洽谈业务搭建平台。中方将在媒体上更多聚焦非洲。二是中方将以线上和线下相结合方式，开展"中非文化和旅游研修合作计划"，持续推进对非人力资源培训，协助非方加强旅游能力建设。三是鼓励双方政府开展旅游领域的交流与合作，增加人员往来，利用各种渠道加强旅游发展信息和经验的交流。双方将致力于在新冠疫情后恢复旅游业发展，通过每年在华举办一次非洲旅游展，将非洲旅游目的地推介给中国游客。四是中国将鼓励更多中国公民去非洲旅游，非洲将提供更多合适的旅游产品和更安全的旅游环境。会议通过的《中非合作2035 年愿景》中也特别强调要加强旅游领域能力建设，并将发展绿色旅游和相关服务业列入旅游合作的框架中。

三　中非旅游交流与合作的成就显著

以中非合作论坛和"一带一路"倡议为平台，中非旅游交流合作从

2000 年至今呈现一些新的变化及特征，合作的形式、领域不断扩大，有力推动了中非人文交流往来。

（一）中非旅游交流合作的变化及特点

在中非全方位合作不断深入的背景下，中非旅游合作 20 余年来呈现较为明显的变化及特点，体现在论坛引领、合作深化、主体多元三个方面。

中非合作论坛是中国与非洲国家的机制性集体对话平台，坚持南南合作定位，以平等互利、平等磋商、增进了解、扩大共识、加强友谊、促进合作为宗旨，为中国与非洲国家对接发展战略，构建更加紧密的中非命运共同体提供新机遇。旅游是中非合作中多个领域的重点内容，既属于经济发展的范畴，也属于社会发展和人文交流的范畴，兼具经济和社会人文属性。中非合作论坛为中非旅游合作提供了合作方向指引及行动框架，从经贸、投资、媒体、文化等多个方面规划了双方旅游合作的具体路径。

自 2000 年中非旅游合作起步以来，双方合作在形式、领域、规模各方面都不断深入。早期的旅游合作强调向非洲国家开放中国客源市场，并以中国赴非洲的单向型旅游为主。随着双方旅游合作进一步开展，双方在旅游业对双方经济、文化领域的正向促进作用上达成共识，将旅游合作从互访拓展至旅游投资、旅游能力建设及培训等多领域，在信息交流、媒体宣介和旅游便利化措施等方面予以配套辅助及支持，以期增加双方人员往来，助力中非旅游业发展。同时，日益重视旅游基础设施建设、旅游产品开发、旅游品质体验提升在旅游业发展中的作用。

从合作主体来说，中非旅游合作的主体从政府拓展至多元行为体。中国和非洲国家政府通过中非合作论坛对接非盟及非洲各国旅游发展战略，负责双方旅游合作的顶层设计与规划，同时也更加重视其他行为体的参与，如鼓励双方地方政府旅游和旅游贸易企业间增进对话、加强合作，鼓励媒体参与到非洲国家旅游目的地的推介活动中，鼓励中国参与到非洲的国际旅游组织举办的活动中，以及鼓励中国企业赴非洲开启旅游基础设施投资等。

（二）中非旅游交流合作的成就

目前，中非旅游交流合作取得了一定成就。新冠疫情发生前，双方互访人数逐年增加，中国正成为非洲大陆重要的国际游客客源市场。在旅游外交引领下，旅游交流合作成为中非友好关系深入发展的重要动力。旅游由于具有经济、社会、政治、文化等多重特征，且行为体多元，同时具备官方与非官方属性，在双多边外交关系中发挥着重要作用，如弥合政治外交分歧、巩固外交关系、促进民心相通等。旅游合作对于促进"一带一路"中非双方的经济增长及文化交流往来，推进"五通"，起着正向促进作用。

其一，旅游外交巩固了中非友好与政治互信。中国出境旅游政策以ADS 协议即"被批准的旅游目的地国家"（Approved Destination Status）为主，是中国旅游外交的重要政策工具。其能够通过发挥客源市场的影响力，推动中非双边关系深入发展，服务于我国战略外交大局。一方面，中国出境旅游发展迅猛，确立了旅游在我国的战略性支柱产业地位，奠定了旅游外交的基础。[1] 我国出境游客数量自 2014 年突破 1 亿人次以来，连年递增，并在 2018 年超过入境游客人数，2019 年更是达 1.55 亿人次，保持世界第一大出境旅游客源国地位。另一方面，ADS 协议是我国独有的出境旅游政策，与中国签署 ADS 协议的国家能够获得政府许可，在中国推介其旅游市场[2]，并能够通过吸引中国庞大的国际游客客源而发展振兴旅游经济。ADS 谈判协议优先考虑与中国政治友好的国家，对于损害中国核心利益的国家（地区），可以考虑暂缓列入核准的旅游目的地名单。[3] 中国政府目前已将 34 个非洲国家列为中国公民组团出境旅游目的地，并在《中非合作论坛——达喀尔行动计划（2022—2024）》中表示愿支持所有非洲建交国成为中国公民组团出境旅游目的地国，体现了中非传统友好与政治互信，以及中国政府愿意以中国市场及自身发展带动非洲旅游业发展的意愿和决心。

其二，旅游交流合作成为中非双多边合作的重要推动力。在历届中非合

---

① 项文惠：《旅游外交的形成、内涵和变化》，《国际展望》2020 年第 5 期。
② 李中建、孙根年：《中国出境旅游的外交效应》，《浙江大学学报》（理学版）2021 年第 6 期。
③ 李中建、孙根年：《中国出境旅游的外交效应》，《浙江大学学报》（理学版）2021 年第 6 期。

作论坛推动下，中非旅游交往规模不断扩大。目前，中国与 31 个非洲国家签署双边旅游合作文件。非洲大陆中国公民出境游目的地国家不断增加。中非合作论坛成立初始期，仅有少数国家如埃及、南非、摩洛哥为中国公民组团出境旅游目的地国家，至 2021 年，这一数字提升至 34 个[①]，中国与 22 个非洲国家正式开展中国公民组团旅游业务。[②] 同时，中非公民互访比例不断提高。根据国家统计局数据，2002 年至 2018 年，非洲入境客[③]从 9.85 万人次上升至 67.41 万人次。[④] 2007 年，中国公民首站前往非洲国家 23.44 万人次，同比增长 36%[⑤]，至 2016 年，中国公民首站访非 77.4 万人次，同比增长 33.6%。[⑥] 旅游贸易畅通离不开设施联通，中国政府支持增设中非直航航班，通过加强航空运输合作，拓展旅游交流合作关系。北京峰会后，中国与埃及、埃塞俄比亚、津巴布韦、肯尼亚、阿尔及利亚等国开通了直达北京、广州的定期航班，中国的航空公司开通了北京至尼日利亚拉各斯、安哥拉罗安达和苏丹喀土穆的直达航线。在旅游便利化措施方面，据统计，截至 2018 年底，非洲共有 31 个国家对中国游客给予免签、落地签政策[⑦]，极大

---

① 《王毅国务委员兼外长在中非合作论坛第八届部长级会议上的报告》，中非合作论坛官方网站，2021 年 12 月 4 日，http://focac.org/focacdakar/chn/kms/202112/t20211204_10462213.htm，最后访问日期：2022 年 4 月 4 日。

② 《国务院新闻办发表〈新时代的中非合作〉白皮书》，中国政府网，2021 年 11 月 26 日，http://www.gov.cn/zhengce/2021-11/26/content_5653540.htm，最后访问日期：2022 年 4 月 4 日。

③ 国家统计局定义："入境游客指报告期内来中国（大陆）观光、度假、探亲访友、就医疗养、购物、参加会议或从事经济、文化、体育、宗教活动的外国人、港澳台同胞等游客（即入境旅游人数）。统计时，入境游客按每入境一次统计 1 人次。入境旅游人数包括入境过夜游客和入境一日游客。"

④ 参见国家统计局网站，https://data.stats.gov.cn/easyquery.htm? cn=C01&zb=A0K05&sj=2021，最后访问日期：2022 年 4 月 4 日。

⑤ 《中非合作论坛北京峰会后续行动落实情况》，中非合作论坛官网，2009 年 11 月 10 日，http://www.focac.org/ljhy/bjfhbzjhy/hxxd32009/200911/t20091117_8079429.htm，最后访问日期：2022 年 4 月 4 日。

⑥ 《王毅外长在中非合作论坛约翰内斯堡峰会成果落实协调人会议全体会上的工作报告》，2016 年 8 月 1 日，中非合作论坛官网，http://focac.org.cn/ljhy/dwjbzzjh_1/hxxd/201608/t20160801_7933537.htm，最后访问日期：2022 年 4 月 4 日。

⑦ 蔡立华：《中非旅游合作：小荷才露尖尖角》，中国经济网，2019 年 3 月 18 日，http://www.ce.cn/culture/gd/201903/18/t20190318_31698137.shtml，最后访问日期：2022 年 4 月 4 日。

便利了中国游客赴非旅游出行程序，有助于提升游客赴非旅游的积极性。

旅游综合性很强，涉及多个产业门类及领域，中非全方位合作不断深入推动了旅游合作规模的扩大，而旅游合作的深入也反过来进一步推动了双方在贸易、基础设施、投资、物流、人文、信息技术等方面合作的深化。例如，中国支持非洲的"三网一化"战略发展，亚吉铁路、蒙内铁路通车为沿线旅游业发展奠定了地面网络通达的基础，中国承建了多个非洲机场项目，与 30 个非洲国家签署了民用航空运输协定①，便利区域航空网建设和中非航空通达。中国企业赴非参与旅游业各类投资方兴未艾，如中非发展基金、海航集团与加纳方面共同投资的非洲世界航空有限公司，是中国企业在非洲投资的第一家民用航空企业，在西非地区产生品牌效应②；如湖南华夏投资集团有限公司以文旅文创"产业+"模式，带动 17 个贫困村 4.2 万人通过旅游业脱贫之后，正探索结合非洲实际，从规划设计、施工建设、金融投资、运营管理、人才培训、文创产业融合等方面，把非洲打造成"一带一路"新旅游目的地，为非洲国家提供系统化服务，推进非洲国家旅游产业转型升级。③ 在金融合作方面，截至 2021 年 10 月，人民币跨境结算系统有 42 家非洲地区间接参与者，覆盖 19 个非洲国家。中国央行先后与南非、摩洛哥、埃及和尼日利亚央行签署了本币互换协议④，进一步激励双方旅游贸易的扩大与互惠。在信息技术合作方面，中非"数字经济"合作应用于多领域，中国企业与非洲主流运营商合作基本实现非洲电信服务全覆盖，建设了非洲一半以上无线站点及高速移动宽带网络，积极参与非洲电子支付，为未来中非探索数字旅游合作奠定基础。

---

① 朱诺、刘月：《我国国际航空运输政策与市场研究之非洲篇》，《空运商务》2020 年第 7 期。

② 李志伟：《非洲航空一体化提速》，人民网，2018 年 3 月 1 日，http：//travel. people. com. cn/n1/2018/0301/c41570-29841236. html，最后访问日期：2022 年 4 月 4 日。

③ 《中非·案例方案典范丨文旅文创"产业+"助力非洲旅游业》，红网，2019 年 6 月 15 日，https：//hn. rednet. cn/content/2019/06/15/5592970. html，最后访问日期：2022 年 4 月 4 日。

④ 《国务院新闻办发表〈新时代的中非合作〉白皮书》，中国政府网，2021 年 11 月 26 日，http：//www. gov. cn/zhengce/2021-11/26/content_5653540. htm，最后访问日期：2022 年 4 月 4 日。

　　其三，旅游活动成为促进双方文明交流互鉴的重要抓手。文化与旅游相互融合。文化资源是旅游业的核心资源，旅游是促进文化发展的动力与纽带。文化与旅游结合的旅游活动能够相互促进，以文促旅，以旅彰文，是中非文明互鉴的重要支撑，能够传播文明文化，促进经济社会发展，形成新的发展优势。中非文旅交往合作通过官方交往与民间交往两方面促进双方文明交流互鉴。官方层面，中国设置"旅游文化周"、中国文化中心，开展历史文化遗产保护人力资源培训，提供中国国际旅游交易会等旅游展会平台，在非洲国家开办中国旅游推介会等文旅融合及旅游推广活动，传播中国文化，塑造中国形象。2019 年，埃及、摩洛哥成为首批举办"中国旅游文化周"的非洲国家，中国旅游文化推介会是其中的重要活动。截至 2020 年 12 月，中非签署并落实了 346 个双边政府文化协定执行计划，并在毛里求斯、贝宁、埃及、尼日利亚、坦桑尼亚、摩洛哥设有中国文化中心，已与突尼斯、肯尼亚、科特迪瓦、塞内加尔、埃塞俄比亚、莫桑比克签署互设文化中心或设立中国文化中心的政府文件。[①] 2020 年，中国文化和旅游部组织举办多场非洲国家非物质遗产保护及旅游融合发展研讨班，就非遗保护的中国经验以及非遗与旅游融合发展趋势展开交流。此外，"部省合作"成为加强各省与非洲国家文旅合作的重要形式，使得文旅合作更有针对性。原文化部与河南省合作组织的"少林功夫非洲学员培训班"至 2018 年已举办 6 届并广受好评，成为宣传中华文化的一个传播窗口。浙江省与非洲部分国家签署了《浙非文旅交流合作备忘录》。2018 年举办了"千人游毛里求斯"活动，2019 年开启"万人游非洲"活动，计划在未来五年时间里向参与合作的非洲国家输送一万名浙江游客，并促进双方在文化、旅游、商贸等方面的交流与合作，以此作为吸引中国游客、发展旅游产业、激发经济活力的重大举措。首航团受到吉布提国家总理卡米勒、坦桑尼亚总理马贾利瓦以及津巴布韦总统姆南加古瓦的高规格迎接，体现了非洲国家对于中非文旅合作项目的

---

　　① 《国务院新闻办发表〈新时代的中非合作〉白皮书》，中国政府网，2021 年 11 月 26 日，http://www.gov.cn/zhengce/2021-11-26/content_5653540.htm，最后访问日期：2022 年 4 月 4 日。

支持与热情。①

民间层面，文旅融合从本质上为游客提供了体验、学习和研究非洲大陆多样性文化的机会。② 除了历史文化遗产，非洲文化大部分体现在人民的生活文化中，如音乐、舞蹈、民俗等，这赋予了非洲旅游特殊的吸引力。同时，文化旅游也是保护非洲本土文化与遗产的动力。如南部非洲大力发展文化产业，挖掘乡村文化、民俗文化，开发南部非洲乐器、工艺美术品、陶器产品、传统服饰等文艺旅游产品，建设文化旅游村，在供外国游客体验的同时达到保护本土文化的目的。③ 中国出境游游客通过与非洲国家当地居民的直接往来，加深了对彼此的文化认知。中国游客更加直观地感受到非洲国家的风土民情，也在交往中让对方加深了对中国文化、价值观等方面的了解与认识。此外，数字信息技术进一步加速非洲文化旅游在中国的传播，如中国游客通过知乎、天涯社区、马蜂窝、携程及火山、抖音视频号等多个具有较大影响力的中文社交媒体平台以图片、视频形式发布自身访非见闻，通过与其他网民的交互，加深了中国民众对非洲文化的直观认知。旅游正不断拉近中非人民之间的交往距离。

第三节　中非在旅游领域交流与合作面临的挑战和前景

满足人们对高质量的旅游需求体验，是新阶段中国发展的一个重要方向与目标。国际旅游业关联多个产业，能够增加政府财政收入、创造就业机会、刺激对内投资及区域发展，是连通中国人民的"中国梦"及非洲人民

---

① 《调研随笔：非洲研究院5位学者参加浙江省"万人游非洲"首发团行纪》，浙江师范大学非洲研究院网站，2019年5月29日，https：//ias.zjnu.edu.cn/2019/0529/c6141a291902/page.htm，最后访问日期：2022年4月4日。

② Bernard B. Fyanka, Kenneth Chukwuemeka Nwoko, "Culture and Tourism in Modern Africa: An Overview," in *Dynamics of Culture and Tourism in Africa Perspectives on Africa's Development in the 21st Century*, Nigeria: Babcock University Press, 2015, pp.169-170.

③ 黄奇杰、王琦：《南部非洲乡村文旅融合发展模式及中非文旅合作》，《人文天下》2020年第3期。

的"非洲梦"的桥梁之一。中非旅游交往合作刚刚处于蓄势期,尽管面临诸多挑战,但未来仍有广阔合作空间。

一　中非旅游交往合作面临的挑战

旅游业对经济发展有特殊优势,但也不可避免受到政治、经济、社会、文化和环境等方面影响。中非旅游交往合作目前面临的挑战总体可分为两种类型:一是非洲方面政治、经济等环境制约;二是中非旅游合作中面临的困难与不足。

(一)非洲方面的制约因素

一是经济因素。旅游业对国民经济发展水平依赖性较强。客源地国的经济水平与状况影响着国际游客的旅行倾向、人均可支配收入水平及旅游消费水平,同时,接待国的经济发展水平影响着旅游综合接待能力以及服务质量的高低。当前,全球经济风险的不确定性显著上升,非洲的主要客源市场国家如美国、欧盟国家失业率上升,经济增长放缓,影响其居民出境旅游的倾向及消费支出。尤其在新冠疫情影响下,各国经济发展受到抑制,国家间人员流动性显著降低,非洲旅游业整体发展受到阻碍。同时,非洲国家经济发展相对落后,在旅游业发展所需的硬件、软件两方面都较为薄弱。硬件如机场、公路、铁路及港口,以及清洁用水、电力设施、公共卫生设施等基础设施不完善,影响游客前往目的地国家不同地区的可通达性及舒适度;软件方面,非洲国家旅游服务水平、旅游产品开发水平、人力资源水平等各方面也有待进一步提升。

二是安全因素。国际游客对风险的感知将影响其旅行出行意愿。广义上讲,国际游客对非洲大陆的安全认知因素包括政治动荡、民族部族冲突、恐怖主义、海盗等非传统安全、公共卫生健康、自然灾害等方面。游客对旅游风险的感知越强,越会影响其旅行偏好。例如,其他国家政府发布的针对非洲国家的旅游安全警告增强了游客的风险感知,会显著降低游客赴非旅游的意愿。2019年美国发布肯尼亚旅游安全预警,警告西方人可能成为内罗毕、奈瓦萨和纳纽基及沿海地区的极端主义分子的目标后,原赴蒙巴萨港的游轮转向塞舌尔等其他目的地，对肯尼亚旅游业造成损失。① 波及北非的"阿拉伯之春"事件、西非的埃博拉疫情、索马里的海盗问题等广泛的媒体宣传增加了国际游客对于非洲大陆的负面认知，加之非洲国家旅行安全保障不足，如旅游保险不完善、救援力量不足、公共卫生条件落后等抑制了国际游客到访该地区的意愿。

三是环境因素。由于缺乏有效的环境保护政策及协调措施，支持非洲旅游业发展潜力的自然资源及历史文化遗产资源状况正不断恶化。自然资源方面，在非法国际贸易需求驱使下，非法捕猎问题十分严峻，导致野生动物栖息地丧失。同时，热带森林砍伐正在加速，导致水土流失、土地退化，从而导致碳排放比例提升，非洲大陆丧失气候保护屏障，增加灾难性气候变化带来的风险，并加剧野生动物灭绝速度。历史文化资源方面，非洲地区被列入世界遗产名录的世界遗产总数有 98 处，占总数的近 9%，然而世界遗产名录中列入的濒危世界遗产有 52 例，其中 15 处位于非洲地区，占比约为 29%，表明"非洲世界遗产比例之低与广袤的非洲大地丰富的文化自然遗产资源极不相称；非洲濒危遗产比例之高，表明非洲的世界遗产保护正面临极为严峻的挑战"②。非洲地区的世界遗产在名录中所占比例持续降低，已从 1991 年的 11.2%降低至 2021 年的 8.49%。③ 缺乏有效的保护管理体系和经济支持，人力资源匮乏，加上非法狩猎、国内武装冲突、矿业开采等威胁因素，非洲地区世界遗产面临巨大挑战。国际援助资金大量支持非洲地区遗产保护，援助资金总额达 1306.95 万美元，但由于从业人员能力与技术水平不

---

① 《美国发布旅游安全警告影响肯旅游业》，中华人民共和国商务部网站，2019 年 2 月 15 日，http：//www.mofcom.gov.cn/article/i/jyjl/k/201902/20190202834745.shtml，最后访问日期：2022 年 4 月 4 日。

② 《专访：中非文化遗产保护合作潜力巨大——访中国国家文物局副局长宋新潮》，中国政府网，2019 年 6 月 4 日，http：//www.gov.cn/xinwen/2019-06/04/content_5397451.htm，最后访问日期：2022 年 4 月 4 日。

③ 《非洲世界遗产现状是全球共同面临的挑战》，环球网，2021 年 9 月 6 日，https：//go.huanqiu.com/article/44efhmxyvnf，最后访问日期：2022 年 4 月 4 日。

足，造成非洲遗产保护管理状况未得到显著改善。① 非洲自然、文化资源是非洲旅游业发展的吸引力所在，能否有力保护好相关资源关系到未来非洲旅游业的发展前景。

（二）中非旅游交往合作中存在的困难与不足

一是旅游合作水平较低。目前，中非旅游交往合作正处于起步期，同时受制于非洲经济发展水平等诸多因素影响，整体合作水平较低，体现在合作的形式还较为单一、规模较小，旅游产品开发不足，促进双方经济发展的撬动作用有限。

从形式上讲，中国公民赴非出境游以组团游居多，旅行目的地多集中于北非和南部非洲，旅游活动以野生动物观赏及历史文化古迹游览为主，休闲旅游活动由于开发不足而较少涉猎，如海滨度假旅游、高原避暑旅游、湖滨疗养旅游等。专题旅游活动则更为少见，如沙漠旅游、探险旅游等。游客的自由度与个性化体验需求难以满足，对当地文化的直接探索感知有限。合作主体仍以政府部门为主，民营企业、社会组织的参与不多。中非双方对旅游合作的配套支持力度还需进一步加大，如签证便利化，减轻旅游企业税务负担，加强双方从业人员培训，加大对中非双方的旅游资源宣传力度等。

从规模上讲，赴非旅游的中国游客人数相较于赴欧美、亚洲的人数来说较少。中国在非旅游投资整体投入较小，旅游要素结构不对称，旅游产业链上下游价值未得到充分开发，妨碍了旅游生产力形成和综合效益获得。中国非洲联合工商会副秘书长蔡立华表示，"尽管中国在非存量资本已有试水非洲旅游合作的举动，如置地兴建酒店、开办旅行社等，但总体看，体量小，链条短，不成规模，撬动作用十分有限"②，未来还需要有更多资本投入才

---

① 《非洲世界遗产现状是全球共同面临的挑战》，环球网，2021 年 9 月 6 日，https：// go. huanqiu. com/article/44efhmxyvnf，最后访问日期：2022 年 4 月 4 日。

② 蔡立华：《中非旅游合作：小荷才露尖尖角》，中国经济网，2019 年 3 月 18 日，http：// www. ce. cn/culture/gd/201903/18/t20190318_31698137. shtml，最后访问日期：2022 年 4 月 4 日。

能更加有效发挥非洲旅游资源优势。

旅游产品是一个综合性概念,包含有形的物质要素,如资源、环境、基础设施、休闲娱乐设备、衣食住行等旅游商业网络,还包括无形的非物质要素,如旅游吸引力、游客对目的地的感知、旅游产品形象及营销等。旅游产品开发则涉及从旅游资源、旅游设施、人力资源到旅游景点的规划与设计活动。目前,非洲整体的旅游产品开发水平受到资金、技术、人才、环境等多方面的制约,因而对中非旅游合作也产生一定制约效应。

二是文旅合作的力度不够。中国与非洲都拥有丰富悠久的历史文化资源,为双方文旅合作、促进文明交流互鉴提供了文化原动力,然而,中非双方的文旅合作还较为薄弱。文旅合作还缺乏制度性、常规性的高级别合作平台。例如,中国已与亚洲、美洲、欧洲多国开启了"旅游年"外交活动,以此为契机提升文化旅游合作在双边关系中的重要性,加深双方民众对对方文化的认知。目前,针对非洲国家的旅游文化周期活动起步较晚,2019年在埃及与摩洛哥举办了"中国旅游文化周"活动,并且尚无针对整个非洲大陆的"旅游年"活动。同时,中非文旅合作还仅限于单向的文化体验,文创产品及文化旅游线路的开发还有待挖掘。有学者在谈到旅游发达国家的文旅融合经验时指出,要重视极具特色的文化符号的作用,加强文化线路的开发利用,既能够从单个遗产保护拓展至整体遗产保护,也能够通过增强空间的文化感与内容感加强旅游与文化遗产的联系,例如,对丝绸之路等文化线路的保护开发,将其设计为天然旅游线路,能够推动文化遗产的全方位保护,还能够形成从国内到跨国保护的格局,刺激沿线地区的文化旅游发展。① 中非文旅合作可以循此思路,在已有合作的基础上,寻找双方共有的文化符号,开发中非文明文化互学互鉴之旅,并逐步形成文化保护与文化旅游双发展的双赢局面。

三是旅行安全合作有待加强。中国游客"走出去"面临的安全风险包

---

① 邵明华、张兆友:《国外文旅融合发展模式与借鉴价值研究》,《福建论坛》(人文社会科学版)2020年第8期。

括气象、地质、海洋灾害等自然灾害，意外安全事故如交通安全事故、涉水事故、一般性意外受伤、动物袭击等，卫生安全事故如食物中毒、突发疾病、传染病疫情等，业务安全事故如航班延误和取消、证件及票务问题等，以及社会治安事故、政变及军事动乱等社会安全事件。[①] 非洲大陆是"一带一路"倡议的重要延伸地带。中国旅游企业在"一带一路"沿线国家及地区面临的投资经营风险包括恐怖主义、战乱、政权更替频繁等。[②] 整体上，非洲国家的基础安全设施和公共安全资源缺乏，对游客的安全保障能力较弱，加之中国驻非洲的领事保护资源有限，解决游客安全问题的能力也受到限制。这些因素叠加在一起，影响了中国出境游在非洲的深入发展。无论从短期还是长远来看，加强旅行安全合作、保障游客个人及企业安全都是中非合作中面临的重大课题。

四是新冠疫情对中非旅游合作的冲击。旅游业属于劳动密集型产业，是受到新冠疫情冲击最大的经济部门之一。疫情发生后，旅游业的供给端与需求端同时受到严重影响。根据世界旅游组织的数据，疫情导致国际游客人数损失 10 亿人次，国际旅游收入减少 1.3 万亿美元，全球 GDP 损失超过 2 万亿美元，旅游业跌至 1990 年水平。[③] 中非旅游合作交往受到的影响包括疫情封控措施导致旅行出行受限，国际航班减少，出入境游难以成行，国际旅游产业链的服务行业如酒店、旅游交通、餐饮、购物等受到严重打击。旅游业是包容性产业，吸纳了大量人员就业，并创造相当数量的非正规就业岗位，因而，疫情对双方旅游行业中的就业、民生产生一定负面影响。在未来，如何稳步促进旅游行业复苏，寻求疫情防控与经济发展的平衡，促进旅游业的双循环发展格局是中非旅游合作、振兴国际旅游业需要重点考虑的。

---

① 谢朝武、黄锐：《"21 世纪海上丝绸之路"旅游安全风险与合作治理》，《旅游导刊》2018年第 5 期。

② 周平：《"一带一路"面临的地缘政治风险及其管控》，《探索与争鸣》2016 年第 1 期。

③ UNWTO，"2020：A Year in Review，"https：//www.unwto.org/covid-19-and-tourism-2020，accessed：2022-04-04.

二　中非旅游交流合作提质增效的举措

中非旅游交往合作是促进民心相通、推动中非文明交流互鉴、构建更加紧密的中非命运共同体的重要途径之一。旅游合作的提质增效要以充分发挥旅游作为文明交流互鉴的重要载体作用为宗旨，以服务于建设国内国际双循环新发展格局的战略需要为方向，推动中非共同发展与繁荣，让中非文明互鉴的力量成为构建开放包容、和平稳定世界的一股重要且不可或缺的力量。

（一）坚持深入推进中非全方位合作

中非合作论坛成立 20 余年以来，中非全方位合作取得了举世瞩目的成就，有利推动了非洲的经济发展，为构建和平稳定、开放包容的世界贡献了中非力量，证明了中非合作互利共赢对世界经济的推动作用，以及不同文明之间和平共处、互学互鉴、文明共兴的可能性。在未来，中非双方在经贸、投资、产能、基础设施、卫生健康、农业、人文等各领域继续深化合作，高质量共建"一带一路"，积极落实"九项工程"，推动全球发展倡议同非盟《2063 年议程》、各国发展需求及合作机制对接，坚持共商共建共享，以实际行动支持非洲的可持续发展及包容性发展。非洲大陆稳定和平的整体环境及良好的经济状况有利于增强非洲的旅游吸引力，完善非洲旅游全产业链建设，为中非旅游合作进一步深化提供"硬件"条件与支持。

（二）积极拓展中非旅游合作空间

进入新阶段，我国经济发展进入向高质量发展的转型期，但中国坚持对外开放的战略思想没有变化，中国的内需力依然强劲且经济面总体向好，这两方面构成了中非旅游合作的动力基础。在未来，中非旅游合作需要在以下方面有序推进。

首先，完善合作机制，进一步扩大旅游合作的主体。中央政府负责宏观政策框架，制订旅游合作行动计划，地方政府确保旅游合作政策的具体执行。鼓励旅游企业、行业协会等非政府组织，尤其是在非洲国家中具有较大影响力的旅游企业及组织参与到中非旅游合作中来，如旅游合作政策制定、旅游产品开发等，提供能够满足中国游客体验需求的多样旅游产品。其次，加强次区域旅游合作。从国际跨境游实践来看，中俄边境次区域旅游、澜沧江—湄公河次区域旅游、图们江次区域合作都已取得积极成效①，能够为中非次区域合作提供参照。非洲大陆地域辽阔，北非、南非、东非、西非及中部非洲发展水平不均衡，旅游资源特色各异。中国目前也有资源禀赋与发展水平不同的区域，按地理环境可划分为三大旅游合作圈如长三角、珠三角、环渤海旅游合作圈，以及五大旅游合作板块，如中原、华中、西南、西北、东北旅游区②，在未来可以探索中非不同旅游圈之间的次区域合作可能性，以次区域合作为先导，继而推广至大陆层面的整体合作。最后，加强旅游从业人员的人力资源培训及培养。中非双方在语言、文化、习俗、宗教等方面的差异较大，欠缺相互之间的了解与认知，中国游客对赴非旅游存在普遍的"不懂、不敢、不愿"的出行顾虑，因而鼓励中国游客走出去亟须加强对双方语言、文化及社会心理熟练掌握且善于沟通的旅游专业人才培养，例如中非共建旅游职业学校，联合培养中非旅游人才。同时，加强在旅游产业链各细分领域的人力资源培训，如旅游营销、接待、服务、旅游企业管理、旅游决策等，提升旅游服务质量。

（三）进一步挖掘提升中非文旅合作的潜力

文化旅游融合发展的目的是实现经济效益和社会效益的统一，对内满足人民对美好生活的期待，对外实现文化之间的深度交流和发展，从而形成文旅经济社会功能价值的耦合，以及旅游供给侧与需求侧质量与需求的双提升双发展，即以文旅融合刺激新的旅游消费需求，以需求带动旅游的高质量发展。③ 文旅合作不仅涉及经营性合作，即文化产业与旅游融合，还涉及文化

---

① 张晓阳、温科、徐晓肆：《"一带一路"背景下中国与阿拉伯国家旅游合作路径》，《社会科学家》2021年第8期。

② 张晓阳、温科、徐晓肆：《"一带一路"背景下中国与阿拉伯国家旅游合作路径》，《社会科学家》2021年第8期。

③ 吴理财、郭璐：《文旅融合的三重耦合性：价值，效能与路径》，《山西师大学报》（社会科学版）2021年第1期。

事业与旅游的融合①，如历史文化遗产保护及其他当地文化活动。中非文旅合作可以从上述两个方向挖掘合作潜力，即文化产业、文化事业与旅游业的双融合。

文化产业与旅游业融合方面，需要政府加强中非顶层设计规划与引导，如创建"中非旅游年"等制度性合作平台，形成高规格、多层次、多主体的合作机制，扩大旅游外交的软实力影响，同时在此框架下，推进中非双方文旅产品生产开发与文旅服务的经营性合作，丰富充实合作的领域及内容。

文化事业与旅游业融合方面，加强双方博物馆、文化馆、非物质文化遗产传承中心、历史文化遗产保护相关部门的合作：一是加强合作的针对性，根据中非双方游客的兴趣、旅行规划，开发多样的文化旅游线路，向中非双方游客提供丰富的历史文化遗产等相关知识，增强旅游的文化属性和旅游目的地的文化吸引力；二是加强中非历史文化遗产保护合作，宣传中国的遗产保护经验以及文旅扶贫脱贫的经验，并加强相关领域人力资源合作，达到助力非洲国家实现保护历史遗产和脱贫的可持续发展；三是开发中非文明之间共同的文化符号，如以海上丝绸之路、郑和远洋非洲、伊本·白图泰中国行等中非之间共同的历史文化事件为符号的文化线路，实现中非历史文化空间大融合的主题旅游。通过对共同文化的追忆旅行，促进中非人民之间的相互理解与共情，深刻理解中非文明之间久远的历史文化联系，推动文明互鉴、文明共兴。

（四）完善中非旅游合作安全机制

旅行安全是共建"一带一路"国家旅游业可持续发展的根本保障。随着中国游客赴非出境游的规模日益扩大，其对旅行安全保障有着强烈的现实需求。目前，中国游客赴非出境游的旅行安全资源供给不足，在境外发展的涉及旅游安全业务的中国企业数量较少，无法满足中国游客赴非旅游的安全风险保障需求，因而有必要加强客源国与目的地国之间的旅游安全

---

① 吴理财、郭璐：《文旅融合的三重耦合性：价值，效能与路径》，《山西师大学报》（社会科学版）2021年第1期。

机制合作，同时积极发挥市场的调节作用，为中国游客及旅游企业走出去保驾护航。研究指出，旅游安全保障涉及风险监测、安全预警、应急响应、紧急救援、医疗援助、安全返回等综合业务，有必要从安全保障体系的资源架构、多主体融合互动、国家和区域间多层次合作三方面加强安全机制合作[1]，这为中非旅游安全合作提供了参考借鉴。

中非旅游合作安全机制建设首先要观念建构先行，强化合作国家间的旅行安全共识，秉持共商共建共享的原则，推动旅行安全责任共同体和利益共同体的形成。其次，需要提供较为全面的安全保障资源，鼓励政府、企业及公益组织的融合互动。目前，政府是公共安全保障资源的供给主体，市场化资源不足，因而还需加强商业安全保障资源及公益安全保障资源的全面供给，而非仅仅依靠某一类资源。中国政府与非洲国家政府根据自身供给能力水平及游客可能面临的风险类型，向游客提供公共安全保障资源作为公共产品，涵盖领事保护、紧急救助、法律、翻译等服务，以及旅游安全设备、救援力量、旅游警察等基础性公共服务。商业保险组织、法律机构、救援机构提供的商业资源及由公益组织和志愿者提供的公益资源由于其专业性和灵活性而能够对政府资源进行补充。商业机构可提供的资源包括旅游保险、风险监测、旅行支援、紧急搜救、紧急医疗、善后服务等。国际组织如国际红十字会、世界卫生组织可针对公共卫生突发事件、自然灾害、武装冲突等事件提供人道主义援助。现阶段，我国的商业和公益安全保障机构及组织力量还较为薄弱，在未来还需进一步培育和鼓励相关企业和实体的发展。最后，充分利用现有的多边或双边组织的平台，如中非合作论坛、金砖国家组织、世界旅游组织、国际旅游协会等，将旅游安全合作作为重要的合作议程之一，推动旅游安全合作的制度化及规范化。

三　中非旅游交流合作前景展望

展望未来，中非旅游交往合作有着广阔前景，这既与旅游业自身发展的

---

[1]　谢朝武、黄锐、陈岩英：《"一带一路"倡议下中国出境游客的安全保障——需求、困境与体系建构研究》，《旅游学刊》2019 年第 3 期。

前景有关，也与中国与非洲的经济社会发展息息相关。

一方面，旅游业是经济发展的重要动力，也是近年来增长最快的经济部门之一。根据联合国贸易和发展会议发布的报告，2018 年，国际游客数量达到 14.07 亿人次，国际旅游收入达 14800 亿美元，分别比 2017 年增长 6% 和 4.4%，旅游业出口达 1.7 万亿美元，占全球商品和服务贸易的 7%。[①] 虽然短期来看，新冠疫情对全球旅游业造成严重打击，但着眼未来，作为包容性产业的旅游业能够促进第一、第二、第三产业互相渗透融合，带动相关行业发展，综合效益突出，且能够包容弱势群体，是名副其实的朝阳产业。据测算，国外旅游业每收入 1 美元，可推动国民生产总值增加 2.5 美元。[②] 旅游业蓬勃发展能够促进经济发展与社会发展协调统一，让发展成果惠及广大人民群众，因而世界各国都非常重视旅游业对本国经济社会发展的推动作用，着力发展旅游经济。

另一方面，从中非双方的发展来说，中非旅游合作符合双方的长远利益和共同利益，对促进双方经济社会发展和文明交流互鉴有积极作用，是构建更加紧密的中非命运共同体的重要推动力量之一。旅游业是非洲经济发展的引擎，对非洲经济和就业拉动效应明显。然而，以 2019 年数据为例，全球跨境旅游超 15 亿人次，到访非洲的仅为 6000 万人次。因而，面向国际旅游市场提高自身旅游竞争力，是非洲国家的现实发展需要。目前，许多非洲国家开放旅游市场投资，提高投资优惠政策，与新兴客源市场国加强旅游合作的动机与意愿较为强烈。中国出境游庞大的客源市场规模及双循环格局下的高质量旅游业新发展态势能够成为非洲旅游业发展的重要契机。中非旅游资源差异性较大、互补性强，是旅游合作的动力基础，未来中非双方在文化旅游、旅游安全、数字旅游及相关领域人才培养等诸多方面都有着广阔的合作前景。

---

① UNCTAD，"COVID-19 and Tourism," 2020，p. 7，https：//unctad. org/system/files/official-document/ditcinf2020d3_ en. pdf，accessed：2022-04-04.

② 李炳义：《试论旅游业在经济包容性增长中的重要作用》，《商业时代》2011 年第 11 期。

第七章　中非在文化领域的
交流与合作

　　新中国成立后，文化领域的交流一直是我国对外交往的重要形式，为中国同那些没有建立外交关系的国家之间的友好交往发挥着铺路搭桥的重要作用。[①] 对外文化交流有效展示了新中国的形象，增进了世界对我们的了解，为中国在国际舞台上站稳脚跟扮演了重要的角色。在中国对外文化交流中，中非文化交流占有重要地位，对促进中非关系发展发挥了积极促进作用。进入 21 世纪，中国开始实施文化走出去战略。党的十八大以来，习近平总书记提出了一系列关于文化的论述，为新时代对非文化交流提供了理论依据和行动指南。此后，中国对非洲国家的文化交流力度不断加大，取得很大成就。展望未来，尽管中非深化和扩大文化领域的合作仍面临许多挑战，但在党中央大力推动下，前景无疑是光明的。

第一节　习近平关于中非在文化领域
交流与合作的论述

　　2014 年全国两会期间，习近平总书记从中华民族伟大复兴的视角出发，提出："我们要坚持道路自信、理论自信、制度自信，最根本的还有一个文

---

　　① 　欧阳雪梅主编《中华人民共和国文化史（1949—2019）》，当代中国出版社，2019，第 71 页。

化自信。"① 在 2014 年的文艺工作座谈会中,习近平总书记表示:"增强文化自觉和文化自信,是坚定道路自信、理论自信、制度自信的题中应有之义。"② 2014 年 9 月,习近平主席在纪念孔子诞辰 2565 周年国际学术研讨会上发表讲话,提出要正确对待不同国家和民族的文明应坚持的原则:维护世界文明多样性、尊重各国各民族文明、正确进行文明学习借鉴、科学对待文化传统。③ 2017 年,党的十九大提出"要坚定文化自信,推动社会主义文化繁荣兴盛","要发展社会主义先进文化,不忘本来、吸收外来、面向未来"④。如今,中国正日益走近世界舞台的中央,以习近平同志为核心的党中央十分重视对外文化交流工作,并多次在国际多边场合阐述交流互鉴的新文明观。

中非文化交流与合作主要依托中非合作论坛这一平台。自党的十八大以来,习近平主席在历届中非合作论坛峰会或部长级会议开幕式发表讲话时都强调加强中非人文交流,不断推动中非关系走向高质量发展,中非文化交流与合作的内容也因此得到不断丰富和完善。早在 2013 年 3 月 25 日,习近平主席在坦桑尼雷尔国际会议中心演讲时就曾指出:"中非重视人文交流,增进中非人民的相互了解和认知,厚植中非友好事业的社会基础。"⑤

2015 年 12 月,中非合作论坛峰会暨第六届部长级会议在约翰内斯堡召开,习近平主席出席开幕式并发表致辞,习近平主席指出,"当前,世界格局正在经历深刻演变,经济全球化、社会信息化极大解放和发展了社会生产

① 李斌、霍小光:《"改革的集结号已经吹响"——习近平总书记同人大代表、政协委员共商国是纪实》,人民网,2014 年 3 月 13 日,http://politics.people.com.cn/n/2014/0313/c1001-241619840.html,最后访问日期:2022 年 3 月 27 日。
② 中共中央文献研究室编《十八大以来重要文献选编》(中),中央文献出版社,2016,第135 页。
③ 《在纪念孔子诞辰 2565 周年国际学术研讨会上暨国际儒学联合会第五届会员大会开幕会上的讲话》,《人民日报》2014 年 9 月 25 日,第 2 版。
④ 习近平:《决胜全面建成小康社会 夺取新时代中国特色社会主义伟大胜利——在中国共产党第十九次全国代表大会上的报告》,《人民日报》2017 年 10 月 28 日,第 3 版。
⑤ 习近平:《永远做可靠朋友和真诚伙伴——在坦桑尼亚尼雷尔国际会议中心的演讲》,《人民日报》2013 年 3 月 26 日,第 2 版。

力。我们面临前所未有的发展机遇。同时，霸权主义、恐怖主义、金融动荡、环境危机等问题愈加突出，给我们带来前所未有的挑战"。基于此国际背景，习近平主席提议将中非新型战略伙伴关系提升为全面战略合作伙伴关系，并提出了"五大支柱"，即坚持政治上平等互信、坚持经济上合作共赢、坚持文明上交流互鉴、坚持安全上守望相助、坚持国际事务中团结协作。在文明交流互鉴方面，习近平主席指出要"促进文化融通、政策贯通、人心相通，推动共同进步，让中非人民世代友好"①。习近平主席表示为推进中非全面战略合作伙伴关系建设，中方愿在未来三年同非方重点实施"十大合作计划"，分别是中非工业化合作计划、中非农业现代化合作计划、中非基础设施合作计划、中非金融合作计划、中非绿色发展合作计划、中非贸易和投资便利化合作计划、中非减贫惠民合作计划、中非公共卫生合作计划、中非人文合作计划以及中非和平与安全合作计划。其中，在中非人文合作计划方面，习近平主席表示："中方将为非洲援建 5 所文化中心，为非洲 1 万个村落实施收看卫星电视项目；为非洲提供 2000 个学历学位教育名额和 3 万个政府奖学金名额；每年组织 200 名非洲学者访华和 500 名非洲青年研修；每年培训 1000 名非洲新闻领域从业人员；支持开通更多中非直航航班，促进中非旅游合作。"②

2018 年中非合作论坛北京峰会于 9 月 3 日至 4 日在北京举行，习近平主席出席开幕式并发表题为《携手共命运　同心促发展》的主旨讲话。在讲话中，习近平主席对当今国际形势作出准确判断，即"当今世界正在经历百年未有之大变局""我们也面临前所未有的挑战""传统安全和非传统安全问题复杂交织"。为维护世界和平与发展，习近平主席强调，"中国愿同世界各国携手构建人类命运共同体，发展全球伙伴关系，拓展友好合作，走出一条相互尊重、公平正义、合作共赢的国与国交往新路"，并表示"愿

---

① 《开启中非合作共赢、共同发展的新时代——在中非合作论坛约翰内斯堡峰会开幕式上的致辞》，《人民日报》2015 年 12 月 5 日，第 2 版。

② 《开启中非合作共赢、共同发展的新时代——在中非合作论坛约翰内斯堡峰会开幕式上的致辞》，《人民日报》2015 年 12 月 5 日，第 2 版。

同非洲人民心往一处想、劲往一处使，共筑更加紧密的中非命运共同体，为推动构建人类命运共同体树立典范"。"共筑中非命运共同体"有六个方面，分别是携手打造责任共担的中非命运共同体、携手打造合作共赢的中非命运共同体、携手打造幸福共享的中非命运共同体、携手打造文化共兴的中非命运共同体、携手打造安全共筑的中非命运共同体、携手打造和谐共生的中非命运共同体。其中，在打造文化共兴的中非命运共同体方面，习近平主席表示："我们都为中非各自灿烂的文明而自豪，也愿为世界文明多样化作出更大贡献。我们要促进中非文明交流互鉴、交融共存，为彼此文明复兴、文化进步、文艺繁荣提供持久助力，为中非合作提供更深厚的精神滋养。我们要扩大文化艺术、教育体育、智库媒体、妇女青年等各界人员交往，拉紧中非人民的情感纽带。"①

在 2018 年中非合作论坛北京峰会开幕式上的主旨讲话中，习近平主席表示中国愿以打造新时代更加紧密的中非命运共同体为指引，在推进中非"十大合作计划"基础上，同非洲国家密切配合，未来三年和今后一段时间重点实施"八大行动"，分别是实施产业促进行动、设施联通行动、贸易便利行动、绿色发展行动、能力建设行动、健康卫生行动、人文交流行动以及和平安全行动。人文交流行动方面，中国决定设立中国非洲研究院，同非方深化文明互鉴；打造中非联合研究交流计划增强版；实施 50 个文体旅游项目，支持非洲国家加入丝绸之路国际剧院、博物馆、艺术节等联盟；打造中非媒体合作网络；继续推动中非互设文化中心；支持非洲符合条件的教育机构申办孔子学院；支持更多非洲国家成为中国公民组团出境旅游目的地。②

2021 年 11 月 29 日晚，中非合作论坛第八届部长级会议在塞内加尔举行，习近平主席在北京以视频方式出席开幕式并发表题为《同舟共济，继往开来，携手构建新时代中非命运共同体》的主旨演讲。习近平主席总结

---

① 习近平：《携手共命运　同心促发展——在 2018 年中非合作论坛北京峰会开幕式上的主旨讲话》，人民出版社，2018，第 7~8 页。

② 习近平：《携手共命运　同心促发展——在 2018 年中非合作论坛北京峰会开幕式上的主旨讲话》，人民出版社，2018，第 9~13 页。

了过去三年来中非命运共同体所取得的成果，并从构建新时代中非命运共同体的历史起点的全局出发，对中非命运共同体提出了新的主张。习近平主席表示："本次会议前，中非双方共同制订了《中非合作 2035 年愿景》。作为愿景首个三年规划，中国将同非洲国家密切配合，共同实施'九项工程'。""九项工程"分别是卫生健康工程、减贫惠农工程、贸易促进工程、投资驱动工程、数字创新工程、绿色发展工程、能力建设工程、人文交流工程以及和平安全工程。人文交流工程方面，习近平主席表示："中国愿支持所有非洲建交国成为中国公民组团出境旅游目的地国。在华举办非洲电影节，在非洲举办中国电影节。举办中非青年服务论坛和中非妇女论坛。"① 在《中非合作 2035 年愿景》中，中非双方确立了中长期合作方向和目标，其中第六项是共同谱写人文交流新篇章，实现中非文化共兴。"文体交流更加活跃。中非共同建立促进中非文明平等互鉴、繁荣共兴长效机制，支持艺术团组互访、影视文化合作、语言人才培养，共同推动国际汉学和非洲研究的发展，扩大中非文化的国际认知度和影响力，促进世界文化多元发展。中非加强体育领域务实合作，支持举办达喀尔 2026 年青奥会，促进非洲体育事业发展。"②

习近平主席关于文化和中非文化交流的论述，为中非文化领域的交流与合作提供了理论指导，极大地推动了中非文化合作。

第二节　中非在文化领域的交流与合作及其成就

进入 21 世纪，特别是党的十八大以来，中非在文化领域的合作取得很大进展，对推动中非关系发展、促进中非之间民心相通、推动世界文明多样化发展发挥了重要作用。

---

① 《同舟共济，继往开来，携手构建新时代中非命运共同体——在中非合作论坛第八届部长级会议开幕式上的主旨演讲》，《人民日报》2021 年 11 月 30 日，第 2 版。

② 《中非合作 2035 年愿景》，中非合作论坛官网，2021 年 12 月 8 日，http：//www.focac.org/zywx/zywj/202112/t20211208_10464357.htm，最后访问日期：2022 年 3 月 23 日。

一 文化交流在中非文明互鉴中的作用

文化交流作为国与国之间进行交流的最重要支柱之一，对加深国与国之间政治上的理解、文化上的互信、民众之间的认知十分重要，是一件功在当代、利在千秋的好事。中非文化交流可以推动我国与非洲国家之间的经贸往来、政治发展、民心相通、企业投资等。更为重要的是，开放的中非文化交流既可以促进中国对非洲的了解，借鉴人类优秀文明成果，又可以维护世界文明多样性，促进多样化文化格局的形成。

（一）借鉴人类优秀文明成果

正如习近平主席在纪念孔子诞辰 2565 周年国际学术研讨会上所言："人类已经有了几千年的文明史，任何一个国家、一个民族都是在承先启后、继往开来中走到今天的，世界是在人类各种文明交流交融中成为今天这个样子的。推进人类各种文明交流交融、互学互鉴，是让世界变得更加美丽、各国人民生活得更加美好的必由之路。……对人类社会创造的各种文明，无论是古代的中华文明、希腊文明、罗马文明、埃及文明、两河文明、印度文明等，还是现在的亚洲文明、非洲文明、欧洲文明、美洲文明、大洋洲文明等，我们都应该采取学习借鉴的态度，都应该积极吸纳其中的有益成分，使人类创造的一切文明中的优秀文化基因与当代文化相适应、与现代社会相协调，把跨越时空、超越国度、富有永恒魅力、具有当代价值的优秀文化精神弘扬起来。"① 中非各自都拥有着古老而灿烂的文明，中非文化交流与合作的领域与空间宽广、中非文化交往大有可为，携手打造"文化共兴"的命运共同体，理应成为中非文明交流互鉴的典范和象征。

（二）推动世界文明多样性

文明多样性是世界的基本特征。"每一个国家和民族的文明都扎根于本

---

① 习近平：《在纪念孔子诞辰 2565 周年国际学术研讨会暨国际儒学联合会第五届会员大会开幕会上的讲话》，人民出版社，2014，第 7~10 页。

国本民族的土壤之中，都有自己的本色、长处、优点。我们应该维护各国各民族文明多样性，加强相互交流、相互学习、相互借鉴，而不应该相互隔膜、相互排斥、相互取代，这样世界文明之园才能万紫千红、生机盎然。"[①] 中国的文化充分吸收借鉴了外来优秀文化并扬弃了其中糟粕的部分，最终形成了如今的中国特色社会主义文化。没有学习借鉴，就没有当今中国文化的发展与繁荣。必须通过不断的交流与合作，增进文化与民族之间的理解、认可和宽容，来加强文明间的对话。与"文明冲突论"不同的是，我们应该维护世界文化的多元化，进行文化交流互鉴，各国各民族都应该虚心学习，积极借鉴别国民族思想文化的长处和精华。

（三）促进中非文化的深入发掘与创新

任何国家都有自己的文化，文化具有鲜明的民族性和时代性。文化具有民族性是指一个民族所具有的区别于其他民族的文化特质，每个民族的文化都有其固有的魅力和独特性，可以理解为"民族的性格"。文化具有时代性是说文化是在特定时代下发展的产物，适应时势变化的文化才能保持其生命力，反之亦然。中非各国在文化交往中，传播自身文化的过程同时也是对自身文化的再认知、深入思考和甄别的过程，了解其他文化的过程同时也是对不同文化进行对比和筛选的过程。发掘自身文化的优秀内涵，剔除掉自身文化中不适应时代潮流的部分，吸收对方文化中精华的文化为我所用，文化在交流合作中就实现了传播、交融和扬弃。在这种互相影响和塑造的过程中，各国文化必将在变革和扬弃中实现自我发展。在这样的守正创新中，文化自觉得到增强，文化自信得以树立。

二　中非文化交流合作的整体情况

2021 年 11 月 30 日，国务委员兼外长王毅在达喀尔向中非合作论坛第八届部长级会议做关于 2018 年北京峰会暨第七届部长级会议后续行动落实

[①] 习近平：《在纪念孔子诞辰 2565 周年国际学术研讨会暨国际儒学联合会第五届会员大会开幕会上的讲话》，人民出版社，2014，第 8 页。

报告。报告中总结："除 2 项涉及人员交流和培训的举措因疫情影响未完全落实到位外,其他举措已全部落实。"① 其中,文化部分的内容如下。

中非人文交流实现新发展。双方智库和媒体交流合作更加深入。中国非洲研究院于 2019 年 4 月成立。"中非联合研究交流计划"项目下,已实施 60 余项课题研究和研讨会。中非媒体合作网络不断扩展,近 30 家非洲媒体加入"一带一路"新闻合作联盟,"中非新闻交流中心"设立"云中心"。中非智库论坛、中非减贫与发展会议、中非媒体合作论坛等高质量交流对话成功举行。

中非文化交流和民间交往不断深化。非洲 10 国的 35 个文化机构加入丝绸之路国际剧院、博物馆、艺术节、图书馆等联盟。中非青年大联欢、中非地方政府论坛、中非青年领导人论坛、中非民间论坛等活动成功举办。中非之间新增 11 对友好省市,友城总数达 150 对。中国公民组团出境旅游目的地的非洲国家和地区达 34 个,中方共实施 60 个文体旅游项目。越来越多中国优秀视听作品译制成多种语言在非洲国家播放,为非洲观众了解中国提供重要窗口。玛利亚等活跃在中国舞台上的非洲艺术家深受中国观众喜爱。②

国务委员兼外交部部长王毅的报告是对党的十八大以来中非文化交流合作工作的最新总结。新时期中非文化交流与合作主要在中非合作论坛机制和框架内实践,历届峰会以及部长级会议通过的成果文件均对此有明确的规划。

在中非关系史上的首次盛会中非合作论坛——北京 2000 年部长级会议上达成的共识《中非合作论坛北京宣言》③ 中就提到,决定在本次论坛会

---

① 《王毅国务委员兼外长在中非合作论坛第八届部长级会议上的报告》,中华人民共和国外交部官网,2021 年 12 月 3 日,https://www.mfa.gov.cn/web/wjbzhd/202112/t20211203_1046 1914.shtml,最后访问日期:2022 年 3 月 26 日。

② 《王毅国务委员兼外长在中非合作论坛第八届部长级会议上的报告》,中华人民共和国外交部官网,2021 年 12 月 3 日,https://www.mfa.gov.cn/web/wjbzhd/202112/t20211203_1046 1914.shtml,最后访问日期:2022 年 3 月 26 日。

③ 《中非合作论坛北京宣言》,中非合作论坛官网,2004 年 9 月 2 日,http://www.focac.org/ zywx/zywj/200409/t20040902_7875832.htm,最后访问日期:2022 年 3 月 26 日。

议通过的《中非合作论坛北京宣言》和《中非经济和社会发展合作纲领》的原则基础上，大力推动中非在经贸、金融、农业、医疗卫生、科技、文化、教育、人力资源开发、交通运输、环境、旅游等领域的合作，促进中非共同发展。而在《中非经济和社会发展合作纲领》中，也有涉及文化合作的内容，即"扩大文化交流，尤其是高层文化代表团、艺术和体育团组的互访，增加各类艺术展览和加强对对方文化的研究和介绍"①。中非合作论坛第二届部长级会议通过《中非合作论坛——亚的斯亚贝巴行动计划（2004年至2006年）》②，该计划指出，"高兴地注意到双方文化交流日益频繁，形式不断创新。意识到文化交流与合作对于保护人类文化的多样性，增进不同国家和民族之间的相互了解和友谊，化解危害世界和平与稳定的对抗与冲突，实现全人类的共同繁荣和进步具有重要意义。决心加强双方在文化领域的交流活动"。中国决定2004年举办的"相约北京"国际艺术节将以非洲为"主宾洲"，宣传非洲文，邀请8~10个非洲艺术团来华演出，在中国举办若干个非洲艺术展览，并根据双边文化交流计划，邀请非洲国家政府文化代表团来华参加艺术节；于2004年举办"中华文化非洲行"活动，并选派歌舞、杂技和武术团赴非洲访问演出并举办中国艺术节。

2006年，中非合作论坛北京峰会暨第三届部长级会议通过《中非合作论坛北京峰会宣言》③，宣言中表示"我们郑重宣示，中非建立政治上平等互信、经济上合作共赢、文化上交流互鉴的新型战略伙伴关系"，并为此"加强人文对话，促进人民之间、特别是青年一代的联系与互动，增进在文化、科技、教育、体育、环保、旅游等领域以及妇女事务的交流和合作"。

---

① 《中非经济和社会发展合作纲领》，中非合作论坛官网，2004年9月2日，http://www.focac.org/zywx/zywj/200409/t20040902_8044393.htm，最后访问日期：2022年3月24日。

② 《中非合作论坛——亚的斯亚贝巴行动计划（2004年至2006年）》，中非合作论坛官网，2004年9月2日，http://www.focac.org/zywx/zywj/200409/t20040902_8044395.htm，最后访问日期：2022年3月26日。

③ 《中非合作论坛北京峰会宣言》，中非合作论坛官网，2006年11月5日，http://www.focac.org/zywx/zywj/200909/t20090917_8044397.htm，最后访问日期：2022年3月24日。

会议还通过了《中非合作论坛——北京行动计划（2007—2009 年）》①，双方决定共同推进中非新型战略伙伴关系发展。该行动计划内容共涉及政治、经济、国际事务、社会发展四大领域。其中文化属于社会发展领域，主要内容如下。对双方文化交流与合作取得的成果表示满意。认为中国和非洲都拥有灿烂的历史和文化，加强中非文明交流与文化互鉴，有助于充实中非新型战略伙伴关系的内涵，也有助于倡导世界不同文明的对话交流，共创和谐世界。决心积极落实中非双边政府间交流计划项目，推动和支持双方地方与民间开展文化艺术演展等活动。非洲方面对中方设立"非洲文化人士访问计划"、促进中非文化界交流表示赞赏。

2009 年，在埃及沙姆沙伊赫举行的中非合作论坛第四届部长级会议通过了《中非合作论坛沙姆沙伊赫宣言》②，为继续深化政治上平等互信、经济上合作共赢、文化上交流互鉴的中非新型战略伙伴关系，中非双方决定"扩大交流，深化中非人文领域合作。加强文化、教育、科技、卫生、体育、旅游等领域的交流"，"增进中非人民之间的了解与友谊"。在会议通过的《中非合作论坛——沙姆沙伊赫行动计划（2010 年至 2012 年）》③ 中，双方共同表示将继续致力于中非文化交流与合作，决定适时召开"中非合作论坛——文化论坛"，加强双方政府间文化部门的定期磋商。继续积极落实中非双边政府间文化协定执行计划项目，并对落实情况进行中期评估。共同打造中非文化交流"文化聚焦"品牌，逢双年在中国举办"非洲文化聚焦"活动，逢单年在非洲举办"中国文化聚焦"活动。认真执行"中非文化人士互访计划"，加强中非文化艺术管理部门以及文化艺术界专业人士间

---

① 本书以正文名称为准，《中非合作论坛北京行动计划（2007—2009 年）》，中非合作论坛官网，2006 年 11 月 5 日，http：//www.focac.org/zywx/zywj/200909/t20090917_8044399.htm，最后访问日期：2022 年 3 月 24 日。

② 《中非合作论坛沙姆沙伊赫宣言》，中非合作论坛官网，2009 年 11 月 12 日，http：//www.focac.org/zywx/zywj/200911/t20091112_8044401.htm，最后访问日期：2022 年 3 月 24 日。

③ 《中非合作论坛——沙姆沙伊赫行动计划（2010 年至 2012 年）》，中非合作论坛官网，2009 年 11 月 12 日，http：//www.focac.org/zywx/zywj/200911/t20091112_7875842.htm，最后访问日期：2022 年 3 月 24 日。

的交流与合作。加强合作，在非洲增设中国文化中心，为中非文化交流常态化以及公众了解、研习提供便利。利用网络等新技术手段传播双方的文化，增进相互了解。

在 2012 年通过的《中非合作论坛第五届部长级会议北京宣言》① 中，中非双方共同表示要"继续加强双方之间的人文交流与合作。大力开展中非之间的文明对话，启动新一轮文化、教育、体育、旅游等交流"。在 2013 年通过的《中非合作论坛第五届部长级会议——北京行动计划（2013 年至 2015 年）》② 中，中非双方共同表示："满意地看到，近年来中非文化交流与合作蓬勃发展，成果丰硕。同意在尊重彼此文化特性的基础上，开展中非文明对话，推动中非文化互鉴，共同维护人类文明进步的多样性，为世界文化的繁荣发展作出贡献。注意到首届'中非合作论坛——文化部长论坛'在北京召开并取得丰富成果，认为该论坛为中非文化合作提供了重要平台，同意适时继续举办该论坛，围绕文化产业合作等进行深入交流。"双方将继续深入开展中非文化交流与合作，决定：保持中非政府文化高层互访及对话势头，继续落实中非双边政府间文化协定执行计划。倡议实施"中非文化合作伙伴计划"，推动中方 100 家文化机构与非洲国家的 100 家文化机构建立长期对口合作关系。进一步扩大中非文化交流"文化聚焦"品牌影响，逢双年在中国举办"非洲文化聚焦"活动，逢单年在非洲举办"中国文化聚焦"活动。继续执行"中非文化人士互访计划"，深入开展中非文化艺术界管理人员及专业人士间的交流与合作。加快互设文化中心，推动中非文化交流与合作常态化与可持续发展。进一步加强在文化遗产保护方面的交流与合作，适时召开"中非文化遗产保护圆桌会议"，推动双方签订政府间合作协定。中方将援助非洲文化设施建设。

---

① 《中非合作论坛第五届部长级会议北京宣言》，中非合作论坛官网，2012 年 7 月 23 日，http：//www.focac.org/zywx/zywj/201207/t20120723_8044403.htm，最后访问日期：2022 年 3 月 24 日。

② 《中非合作论坛第五届部长级会议——北京行动计划（2013 年至 2015 年）》，中非合作论坛官网，2012 年 7 月 23 日，http：//www.focac.org/zywx/zywj/201207/t20120723_8044406.htm，最后访问日期：2022 年 3 月 24 日。

此后，中非人文交流蓬勃开展，中非文化和旅游交流渐成热潮，传统友好的社会和民意基础更加巩固。

2015 年，中国政府在约翰内斯堡发表《中国对非洲政策文件》，为推动中非合作全面发展，我方共列出七大合作领域，分别是增强政治互信、深化国际事务合作、深化经贸合作、加强中非发展合作、深化和扩大人文领域交流与合作、促进非洲和平与安全以及加强领事/移民/司法/警务领域交流与合作。其中，在人文领域，第一条就是"拓展文化、体育交流与合作"，主要内容是保持文化高层交往势头，实施双边文化合作协定及其执行计划。鼓励并支持非洲国家开展汉语教学，继续在非洲国家增设孔子学院，鼓励和支持中非互设文化中心。支持在中国和非洲举办"国家年"活动。丰富"中非文化聚焦"、"中非文化人士互访计划"和"中非文化合作伙伴计划"等活动内容，提高文化交流实效，尊重彼此文化多样性，促进中非文化兼容并蓄、共同繁荣，增进双方人民彼此了解和友谊。推动双方文化机构和人员往来，加强人才培养和文化产业合作。根据突出重点、量力而行原则，加强与非洲国家的体育交流和务实合作，继续提供援助，支持非洲国家体育事业发展。[1]

在 2015 年《中非合作论坛约翰内斯堡峰会宣言》中，双方表示要"加强双方民间和文化交流与合作，尤其是密切文化与艺术、教育、体育、旅游、新闻与媒体、学者与智库、青年、妇女、工会、残疾人等领域交流，深化双方人民的相互了解和友谊"。[2] 在 2015 年通过的《中非合作论坛——约翰内斯堡行动计划（2016—2018 年）》[3] 中，文化方面内容如下。继续在尊重彼此文化特性的基础上，开展中非文明对话，推动文化互鉴，共同维护人类文明多样性和文明进步，促进世界文化的发展繁荣。赞赏中非文化遗产

---

① 《中国对非洲政策文件》，中非合作论坛官网，2015 年 12 月 5 日，http：//www.focac.org/zywx/zywj/201512/t20151205_8044408.htm，最后访问日期：2022 年 3 月 24 日。

② 《中非合作论坛约翰内斯堡峰会宣言》，中非合作论坛官网，2015 年 12 月 25 日，http：//www.focac.org/zywx/zywj/201512/t20151224_7875847.htm，最后访问日期：2022 年 3 月 24 日。

③ 《中非合作论坛——约翰内斯堡行动计划（2016—2018 年）》，中非合作论坛官网，2015 年 12 月 25 日，http：//www.focac.org/zywx/zywj/201512/t20151224_8044410.htm，最后访问日期：2022 年 3 月 24 日。

保护论坛、中非文化产业圆桌会议为双方开展文化政策交流提供了有效平台，将继续举办类似对话活动。保持政府间文化高层交往和对话势头，继续落实政府间文化合作协定执行计划。继续打造"欢乐春节""中非文化聚焦""感知中国"等品牌活动，适时举办"非洲艺术节"等大型文化交流活动。赞赏中国和非洲国家互办"国家年"文化交流活动，鼓励更多有条件的非洲国家与中国互办"国家年"，增进彼此了解和交流。继续落实"中非文化人士互访计划"和"中非文化合作伙伴计划"，支持中非文化艺术管理人员、艺术家和文化机构间的交流与合作。鼓励和支持中非文化艺术团组和艺术家参加国际文化艺术活动。中方将为非洲援建 5 所文化中心，继续推动中非互设文化中心，为中非文化交流与合作搭建更多常设平台。加大对非洲文化领域的人力资源培训力度。中方将设立十大"对非洲文化培训基地"，实施对非洲文化培训"千人计划"。

在 2018 年中非合作论坛北京峰会通过的《关于构建更加紧密的中非命运共同体的北京宣言》中，中非双方协商一致表示："我们呼吁各国尊重文明多样性。强调人文交流合作对中非人民增进了解、友谊与合作具有重要意义，鼓励深化在文化、教育、科技、体育、卫生、旅游、媒体机构、地方政府等领域交流、互鉴与合作，持续巩固中非关系的民意社会基础。"[①] 在峰会通过的《中非合作论坛——北京行动计划（2019—2021 年）》[②] 中，文化方面主要内容如下。持续推进中非文化交流，共同倡导不同文明间开展平等对话、互鉴交融，维护世界文化多样性，推动人类文明进步和世界和平发展。不断拓展交流合作层次，继续落实政府间文化协定执行计划，保持各级政府间互访对话势头，同时加强地方交往，通过友城等渠道打造中非城市间文化交流合作机制。推动中非互设文化中心，继续鼓励和支持中非文化艺术

---

① 《关于构建更加紧密的中非命运共同体的北京宣言（全文）》，中非合作论坛官网，2018 年 9 月 5 日，http：//www.focac.org/zywx/zywj/201809/t20180905_8044412.htm，最后访问日期：2022 年 3 月 24 日。

② 《中非合作论坛——北京行动计划（2019—2021 年）》，中非合作论坛官网，2018 年 9 月 5 日，http：//www.focac.org/zywx/zywj/201809/t20180905_7875851.htm，最后访问日期：2022 年 3 月 24 日。

团组参与对方举办的国际性艺术节，提升中非文化艺术的国际认知度。中方将继续支持非洲创意经济发展，对接《非盟文化和创意产业行动计划》需求，根据非方需要推进和扩大对非文化人力资源培训。中方将实施 50 个文体旅游项目，支持非洲国家加入丝绸之路国际剧院、博物馆、艺术节等联盟。探索中非文化产业合作的可能性，鼓励和支持双方政府和业界在文化产业和文化贸易领域加强交流与合作。鼓励和支持中非开展文化领域的思想对话和沟通，共同推动国际汉学和非洲研究的发展。探讨在双方培训研究机构和其他类似文化机构间建立友好伙伴关系的可行性。

在 2021 年中非合作论坛第八届部长级会议通过的《中非合作论坛第八届部长级会议达喀尔宣言》中，"中方高度评价 2021 年非盟'艺术、文化和遗产'主题年成果，赞赏《非洲文化复兴宪章》生效，支持非盟和非洲国家落实宪章。我们认为，人文交流对中非人民增进了解、传承友谊和拓展合作具有重要意义。新形势下，中非双方应进一步扩大教育、科技、体育、卫生、旅游、青年、妇女、媒体和文化领域交流合作，包括通过共享信息和向来源国返还非法采挖、偷盗或走私文物，加强打击文物走私交流合作。中非将加强智库和地方政府合作，增进民心相通和文明互鉴，厚植中非友好事业的社会基础。我们呼吁国际社会尊重文化多样化，超越意识形态和社会制度差异，反对蓄意挑起文明冲突"①。会议通过的《中非合作论坛——达喀尔行动计划（2022—2024）》②中，文化方面的内容如下。双方致力于推进中非文明交流和文化互鉴，为不同文明间开展平等对话、维护世界文化多样性、推动人类和平与发展贡献力量。鼓励和支持中非开展文化领域的思想对话，促进中非研究机构之间的交流合作。双方将保持政府间互访对话势头，落实中非政府间文化协定执行计划；鼓励地方文化交往，发挥友城作用打造

---

① 《中非合作论坛第八届部长级会议达喀尔宣言（全文）》，中非合作论坛官网，2021 年 12 月 2 日，http：//www.focac.org/zywx/zywj/202112/t20211202_10461230.htm，最后访问日期：2022 年 3 月 24 日。

② 《中非合作论坛——达喀尔行动计划（2022—2024）》，中非合作论坛官网，2021 年 12 月 2 日，http：//www.focac.org/zywx/zywj/202112/t20211202_10461216.htm，最后访问日期：2022 年 3 月 24 日。

中非城市间文化交流与合作机制；促进中非民间交流与合作，打造民间交流品牌。中方将继续在非开展"欢乐春节""中非文化聚焦"等品牌交流活动，支持双方文化艺术团组互访，并参与对方举办的国际性艺术节等活动。双方鼓励加强在共建"一带一路"框架下的文化交流与合作，促进中非之间民心相通。中方欢迎非方文化机构参加丝绸之路国际剧院联盟、博物馆联盟、艺术节联盟、图书馆联盟和美术馆联盟等合作机制，来华参与"丝绸之路国际艺术节""海上丝绸之路国际艺术节""丝绸之路（敦煌）国际文化博览会"等交流平台，共同打造"丝绸之路文化之旅"等品牌交流活动。双方将继续探索文化产业合作，鼓励和支持双方政府和业界在文化产业和文化贸易领域加强交流和对接。继续推动中非互设文化中心，为中非文化交流与合作可持续发展搭建更多常设平台。鼓励并支持在联合考古、古迹遗址保护与修复、博物馆展览交流、世界文化遗产、专业人才培养与能力建设等文化遗产领域开展交流与合作，鼓励并支持通过共享信息、人员培训等方式，合作推动打击文化财产非法贩运，并促进盗窃、盗掘或非法交易的文化财产返还原属国。

在中非双方共同制定的《中非合作 2035 年愿景》中，中非将"共同谱写人文交流新篇章，实现中非文化共兴"确立为中长期合作方向和目标："文体交流更加活跃。中非共同建立促进中非文明平等互鉴、繁荣共兴长效机制，支持艺术团组互访、影视文化合作、语言人才培养，共同推动国际汉学和非洲研究的发展，扩大中非文化的国际认知度和影响力，促进世界文化多元发展。中非加强体育领域务实合作，支持举办达喀尔 2026 年青奥会，促进非洲体育事业发展。"[①]

中非文化领域的交流与合作，得到了非洲国家的普遍好评和欢迎。2015年，非洲联盟（非盟）委员会主席恩科萨扎娜·德拉米尼-祖马曾说，中国国家主席习近平在中非合作论坛约翰内斯堡峰会开幕式上的致辞"非常精

---

① 《中非合作 2035 年愿景》，中华人民共和国商务部网站，2021 年 12 月 8 日，http：//xyf. mofcom. gov. cn/article/lt/202112/20211203226116. shtml，最后访问日期：2022 年 3 月26 日。

彩",因为"它明确了非洲最感兴趣的合作领域","不管是在实现非洲农业现代化、加快基础设施建设和开发能源,还是在年轻人培训和文化交流等方面,我们都将和中国加强合作"。2021 年 12 月 3 日,博茨瓦纳主流媒体《报道者报》刊登当地独立记者索利·拉科莫撰写的题为《新一届中非合作论坛会议如何助力博中务实合作》的评论文章,高度评价中非合作论坛第八届部长级会议成果,文章认为,博应以中非合作论坛新一届会议为契机,紧密对接习近平主席宣布的中非合作"九项工程",加大同中方在卫生健康工程、减贫惠农工程、数字创新工程、绿色发展工程和能力建设工程等领域的务实合作,补齐自身发展短板,更好造福本国人民。[①] 南非驻华大使谢胜文 2021 年在接受《人民日报》海外网采访时曾表示:"南非人很喜欢到中国留学、旅游、经商","南非不仅有众多孔子学院,还把中文作为选修语言纳入了教育体系"[②]。

三 中非双边文化交流合作的成就[③]

非洲共有 54 个国家,目前利比亚安全局势恶化、斯威士兰尚未与我国建交,除以上两个国家外,其他 52 个国家均与我国有较好的双边文化交流合作。

中国与埃及

2002 年我国在开罗设立中国文化中心。2007 年,北京大学与开罗大学合作成立北非地区第一所孔子学院。2008 年,华北电力大学与苏伊士运河大学合建了埃及第二所孔子学院。此外在埃及还开设有 4 个孔子课堂。2016 年 1 月,国家主席习近平和埃及总统塞西共同在卢克索出席中埃建交 60 周

---

① 《博茨瓦纳媒体:新一届中非合作论坛会议如何助力博中务实合作》,中非合作论坛官网,2021 年 12 月 6 日,http://focac.org.cn/focacdakar/chn/zfzp/202112/t20211206_10463155.htm,最后访问日期:2022 年 3 月 26 日。

② 《"得益于中非合作论坛,非洲基础设施变了样"》,中非合作论坛官网,2021 年 11 月 19 日,http://focac.org.cn/focacdakar/chn/pthd/202111/t20211119_10450569.htm,最后访问日期:2022 年 3 月 26 日。

③ 本部分内容整理自中华人民共和国外交部官网,资料引用截至 2022 年 12 月 18 日。

年庆祝活动暨 2016 中埃文化年开幕式活动。中埃文化年共执行项目 100 个，其中在埃及举办 56 个，在中国举办 44 个。2020 年 9 月，中埃签署《将汉语纳入埃及中小学作为选修第二外语的谅解备忘录》，标志着汉语教学正式进入埃及中小学教育体系。2020 年 11 月，中国在埃及设立的 2 所鲁班工坊正式建成。近年来，中埃文教等领域交流合作活跃，双方举办了文化周、电影节、文物展、图片展等丰富多彩的活动，深受两国人民欢迎。

中国与埃塞俄比亚

自 1988 年两国签订文化合作协定以来，双方就频繁派出文化代表团、演出团互访。2020 年，埃塞在华留学生 4185 名，其中奖学金生 622 名。埃塞目前有 2 所孔子学院。自 1974 年起，中方共向埃塞派出 24 批医疗队共 375 人次。目前，中方在埃塞医疗队员 16 名。埃塞是中国青年志愿者前往服务的第一个非洲国家和中国公民组团出境旅游目的地国。

中国与安哥拉

2008 年，中国同安哥拉在北京签署文化合作协定。2019 年，安在华有留学生 739 人，其中政府奖学金生 188 名。2015 年 2 月，哈尔滨师范大学、中信建设有限责任公司与安哥拉内图大学合作开办的孔子学院正式揭牌，是全球第一所由中国企业支持建立的孔子学院。

中国与博茨瓦纳

中国与博茨瓦纳分别签有教育和文化合作协定。2008 年 11 月，博茨瓦纳大学与上海师范大学合作成立孔子学院。2011 年，博教育与技能发展部部长文松和青年、体育与文化部部长卡蒂分别率团访华。博舞蹈艺术团来华访演。2012 年，中国福建省艺术团到博访演。博酋长院主席哈博罗内参加"非洲传统领导人考察团"访华。博青年、体育与文化部部长卡蒂来华出席中非文化部长论坛。博方派员来华出席第二届中非青年领导人论坛和中非民间论坛。2013 年，国侨办厨艺团访博，举办"中华美食之夜"，引起热烈反响。中国国际广播电台与博杜马广播电台成立联合工作室，其制作的节目通过博杜马广播电台向博全国播放。福建省文化厅代表团访博，与博国家图书馆、档案馆建立对口合作关系。截至 2019 年底，中国共接受博奖学金生

386 人。2019 年，博在华留学生共计 840 人。

中国与布隆迪

1982 年 1 月中布两国政府签订文化协定。沈阳杂技团、内蒙古艺术团、陕西杂技团、中国铁道杂技团、中国音乐学院、浙江婺剧团等先后赴布访问演出。2012 年 6 月，布文化部部长尼耶尼米加博来华出席中非文化部长论坛。1975 年 1 月，两国签订中国向布派遣体育教练议定书，至 1981 年中国共派出教练 6 批。自 1974 年以来，中国青年足球队、广东男子篮球队、辽宁足球队等先后访布。

中国与赤道几内亚

中、赤几建交以来，两国在文教、卫生等领域的交流与合作不断加强。1982 年两国签署文化合作协定。2014 年 10 月，中国国家汉办与赤几国立大学签署设立孔子学院合作协议。2015 年 5 月，赤几国立大学孔子学院挂牌成立。2015 年 4 月，奥比昂总统访华期间宣布将为云南省金平县捐建"中国-赤道几内亚友谊小学"，同年 7 月小学正式开工，2016 年 9 月竣工。2019 年，在华学习的赤几学生总数为 1080 名，其中奖学金生 282 名。

中国与佛得角

中国与佛得角于 1982 年签署文化合作协定。2008 年和 2010 年，佛国宝级音乐家"赤脚天后"艾芙拉两度来华演出。2010 年，河北艺术团赴佛访演，参加佛独立 35 周年庆典。佛高等教育、科技和文化部部长马尔克斯 2010 年 10 月访华并出席上海世博会闭幕式，时任高等教育、科学和创新部部长席尔瓦于 2012 年 4 月访华。两国文化代表团多次互访。2012 年 9 月，上海文化艺术交流团赴佛访演。2013 年 5 月，上海市文化代表团访佛；6 月，成都民族歌舞剧院艺术团赴佛访演。2015 年，佛得角大学设立孔子学院。2016 年 4 月和 11 月，深圳艺术团、四川川剧艺术团分别赴佛访演。2017 年，佛得角教育部与佛得角大学孔子学院签订在佛得角中学开展汉语教育合作协议。2022 年佛在华留学生约 200 人。

中国与冈比亚

2016 年 3 月，中国与冈比亚恢复外交关系。2016 年 7 月，南宁市政府、文化代表团赴冈比亚访问。2016 年、2017 年 9 月，班珠尔市长两次率团访问南宁。2018 年 9 月 6 日，中冈签订《中华人民共和国政府和冈比亚共和国政府关于文化合作的协定》。2020 年，冈在华留学生 292 人。

中国与刚果（布）

1964 年 10 月、1980 年 7 月和 2000 年 3 月，中刚政府先后三次签订文化合作协定，并在此框架内持续开展多种形式的文化交流活动。2008 年，河南艺术团赴刚访演。2009 年，刚歌舞团来华参加第九届"相约北京"联欢活动和第二届成都国际非物质文化遗产节活动。2010 年，刚文化部部长应邀访华，河南少林寺武僧团赴刚访演，刚艺术团来华出席上海世博会刚国家馆日活动。2012 年 6 月，刚果恩古瓦比大学设立孔子学院。2013 年 3 月，"感知中国"系列文化活动在布拉柴维尔举行。2014 年 4 月，南京小红花艺术团赴刚访问演出。2016 年 7 月，双方签署中刚文化协定 2017~2019 年执行计划。2019 年 5 月，南京艺术团赴刚访问演出。

中国与刚果（金）

1980 年 3 月两国签订文化协定。因刚内战，双边文化交流与合作一度中止，近年来逐步恢复。2004 年 4 月至 5 月，刚国家艺术学院音乐家小组一行 12 人来华参加"相约北京——非洲主宾洲"演出活动。2006 年，刚国家歌舞团的两位歌唱家来华参加了中非合作论坛北京峰会文艺晚会演出和"非洲之夜"非洲五国艺术家访华演出。2010 年 5 月，刚文艺团来华参加上海世博会。刚铜雕大师里耀娄获中国政府 2014 年文化交流贡献奖，并来华领奖，是全球 10 名获奖者中唯一非洲人。2018 年，中国文化之夜、中刚歌曲演唱会等活动在刚成功举行。

中国与几内亚

中几签有文化合作协定。两国文化艺术团组多次互访。2009 年 5 月，几内亚非洲舞蹈团来华访问演出。10 月，中国"东方魅力"艺术团赴几访问演出。2016 年，几内亚 4 名武术学员来华在少林寺参加"少林功夫非洲学员培训班"。2018 年 12 月，几体育、文化和历史遗产部部长索乌率政府文化代表团访华，与中方签署两国政府文化协定 2018~2021 年执行计划。

2019 年 10 月，几内亚歌舞团来华访演。2022 年几在华留学生 414 人。

中国与加纳

中国与加纳签有文化合作协定。截至 2021 年底，中国共接收 1698 名加奖学金生。2020 年，加在华学生总数为 5777 名，其中在华奖学金生 720 人。在"中非高校 20+20 合作计划"框架下，天津中医药大学和加纳大学结成合作伙伴。我国在加纳大学和海岸角大学各设有一所孔子学院。

中国与加蓬

中国与加蓬签有文化合作协定。中国杂技团、湖南歌舞团、河北京剧团、河南少林寺武僧团等曾赴加访演，中国武术协会连续多年派团出席加"武术之夜"演出活动。加舞蹈团曾来华访演。2011 年 2 月，上海艺术团赴加参加中国"欢乐春节"演出活动。2012 年 5 月，中国武术代表团赴加出席加第 21 届"武术之夜"活动。2014 年 2 月，加国家电视台与中国国际广播电台联合在加推出电视剧《媳妇的美好时代》。4 月，中国云南舞蹈杂技团赴加访演，庆祝中加建交 40 周年。2017 年 12 月，加蓬邦戈大学孔子学院授牌。2018 年 2 月，河南文化艺术团赴加进行"欢乐春节非洲行"演出活动。2018 年 12 月，孔子学院举行揭幕仪式。2019 年 10 月，杭州市文艺代表团赴加蓬访演。目前，加蓬有 3 所专业学校开设了中文课程。

中国与津巴布韦

中津签有文化协定、高等教育合作协定和航空协定。2007 年 3 月，津巴布韦大学孔子学院正式开课。2018 年全年在华津巴布韦留学生总数为 5225 名。津为中国公民出境旅游目的地国。

中国与喀麦隆

两国文化交往频繁，签有文化合作协定。近年来，中国四川艺术团、解放军艺术团、东方歌舞团、文化部"东方魅力"艺术团、深圳艺术团、天津艺术团、湖南民乐团、杭州艺术团等先后赴喀访演。由中方帮助重组的喀国家现代舞艺术团曾于北京奥运会和上海世博会期间来华演出。中方曾帮助雅温得第一大学和第二大学分别建立微生物研究室和计算机中心。中国每年向喀提供奖学金名额。2011 年，喀体育部部长访华，双方签署了两国体育合作谅解备忘录。2014 年 6 月，喀在北京设立的"喀麦隆亚洲国家旅游资讯办公室"开始运营。中国在喀建有孔子学院，2018 年孔子学院注册学员近 1.3 万人。

中国与科特迪瓦

1992 年，中科签署文化合作协定。2004 年 10 月，科文化部部长玛兰·梅苏来华出席在上海举行的"世界文化政策论坛部长级年会"，并率科艺术团参加了上海宝山国际民间艺术节。2012 年 6 月，科文化与法语国家事务部部长莫里斯·夸库·班达曼来华出席中非合作论坛——文化部长论坛会议。2013 年 2 月，为庆祝中科建交 30 周年，南京市艺术团赴科访演。2015 年 5 月，阿比让博瓦尼大学孔子学院正式挂牌成立。2016 年 5 月，河北省艺术团赴科访演。6 月，科文化与法语国家事务部部长班达曼访华。8 月，科"爱之声"木琴乐团来华参加"非洲文化聚焦"活动。2017 年 1 月，中国文化部副部长丁伟率团访科。2018 年 2 月，为庆祝中科建交 35 周年，河南省艺术团赴科访演。2018 年 8 月，中科签署关于互设文化中心的协定。2019 年 1 月，东方歌舞团赴科访演。2020 年 1 月，中国煤矿文工团赴科访演。截至 2018 年，科在华留学生 1129 名。

中国与肯尼亚

中国与肯尼亚于 1980 年签署文化合作协定。2003 年 12 月，中国将肯尼亚列为中国公民自费旅游目的地国。2005 年肯尼亚航空公司开通内罗毕至广州的直航。2005 年，中方在内罗毕大学建成非洲第一所孔子学院。2008 年，中肯建立肯雅塔大学孔子学院。2012 年中肯建立埃格顿大学孔子学院和内罗毕广播孔子课堂。2015 年 3 月，中肯建立莫伊大学孔子学院。2015 年 8 月，中国南方航空公司开通广州至内罗毕的直航。2019 年 6 月，中国南方航空公司开通长沙至内罗毕的直航。新华社、中国国际电视台、中国国际广播电台的非洲总部均设在内罗毕。中国国际广播电台首家海外城市调频电台于 2006 年 2 月在内罗毕开播，蒙巴萨调频台 2011 年 1 月开播，中央电视台非洲分台 2012 年 1 月在内罗毕成立并开播。2012 年 12 月，《中国日报》（非洲版）在内罗毕创刊发行。

中国与莱索托

中莱于 1985 年签署文化交流协定。2009 年 9 月，莱索托旅游、环境和文化大臣恩齐尼访华并与中国文化部部长蔡武签署了《中莱文化合作协定 2009 年至 2012 年执行计划》。2013 年 10 月，双方续签《中莱文化合作协定 2014 年至 2017 年执行计划》。2011 年中国赠莱陶艺设备，并派专家赴莱开展技术培训。中国在莱设有孔子课堂，2016 年开设 4 个汉语教学班。2018 年 9 月塔巴内首相访华期间，双方签署《中莱文化合作协定 2019 年至 2022 年执行计划》。截至 2019 年，中国共接受莱奖学金留学生 231 人。2019 年全年在华留学生共 388 人，其中奖学金生 77 名。

中国与利比里亚

中国与利比里亚于 1982 年签署文化合作协定。2007 年，中国艺术团组赴利演出。2008 年 9 月，利文化代表团赴深圳参加 "2008 非洲文化聚焦" 活动。中方在利比里亚大学设立的孔子学院于 2008 年 9 月开学。2009 年 12 月，中国武术中心代表团访利。2010 年 8 月，利国家艺术团赴华参加上海世博会利国家馆日活动。2011 年 2 月和 2012 年 2 月，北京交通大学和厦门大学学生艺术团分别赴利访演。2016 年 2 月，浙江外国语大学艺术团赴利访演。10 月，利青奥代表团赴华参访，利武协代表团赴华参加武术节活动。2018 年 11 月，湖南中医药大学艺术团赴利演出。2019 年利在华留学生 1423 人。

中国与卢旺达

中卢文化交流密切，两国文艺团组互访频繁。中国成都木偶剧团、福建艺术团、天津艺术团、辽宁歌舞团、新疆歌舞团等曾赴卢访演。卢国家歌舞团、国家艺术团等先后来华演出。2005 年 11 月，卢教育、科学、技术及科研部负责高等教育的国务秘书穆贾瓦马里亚·让娜·达尔克女士来华与中方签署《中华人民共和国教育部与卢旺达教育、科学、技术及科研部合作协议》等文件。2009 年 6 月，中国在卢孔子学院举行揭牌仪式。2010 年，卢体育和文化部部长约瑟夫·哈比纳扎访华，与中方签署《中国和卢旺达政府文化合作协定 2010 至 2012 年执行计划》。2018 年 2 月，甘肃艺术团赴卢演出并执行"欢乐春节"任务。2018 年 7 月，双方签署《中国和卢旺达政府文化和科学合作协定 2018 年至 2020 年执行计划》。2019 年 6 月，卢旺达航空公司开通基加利至广州直航航线。

中国与马达加斯加

1980 年两国签订文化合作协定。马现有 2 所孔子学院和 1 所孔子课堂，分别为塔那那利佛大学孔子学院、塔马塔夫孔子学院、小鸟窝学校孔子课堂。截至 2017 年底，我国累计向马派遣汉语教师 140 名、志愿者 251 名，赠送教材 1.5 万多册。中国自 1973 年起向马提供奖学金名额，截至 2018 年底累计接收 738 名马奖学金生。2018 年马在华学生总数为 797 名，其中奖学金生 206 名，自费学生 591 名。

中国与马拉维

2012 年以来，中国驻马拉维使馆结合国内团组访演或联合马政府部门连续多次成功举办"欢乐春节"活动。2013 年 8 月，对外经贸大学同马拉维大学签署协议，合作建设 1 所孔子学院，并于 2016 年正式挂牌招生。2015 年和 2016 年，马拉维连续派代表队来华参加汉语桥——世界中学生中文比赛，并两度荣获团体赛非洲区冠军。2017 年 1 月，中超广州富力足球队赴马参加马拉维宾古国家体育场启用仪式暨中马足球友谊赛。2019 年 5 月，马拉维高等教育代表团访华。

中国与马里

中国与马里两国政府先后于 1963 年、1981 年和 2004 年三次签订文化合作协定。两国文化艺术团组多次互访。2008 年 11 月，马里文化部部长莫克塔尔访华，双方签署了《中马文化合作协定 2009—2011 年执行计划》。2009 年 10 月，中国艺术团赴马里访问演出。2010 年 10 月，安徽省艺术团赴马演出。2008 年 5 月，中方在马里阿斯基亚中学设立孔子课堂。2010 年 11 月，新华社巴马科分社在巴马科揭牌。2018 年 6 月，马里孔子学院在巴马科人文大学正式成立。2019 年马在华留学生 860 人。

中国与毛里求斯

中国与毛里求斯两国政府于 1980 年签署文化合作协定。1988 年，中方在毛里求斯建立了海外第一个中国文化中心。双方文化演出团组互访频繁。毛是唯一将春节定为法定假日的非洲国家。2003 年，中国宣布毛里求斯为中国公民出境旅游目的地国。2013 年，两国签署全面互免签证协定。目前，两国间已开通香港、上海至毛里求斯的直航航线。2016 年 12 月，毛里求斯大学孔子学院正式揭牌。

中国与毛里塔尼亚

2012 年 4 月，中国国际广播电台毛里塔尼亚努瓦克肖特调频 FM95.71 电台正式开播，这是国际台在西亚北非地区的首家电台。6 月，毛文化、青年与体育部部长布瓦德来华出席"中非文化部长论坛"并应邀访华。2014 年 9 月，毛文化部部长苏维娜来华出席中阿文化部长论坛。

中国与摩洛哥

2015 年 1 月，北京市副市长、世界旅游城市联合会理事会副主席程红访摩；5 月，国家新闻出版广电总局局长蔡赴朝访摩，同摩方签署了影视合作协议，双方还共同举办了"中国电影日"活动；9 月，重庆市副市长谭家玲访摩，并出席世界旅游城市联合会 2015 拉巴特非斯香山旅游峰会。2016 年 1 月，文化部代表团访摩，同摩方签署了关于在摩设立中国文化中心的谅解备忘录。4 月，全国友协及部分友好城市代表团赴摩出席中摩友城论坛。9 月，摩国王文化顾问阿祖莱来华出席首届丝绸之路（敦煌）国际文化博览会。2017 年 3 月，中国社会科学院院长王伟光访摩，中国首次以主宾国身份参加在摩得土安举办的第 23 届地中海国际电影节。5 月，中国首次以主宾国身份参加非斯圣乐节。6 月，新华社总编辑何平访摩。2019 年 12 月，摩旅游大臣阿拉维出席线上中国-摩洛哥旅游论坛暨重返伊本·白图泰访华之路旅游推介会。中国在摩现有 3 所孔子学院、分别为 2008 年 3 月建立的穆罕默德五世大学孔子学院、2012 年 5 月设立的哈桑二世大学孔子学院和 2016 年 3 月设立的阿卜杜勒·马立克·阿萨德大学孔子学院。

中国与莫桑比克

2011 年 4 月，中方与莫合作在首都马普托建立蒙德拉内大学孔子学院，现有 1 名中方院长和 8 名汉语教师。截至 2018 年底，中方共接收莫奖学金生 408 名。2018 年莫在华留学生 659 人，其中政府奖学金生 226 人。湖北省与莫加扎省、海南省与楠普拉省为友好省份，上海市与莫首都马普托市、成都市与马普托市为友好城市。2014 年 9 月，莫桑比克在澳门开设总领事馆。

中国与纳米比亚

两国政府签有文化、教育合作协定。我方派遣了多名教授和讲师赴纳米比亚任教。1994 年至 2017 年底，我国共接受纳米比亚奖学金留学生 262 名。2019 年，在华纳米比亚学生共计 655 名。我国于 2005 年 12 月宣布纳米比亚为中国公民出境旅游目的地国。中纳还签署了引渡条约和司法协助条约。迄今，两国共有 13 对友好省（市）。2018 年 6 月，在重庆举行的 2018 中国足协中国之队国际足球赛上，中纳两国 U23 国家男子足球队进行了友谊赛。

中国与南非

中南两国签有文化合作协定及其执行计划，多层次、多渠道文化交流与合作发展顺利。近年来，"中国文化非洲行""感知中国·南非行""欢乐春节"等大型活动在南举行，反响热烈。南多个艺术团组来华参加"国际民间艺术节""相约北京——非洲主宾洲"等活动。2010 年，南非积极参加上海世博会，南非馆是世博园中最大的独立租赁馆之一。参展期间，南非馆共吸引 410 万名参观者。根据习近平主席 2013 年访南同祖马总统达成的共识，中南两国已互办国家年。中国"南非年"于 2014 年在华成功举办。南非"中国年"于 2015 年在南非成功举办。2015 年，南非在非洲国家中率先将汉语教学纳入国民教育体系。2017 年，中南高级别人文交流机制正式启动并在南非举办首次会议。2018 年，机制第二次会议在北京举行，其间举办"中国南非相知相亲——庆祝中南高级别人文交流机制第二次会议暨中南建交 20 周年文艺晚会"。2023 年 2 月，机制第三次会议在南非举行。目前，中国已有 10 余所大学与南非的大学建立合作关系。湖南大学和南非斯泰伦布什大学、东北师范大学和南非比勒陀利亚大学入选中非合作论坛框架内的"中非高校 20+20 合作计划"，分别结成了合作伙伴。迄今南非接受中国留学生累计逾 7100 人。2017 年，我国在南留学生总数 2500 人。2018 年，南在华学习的学生总数 2981 人。目前南非设有 6 所孔子学院和 3 所独立孔子课堂。新华社、《人民日报》、《经济日报》、《科技日报》和中央电视台在南设有记者站,《中国与非洲》杂志在南设有代表处,《北京周报》在南成立"中国与非洲传媒出版有限公司"。

中国与南苏丹

在南苏丹独立前,中国已开始向苏丹南方提供文化援助和杂技培训。2011 年南苏丹独立后,中南在文化领域的交流与合作稳步发展。2012 年 6 月,南苏丹文化、青年和体育部部长奥夫豪来华出席首届中非文化部长论坛。2013 年 6 月,南苏丹文化、青年和体育部部长马杜塔来华出席中非文化产业论坛。南苏丹独立后,中国每年向南苏丹提供若干政府奖学金名额和培训名额,迄今已为南苏丹培训各领域人才近 4000 名。

中国与尼日尔

中尼两国政府签有文化和教育合作协定。2010 年 8 月,中国国际广播电台调频节目在尼日尔马拉迪市、津德尔市和阿加德兹市正式开播。截至 2018 年,中方共接受尼奖学金留学生 563 名。2018 年全年在华学习的尼日尔学生总数为 538 名,其中奖学金生 179 名,自费生 359 名。尼在香港设有名誉领事馆。

中国与尼日利亚

中尼签有文化合作协定和高校合作议定书。2008 年中国在尼日利亚纳姆迪·阿齐克韦大学和拉各斯大学分别开设 1 所孔子学院。2009 年 10 月,"2009 中国文化聚焦非洲"活动在尼举行。2010 年以来,先后有 20 名中国大学生赴尼日利亚巴耶鲁大学等高校短期学习豪萨语或进行非洲问题研究。苏州大学和拉各斯大学已作为合作伙伴入选中国教育部"中非高校 20+20 合作计划"。2010 年,中央电视台第 4 套和第 9 套节目在尼落地。2012 年 3 月,中尼签署互设文化中心的协定。5 月,尼日利亚文化中心在北京设立。2013 年 9 月,中国文化中心在尼首都阿布贾设立。近年来,尼日利亚新闻和文化部部长拉伊多次访华并出席中国举办的"中非合作论坛——文化部长论坛""第四届中国国际非物质文化遗产节"等活动。2019 年 5 月,尼日利亚国家艺术和文化委员会主席伦赛维来华出席"亚洲文明对话大会"。2018 年尼在华留学生 7527 名，其中政府奖学金生 558 名。截至 2019 年，中国共接收尼方奖学金生 1305 名。截至 2019 年底，中国在尼日利亚共开设各类汉语及文化课程 341 余次，培养注册学员 1 万余人。

中国与塞内加尔

中塞两国于 1981 年签署文化合作协定。两国文化代表团曾多次互访。2009 年 9 月，塞内加尔文化部部长塞里涅·马马杜·布索·莱耶访华。2011 年 4 月，中国残疾人艺术团赴塞访演。2012 年 6 月，塞文化部部长恩杜尔来华出席中非合作论坛——文化部长论坛。2012 年 12 月，中国人民对外友好协会会长李小林访塞。2012 年 12 月，达喀尔大学孔子学院正式成立。2016 年 1 月、4 月，辽宁省、深圳市艺术团先后赴塞演出。5 月，上海大学美术学院、上海公共艺术协同创新中心、上海创新设计工作者协会联合率团参加第 12 届达喀尔双年展，举办"中国馆"主题展览。6 月，中塞就在塞设立中国文化中心签署协议。2018 年 12 月，文化和旅游部部长雒树刚赴塞出席黑人文明博物馆开馆仪式。2019 年塞在华留学生 723 人。

中国与塞舌尔

两国于 1983 年签署文化合作协定。2009 年，塞向上海市政府赠送了一对塞独有的亚达伯拉象龟，表达对上海世博会的支持。2012 年，塞再次向中方赠送一对亚达伯拉象龟，落户北京动物园。2013 年 5 月，两国签署互免签证协议。2014 年起，塞已连续举办 7 届"中国日"活动。2014 年 6 月塞舌尔大学与大连大学合作办学的孔子课堂在塞舌尔大学正式揭牌。2015 年 5 月，塞旅游学院与北京联合大学签署互派交换讲师和学生的谅解备忘录。2017 年中国公民赴塞旅游人数达 11710 人次。2019 年塞在华留学生共71 人，其中包括 51 名奖学金生。截至 2020 年底，中方共接收塞奖学金生184 名。中国向塞派有体育教练和音乐教师。中方多个文艺团组曾赴塞访问演出，并在塞举办电影周、图片展等活动。

中国与圣多美和普林西比

2016 年中国与圣多美和普林西比恢复外交关系。2017 年 4 月，中圣普签署《中国旅游团赴圣多美和普林西比旅游实施方案的谅解备忘录》，圣普成为中国公民组团出境旅游目的地。2018 年圣普在华留学生总数 171 人。2019 年，圣普首所孔子学院圣多美和普林西比大学孔子学院揭牌。

中国与苏丹

两国文化交往历史悠久。20 世纪 70 年代，中国武汉杂技团帮助苏培养出一大批杂技艺术人才，并协助组建苏丹杂技团。该艺术团被苏丹人民称为"苏中友谊之花"，在非洲具有较大影响。1970 年 8 月，两国签订了《中苏科学、技术、文化合作协定》，此后连续签署了 10 个文化协定执行计划。近年来，中苏教育合作稳步发展，中方每年接收一定数量的苏丹奖学金留学生。2008 年 10 月，国家汉办与喀土穆大学签署合作建设孔子学院正式协议，2009 年 11 月举行揭牌仪式。

中国与坦桑尼亚

中坦签有教育、卫生、文化、旅游等协定。2000 年，双方签署关于高教发展合作项目协议，我国据此先后为达累斯萨拉姆技术学院援建了材料实验室和计算机实验室，并多次派出教师在该校任教。我国在坦建有 2 所孔子学院和 1 所孔子课堂，即多多马大学孔子学院、达累斯萨拉姆大学孔子学院和桑给巴尔广播孔子课堂。

中国与突尼斯

2014 年 9 月，突文化部部长穆拉德·萨克里来华参加第三届阿拉伯艺术节，并与中国文化部部长蔡武签署《中突政府文化合作协定 2014 至 2016 年执行计划》。2015 年 10 月，突旅游部部长雷克访华。2016 年 10 月，突宗教事务部部长萨勒姆访华。11 月，突高等教育与科研部部长卡尔布斯访华。

中国与乌干达

两国签有文化合作协定，我国文艺演出代表团近年多次赴乌访演。乌干达是中国公民团队旅游目的地国，2005 年 4 月两国签署了《关于中国公民自费旅游实施方案的谅解备忘录》。在"中非高校 20+20 合作计划"下，湘潭大学与乌干达麦克雷雷大学结成合作伙伴。中乌现有 4 对友好城市，即湖南省长沙市—恩德培市、海南省三亚市—姆巴拉拉市、湖北省武汉市—恩德培、辽宁省沈阳市一金贾市。

中国与赞比亚

两国签有文化合作协定。2003 年，赞成为中国公民组团出境旅游目的地国。2010 年，河北经贸大学同赞比亚大学合作建成赞比亚大学孔子学院，目前下设课堂 2 个、教学点 16 个，遍布赞全国各省。2012 年 7 月，广西壮族自治区与赞南方省结为友好省份。2019 年 8 月，由北京工业职业技术学院和中国—赞比亚职业技术学院合作开办的孔子课堂在赞比亚卢安夏举行签约仪式，此系全国首所高职院校申办的独立孔子课堂。

中国与乍得

2008 年 7 月，乍国家舞蹈团来华访问演出。2011 年 7 月，中国深圳艺术团赴乍得访演。2013 年 2 月，中国和乍得两国政府签署了文化合作协定。2019 年 9 月，郑州艺术团赴乍得访演。2021 年 10 月，恩贾梅纳市与中国重庆市签署建立友好城市关系协议书。

中国与中非共和国

中国和中非两国政府于 1980 年 6 月签署了文化合作协定。1998 年 6 月，中非旅游、艺术、文化部部长贝依纳·班迪访华期间两国政府重签了《中华人民共和国政府和中非共和国政府文化协定》。从 1977 年起，中国开始接受中非留学生来华学习进修。两国复交后，中国恢复向中非提供奖学金。

此外，以下非洲国家由于各种原因与中国的文化交流活动与合作项目较少，未来还有很大的合作空间。（1）索马里。1963 年两国签订文化合作协定。1978 年，中索签署文化教育合作协议，中国开始向索提供奖学金名额。（2）贝宁。中国与贝宁于 1984 年签署文化协定。中国在科托努设有 "中国文化中心"。截至 2018 年底，中国共接收贝宁奖学金留学生 671 名。（3）布基纳法索。2018 年，中国与布基纳法索恢复外交关系。2019 年 10 月 26 日，两国签署《中华人民共和国政府和布基纳法索政府文化合作协定》。（4）多哥。中多两国政府于 1981 年签署文化、教育合作协定。2009 年，我方在洛美大学开设孔子学院，迄已培训学生 2000 多人次。2019 年全年多哥在华留学生总数为 478 名，其中奖学金生 145 名。

（5）厄立特里亚。中厄两国政府于 1994 年签署文化合作协定。中国于1996 年起每年向厄派出文体专家协助教学，产生良好反响。2013 年 6 月，厄立特里亚高等教育委员会与贵州财经大学合作设立孔子学院，并在厄举行了揭牌仪式。（6）吉布提。中吉于 1991 年签署文化合作协定。我国自1986 年起向吉提供政府奖学金生名额，2018 年吉布提在华留学生 725 名，其中奖学金生 101 名。（7）几内亚比绍。中国自 1977 年起开始接收几比奖学金留学生。2019 年几比在华留学生 332 人。（8）科摩罗。两国签署有文化合作协定。中国杂技团、民乐团等多次赴科访演，中方多次在科举办电影周、手工艺品展等活动，受到科方欢迎。2017 年科在华留学生 296名，其中奖学金生 52 名。（9）塞拉利昂。中塞两国于 1981 年 4 月签订了文化合作协定，两国文化代表团曾多次互访。2011 年 7 月，深圳艺术团赴塞访演。中国自 1976 年起开始接收塞奖学金留学生。2020~2021 学年，塞在华留学生 768 人。

四　中非文化交流合作的代表性案例

（一）中非文化艺术交流协会

2018 年 10 月 30 日，为落实中非合作论坛北京峰会通过的《关于构建更加紧密的中非命运共同体的北京宣言》，中非文化艺术交流协会在博茨瓦纳首都哈博罗内正式成立。协会旨在通过举办更多的中非文化艺术交流活动，促进中非在文化艺术领域的交流合作，并帮助非洲艺术家走向国际舞台。中非文化艺术交流协会的成立，为加深中非友谊提供了良好的契机。

（二）国际非洲鼓舞艺术节

2019 年 4 月 30 日到 5 月 4 日，首届"国际非洲鼓舞艺术节"在南湖景区唐山宴举办，这是国内首次以非洲鼓为主题的大型户外音乐节。艺术节以"自然＋艺术＋生活＋旅游"的理念展开，有主舞台、4 个不同类型的大师工作坊、现场体验区、休闲娱乐区等活动区域。4 位非洲鼓大师是艺术家移民，分别是来自比利时的巴巴拉·邦古拉（Babara Bangoura）以及来自美国的穆萨·特拉（Moussa Traore）、芒格·西拉（Mangue Sylla）、福德·穆萨·卡马尔（Fodé Moussa Camar）。他们的艺术根基来源于西非原汁原味的曼丁艺术。此外，还有 2 位非洲舞蹈表演艺术家助阵。

（三）丝绸之路国际剧院联盟

在原文化部大力支持和指导下，2016 年 10 月 21 日，丝绸之路国际剧院联盟在北京成立。联盟与遍布全球的 28 家海外中国文化中心展开全面合作，是一个大型多边性国际化演艺产业平台。原文化部部长雒树刚在"丝绸之路国际剧院联盟"启动仪式上发言时指出，"联盟的成立是'一带一路'倡议框架下人文交流领域的创新成果，是深化多边文化产业合作机制的有益探索，也是中外文化交流历史进程中互惠共赢的鲜活范例"。丝绸之路国际剧院联盟成立以来，一直非常重视发展非洲国家的成员单位。2017 年初，在北京中央文化管理干部学院举办的非洲文化人才培训活动中，联盟诚邀埃塞俄比亚穆拉勒文化中心加入，成为该联盟第一家非洲成员单位。2018 年 11 月 6 日，中国对外文化集团公司与南非开普敦大剧院在首届中国国际进口博览会现场，就南非开普敦大剧院加入丝绸之路国际剧院联盟举行了签约仪式。开普敦大剧院成为南非首个加入该剧院联盟的演艺机构，也是该剧院联盟第 95 家成员单位。①

（四）丝绸之路国际博物馆联盟

丝绸之路国际博物馆联盟成立于 2017 年 5 月 18 日，是博物馆领域服务于丝绸之路沿线国家和地区的非政府、非营利、开放的国际合作和交流平台。秘书处设在中国国家博物馆。

（五）丝绸之路国际艺术节联盟

2017 年 10 月 20 日，"丝绸之路国际艺术节联盟"在上海正式成立。丝绸之路国际艺术节联盟是由中国上海国际艺术节倡导并促成的组织联盟。该联盟的目的是连接并推动包括共建"一带一路"国家及更大范围的国际文

---

① 《南非开普敦大剧院加入丝绸之路国际剧院联盟》，中华人民共和国文化和旅游部网站，2018 年 11 月 13 日，https：//www.mct.gov.cn/preview/special/8672/8676/201811/t20181114_835979.htm，最后访问日期：2022 年 3 月 30 日。

化交流与合作。联盟的成立是"一带一路"建设在推进民心相通、人文合作方面的一个重大收获，也是上海在建设卓越的全球城市进程中，为推动国际文化艺术交流与合作而采取的一项重要举措。

（六）丝绸之路国际图书馆联盟

2018年5月28日，由中国国家图书馆、中国图书馆学会、四川省委宣传部主办的丝绸之路国际图书馆联盟成立暨"阅读·城市文化"学术研讨会在四川省图书馆举办，大会通过了《丝绸之路国际图书馆联盟成都倡议》。丝绸之路国际图书馆联盟的成立，是"一带一路"倡议在文化领域实践的最新成果，也是各国图书馆界协同合作、携手共进、共谋发展的重要举措。在中国驻肯尼亚使馆的推动下，肯国家图书馆于2021年加入丝绸之路国际图书馆联盟。2022年3月1日，一批由中国驻肯尼亚大使馆捐赠的中国图书正式进馆，此次捐赠是落实中非合作论坛第八届部长级会议成果的积极举措，为推进中肯"一带一路"人文交流合作注入了新动能、开辟了新道路。在图书捐赠仪式上，杰克·瓦库拉馆长感谢中方长期以来对肯尼亚图书馆事业的大力支持，并说："'丝路精神'是人类文明交流互鉴的宝贵遗产。我相信，加入丝绸之路国际图书馆联盟是肯国家图书馆发展的必然选择。我们没有理由不与中国合作，不断开放的步伐必将使双方迎来更加光明的未来。"在丝绸之路国际图书馆联盟框架下，今后双方将以书为媒，定期开展人才培养、数字图书馆建设、合办文化活动等，推动中肯图书馆领域合作深化升级，持续深化中肯友谊，推动构建中非人类命运共同体。

（七）丝绸之路国际美术馆联盟

2018年6月19日，丝绸之路国际美术馆联盟成立仪式在中国美术馆举行。中国美术馆、韩国首尔艺术殿堂、希腊雅典国家当代美术馆、白俄罗斯国家美术馆等来自"一带一路"沿线18个国家和地区的美术馆和重点美术机构的24位嘉宾出席，并共同签署了丝绸之路国际美术馆联盟成立宣言。丝绸之路国际美术馆联盟是美术馆领域共建"一带一路"倡议的阶段性成果，亦是推动构建人类命运共同体的重要举措。

第三节　中非在文化领域交流与合作面临的挑战与前景

尽管 21 世纪以来特别是党的十八大以来，中非文化合作取得了巨大的进展和成果，但由于各种因素影响，双方深化合作与交流仍存在一些问题，阻碍了双方交流合作走向更高的水平和层次。为此应采取有效举措，推动未来中非文化领域的交流与合作健康、可持续发展。

一　中非文化交流合作面临的挑战

（一）殖民主义遗产的影响与西方对非洲的文化控制

其一是殖民主义遗产的影响。西方国家在非洲长期的殖民主义统治，破坏了非洲原有的文明与文化，植入了西方的宗教、语言、制度、价值观等要素，深刻影响了今日非洲的文化生态环境。英语、法语等殖民语言成为非洲国家的官方语言，西方的宗教在非洲深深扎根，西方价值观和制度观也有着深远影响。这些殖民主义的遗产至今依然在非洲发挥着重要的作用，影响着非洲民众的思维方式和价值判断，导致中非文化交流中出现许多问题：中非文化沟通远没有西方人和非洲人之间顺畅；中非之间文化上的了解严重不足；一定程度上存在中非文化冲突现象；等等。加之中非双方生活习惯、风俗习惯、禁忌爱好和思维方式不同，误解偏见、交流失败等时常发生。

其二是西方对非洲的文化控制。西方国家在非洲国家摆脱殖民统治、取得国家独立之后，对非洲的战略控制从未放松。它们凭借殖民地遗产的便利，利用和非洲国家的历史联系，通过语言、文化、发展援助、经济合作、安全合作等形式，力求继续对非洲国家进行战略控制，包括在文化、制度、价值观等领域影响非洲国家的文化建构，达到将非洲国家继续作为西方文化附庸的战略目标。例如，部分西方国家在对非洲发展援助政策中，明确规定受援国要遵从西方的人权标准、法制规定、市场经济体制、民主制度等标准，这些都是西方国家对非援助强加的政治条件，导致价值观等意识形态要素裹挟输入非洲，从而助力西方实现对非洲文化控制的目标。

（二）非洲国家重经济、轻文化的影响

非洲国家取得政治独立后，面临最大的问题是解决贫困，发展经济。非洲国家是世界上贫困国家最多的地区，很多国家债务负担沉重、对外部资金依赖性强，因而也是国际社会重点援助对象。非洲国家也为此积极开展对外合作，争取资金支持来维持财政支出、促进经济发展，为国民经济包容性增长和可持续发展注入外部推动力。在非洲国家与国际和双边发展援助机构合作过程中，非洲国家更重视具体的减贫项目以及促进经济发展的项目，对文化合作项目的需求重视程度相对较低。从中非合作的现实情况，以及非洲官方层面、新闻媒体、普通民众的表态中都可以观察到，非洲国家更关心中国对非洲的经济支持和资金投入，对这些领域的诉求表达非常直接，而在文化教育等方面很少主动提出诉求或是合作建议。可以说，当前非洲国家偏重经济物质层面的发展，不重视精神文明层面的建设，没有领悟到"物质文明、精神文明两手都要硬、两手都要抓"的意义，在加强文化合作方面的主观意愿不足，这些因素都对中非文化领域合作深入发展产生一定的影响。

（三）非洲安全形势不稳定的影响

非洲安全威胁多种多样，宗教民族问题、恐怖主义等传统安全问题与非传统安全问题关联更为紧密，导致非洲的安全形势愈加严峻。其中，最为严重的是恐怖主义问题。非洲本土恐怖组织本就活动猖獗，萨赫勒地区和索马里地区的反恐形势极其严峻。近年来，非洲又成为"伊斯兰国"恐怖势力回流的重要目的地，埃及、突尼斯、阿尔及利亚、摩洛哥、马里等国成为"伊斯兰国"恐怖分子主要转移国家，且与当地恐怖组织勾连作乱的势头明显加强，这威胁着整个非洲大陆地区的安全稳定。同时，非洲国家间的冲突和矛盾也在凸显。2020年以来，埃塞俄比亚、苏丹和埃及围绕尼罗河复兴大坝问题进行水资源争夺；2019年以来，埃塞俄比亚内部的冲突加剧了民族冲突和民生危机。这些都成为影响东非地区稳定的重要威胁。此外，马里自2012年以来，受政治、经济、社会等诸多因素影响，已发生两次军事政变，加之近期法国宣布撤军马里，使得西非地区的安全形势更加复杂多变。特别是新冠疫情发生以来，民生问题、粮食危机、反恐投入减少、部族矛盾、社会骚乱等问题叠加导致很多国家最基本的生存问题尚无法得到解决，社会秩序和国家稳定无法得到保障，在这些国家进行文化交流等活动则显得与现实情况格格不入，文化领域的交流与合作也因此很难被提上日程，这成为当前阻碍中非文化交往的现实因素。

二　拓展中非文化交流合作的路径

党的十八大以来，中非文化交流与合作取得长足进步和丰硕成果，为中非深化合作奠定了坚实基础。针对中非文化领域的交流与合作中存在的种种问题和障碍，应采取有效举措，攻坚克难，加强中非的文化交流与合作。

（一）统筹对非文化政策，适时出台对非文化交流与合作政策

其一，从国内来看，与非洲开展文化合作的单位众多，包括政府部门，也包括私营企业和文化公司。它们都为中非文化交流与合作作出了自己的贡献，但也存在政出多门、财力分散等问题。其二，从国际上看，国际格局"东升西降"态势突出，国际力量对比的变化在文化方面也有突出表现，即国际社会中西方文化占主导地位的价值取向已发生了很大变化，发展中国家开始重新审视西方文化，发掘自身文化的合理价值。其中以中国武术、旗袍、影视剧作品以及汉语等元素为代表的中国文化正日益受到世界各国的关注。非洲也以文化复兴为号召重新发掘世界文明发源地的文化价值。世界文明多样化、多元化发展成为历史趋势。其三，世界各主要国家都有自己的文化战略，特别是英国、法国这些西方文化大国，始终把对外文化战略，包括对非洲文化政策作为国家对外战略的重要组成部分，对中非文化合作构成竞争。出于以上各种因素考虑，统筹国内各部门对非文化政策，集中资源，出台实施对非文化政策就显得十分必要。这也是实现中华民族复兴、建设文化强国、提升文化软实力、维护意识形态安全、开展高水平中非合作的题中应有之义。

（二）提高文化领域的国际议题设置能力和国际话语权

中非文化交流与合作既是中非之间的事情，也是整个国际社会中的大事件，是中非携手对西方文化霸权的联合抵制，也是对各自传统文化的继承与弘扬。在提高国际话语权方面，中国已经作出巨大努力，积累了丰富的经

验。具体到提升中非文化合作中话语权领域，可多管齐下：与联合国教科文组织合作，开展非洲历史和文化的国际宣传周；与非盟合作，展开形式多样的文化交流项目，在中非双方民众中宣讲中非优秀文化；在双边和多边领域开展专项合作，如同埃及一道邀请印度、伊拉克创立"四大文明古国文化合作机制"，促进文明古国之间的交流和沟通，弘扬非西方文化，冲击西方文化的国际话语权等。

（三）加强文化交流人才队伍建设

随着对非文化外交、中非民间文化交流等活动日益频繁和多样化，对文化交流人才的需求越来越大，培养一批精通目标国语言、文化、习俗的人才队伍，是提高中非文化交往质量的重要前提。一是加强涉外部门人员培训，如对外交部、外事办、各大单位国际交流合作处等工作人员定期进行跨文化交际课程培训；二是对在非洲投资的企业人员开展跨文化培训，他们对了解当地文化习俗有着更加急迫和现实的要求；三是可在国家国际发展合作署设立专项，邀非洲国家有关涉外工作人员来华进行相关培训。在人才培训过程中，要注意对对方文化的了解，学会用对方的思维和语言传播我们自己的文化，以达到"民心相通"、事半功倍的效果。

（四）充分利用互联网平台进行文化交流与传播

"工业4.0"方兴未艾，世界正处于疫情时期，疫情导致的国际人员往来和交流不便恰恰为利用高科技手段辅助交流提供了机遇。在一些需要保持连续性和定期交流的高级别人文交流领域，可充分利用互联网平台进行交流。以南非为代表的非洲国家曾在金砖峰会、中非合作论坛等平台和渠道表达过希望搭上"工业4.0"这趟快车，缩小与发达国家的"数字鸿沟"，提升其全球竞争力。非盟也在2020年出台了《非洲数字转型战略》，力求建立统一数字市场，推动数字经济发展。中国作为"工业4.0"引领者之一，在数字经济、电子商务、5G技术等领域取得了重大进展，双方可以携手加强在这些领域的交流与合作。建设非洲电子大学是非盟《2063年议程》的旗舰项目之一，中国可以从网络基础设施、信息服务、电子支付、网络安全等方面同非洲进行合作，将"中非共建非洲电子大学"打造为中非文化共兴的命运共同体的旗舰项目之一。此外，还可以考虑中非共建电子图书馆、电子文化中心、电子博物馆等。

（五）加强教育领域的交流合作

任何国家任何时候，对教育进行投资都是一件功在当代、利在千秋的好事。非洲国家长期遭受殖民统治、接受殖民文化，在这种影响下，教育在非洲国家没有发挥应有的作用，而是服务于西方宗主国的直接或间接统治。当前，非洲国家的经济发展、社会稳定面临很多难题，一大原因就是缺乏与社会发展需要相适应的文化水平和技艺技能的人才。授之以鱼不如授之以渔。加强对非医疗卫生、农业种植、科技文化等领域的教育交流与合作是解决这一问题的关键。为各行各业培养具有必备技能的人才，就是为经济发展、社会稳定作贡献。此外，还可以引进更多非洲本土的影视剧作品和文学作品，以拓宽普通人了解非洲的渠道，加深人们对非洲文化的理解。

三　携手打造文化共兴的中非命运共同体

中非文化交流与合作有着深厚的历史基础，也有着现实的时代需求，前景广阔而光明。

第一，中非文化交流与合作有着深厚的历史基础。20世纪80年代末90年代初，东欧剧变、苏联解体，世界格局进入新旧交替时期，中国根据新形势提出"展示中国文化建设成就"和"抵制腐朽文化"的任务[1]，并开始了全方位的对外文化交流。进入21世纪，中国开始实施"文化走出去"战略，对外文化交流成为提升中国文化软实力的重要途径。党的十八大以来，以习近平同志为核心的党中央更加重视对外文化交流的作用。在这种大的时代背景下，中非文化在几十年的交流中，取得了突破性进展和丰硕的成果，增进了中非各国人民对彼此的了解，丰富了人们的文化生活，建立了深刻的互信。中非文化交往形成了广泛的交流机制和网络，以中非合作论坛为平

---

[1]　欧阳雪梅主编《中华人民共和国文化史（1949—2019）》，当代中国出版社，2019，第316页。

台、以高级别人文交流为机制、官方与民间并重、多边与双边并举的全方位对非文化交流网络，中非文化交流渠道不断拓宽、领域不断拓展、方式不断创新，积累了多方面经验。这些都为未来深化和扩大双方文化交流与合作奠定了很好的基础。

第二，百年未有之大变局，发展中国家群体性崛起，世界文明多样化加速发展，为中非文化交流与合作提供了很好的历史机遇。文化、文明本就是多元的，历史上如此，当今如此，未来亦是如此。各国政治、经济关系的发展必然带动文化的交往。当前，世界范围内一场新的文化觉醒运动在萌芽之中，非西方文明和文化的复兴成为一种历史趋势。2021 年 11 月 26 日，国务院新闻办公室发表《新时代的中非合作》白皮书，白皮书对未来中非关系作了新的规划。中非文化交流与合作也随着中非构建更加紧密的中非命运共同体进入一个全新的阶段。中非文化交流与合作求的是"文化共兴"，为的是给"彼此文明复兴、文化进步、文艺繁荣提供持久助力"。

第三，非洲是中国特别重视的战略合作伙伴，中国非常积极地制定了对非洲政策，这将为双方文化交流与合作提供更为有利的条件。非洲是中国外交的基本盘，在百年变局下，中非之间的合作不断升级、向更高层面迈进，非洲在中国对外交往中的基础性地位更为明显。中国致力于构建更为紧密的中非命运共同体，为构建人类命运共同体树立典范，强调中国在国际对非合作中发挥引领和示范作用。文化共兴是中非命运共同体中重要的一部分。站在新的历史时期，面对百年变局和疫情全球大流行，非洲对华的战略期待和中非间的战略倚重均在上升[1]，未来中非双方文化交流合作的领域必将不断拓宽、内容和形式必将不断丰富，中非文化交往未来必将起到越来越重要的作用。

第四，未来中非文化交流与合作仍将面临各种问题和困难，但只要我们积极进取，攻坚克难，就能保障中非合作大船行稳致远。长期以来，中非关

---

① 黎文涛：《变局中开新局：中非战略合作向更高层面迈进》，国际网，2022 年 1 月 6 日，http：//comment.cfisnet.com/2022/0106/1324744.html，最后访问日期：2022 年 4 月 5 日。

系重政治、经济发展，安全、人文合作等领域存在短板，虽然进入 21 世纪特别是党的十八大以来，中非人文交流取得了积极进展，但当前中非文化交流与合作、打造文化共兴的中非命运共同体仍然面临诸多内外难题：殖民主义对非洲文化政策的影响，中非在文化理念层面的交流与认知存在差异，域外国家加大对非介入力度、调整战略部署带来的外生压力，非洲国家内部安全局势动荡，等等。非洲国家也在不断努力推进非洲一体化进程，力求通过非盟这一重要平台在国际政治、经济、文化舞台上"用一个声音说话"，实现独立自主。中国一贯支持非洲国家自立自强，支持非洲一体化进程，并不断加强同非盟各领域的战略对接。未来，中国作为世界上最大的发展中国家和非洲作为发展中国家最集中的大陆，中非只要通力协作，就能在文化领域取得积极进展和重大成果，为人类文明的交流互鉴作出贡献。

第八章　中非在新闻媒体领域的交流与合作

随着全球化和世界经济一体化的不断深入，国际竞争也从传统安全领域转移到非传统安全领域，包括意识形态竞争、文化竞争等文化安全领域。近年来，西方媒体为了遏制中国发展，对中国发动意识形态攻势，在国际舆论场上不断污蔑中国、破坏中非关系。随着中非全面战略合作伙伴关系和中非命运共同体建设的不断深入，加之全球信息化、网络化、数字化趋势的演进，中非新闻媒体合作实现了跨越式发展，但与此同时，也面临着突破西方话语霸权、新技术下媒体深度转型等挑战。

西方媒体不断妖魔化中国与中非关系，刻意抹黑我国国际形象，炮制"中国威胁论""新殖民主义论"等论调，以此干扰正常的中非交往。在这种背景下，如何提高我国媒体在非的国际话语权、推动构建新的国际舆论格局和秩序，如何讲好中国故事、非洲故事以及中非友好故事，如何推动新闻媒体在构建中非命运共同体中发挥重要作用，成为一项急迫的理论和实践任务。为此，必须以习近平总书记的重要论述为指导，紧贴中非新闻媒体合作交流的现实，加快构建国际传播机制，提高中国舆论话语权，推动国际传播秩序公正合理化发展，开创中非新闻媒体合作交流新局面。

第一节　习近平关于中非在新闻媒体领域
交流与合作的论述

伴随着我国改革开放进程的不断深入，尤其是我国加入 WTO 后，中国经济发展的外部环境有所改善，但是意识形态领域所面临的形势仍然复杂多变，"西强我弱"的国际舆论格局没有根本改变，各种思想观点一直在新闻传播领域激烈交锋。

党的十八大以来，习近平总书记立足我国舆论工作所面临的问题和挑战，针对新闻舆论工作进行了深入论述，形成了内容丰富、特色鲜明、意义重大的新闻舆论观，丰富了新时代中国特色社会主义理论，为新闻舆论工作开创新局面提供了理论指南，为完善全球治理提供了中国智慧。

一 习近平总书记关于新闻舆论工作的讲话

自 2013 年以来，习近平总书记发表了一系列关于新闻舆论工作的重要讲话，习近平总书记着眼于新闻舆论工作的实践情况，审时度势，对党的新闻舆论工作作出一系列重大部署和安排，内容丰富，逻辑严密，与时俱进，是指引我国新闻舆论工作不断向前发展的理论指南。

2016 年 2 月 19 日，习近平总书记在党的新闻舆论工作座谈会上的讲话中指出："党的新闻舆论工作坚持党性原则，最根本的是坚持党对新闻舆论工作的领导。党和政府主办的媒体是党和政府的宣传阵地，必须姓党。党的新闻舆论媒体的所有工作，都要体现党的意志、反映党的主张，维护党中央权威、维护党的团结，做到爱党、护党、为党；都要增强看齐意识，在思想上政治上行动上同党中央保持高度一致；都要坚持党性和人民性相统一，把党的理论和路线方针政策变成人民群众的自觉行动，及时把人民群众创造的经验和面临的实际情况反映出来，丰富人民精神世界，增强人民精神力量。""加强和改善党对新闻舆论工作的领导，是新闻舆论工作顺利健康发展的根本保证。"① 习近平总书记强调："新闻观是新闻舆论工作的灵魂。要深入开展马克思主义新闻观教育，引导广大新闻舆论工作者做党的政

---

① 人民日报社评论部编《论学习贯彻习近平总书记新闻舆论工作座谈会重要讲话精神》，人民出版社，2016，第 5~7 页。

策主张的传播者、时代风云的记录者、社会进步的推动者、公平正义的守望者。"① 习近平总书记曾指出,"坚持政治家办新闻,就是要牢牢把握新闻宣传工作的正确方向"②。最后,要坚持正面宣传为主原则。习近平总书记指出,"团结稳定鼓劲、正面宣传为主,是党的新闻舆论工作必须遵循的基本方针"③。

习近平总书记还指明了新时代新闻舆论工作的努力方向。习近平总书记在党的新闻舆论工作座谈会上的重要讲话中用 48 个字为我们"廓清"了党的新闻舆论工作职责使命,即"高举旗帜、引领导向,围绕中心、服务大局,团结人民、鼓舞士气,成风化人、凝心聚力,澄清谬误、明辨是非,联接中外、沟通世界"④。

习近平总书记强调在新闻舆论工作中要讲究把握"时、度、效","要抓住时机、把握节奏、讲究策略,从时度效着力,体现时度效要求"⑤。习近平总书记在多次视察调研时均有提到,他在视察解放军报社时要求,新闻舆论工作必须坚持创新为根本要义。在党的新闻舆论工作座谈会上,习近平总书记强调,"党的新闻舆论工作必须创新理念、内容、体裁、形式、方法、手段、业态、体制、机制,增强针对性和时效性"⑥。习近平总书记在 2013 年召开的全国宣传思想工作会议上指出:"要适应社会信息化持续推进的新情况,加快传统媒体和新兴媒体融合发展,充分运用新技术新应用创新媒体传播方式,占领信息传播制高点。"⑦ 2019 年习近平总书记在中共中央政治局第十二次集体学习时强调:"推动媒体融合发展、建设全媒体成为我们面临的一项紧迫课题。要运

---

① 人民日报社评论部编《论学习贯彻习近平总书记新闻舆论工作座谈会重要讲话精神》,人民出版社,2016,第 5 页。
② 习近平:《干在实处 走在前列》,中共中央党校出版社,2013,第 307 页。
③ 习近平:《习近平谈治国理政》(第二卷),外文出版社,2017,第 333 页。
④ 习近平:《习近平谈治国理政》(第二卷),外文出版社,2017,第 332 页。
⑤ 中共中央宣传部新闻局编《习近平总书记党的新闻舆论工作座谈会重要讲话精神学习辅助材料》,学习出版社,2016,第 6 页。
⑥ 习近平:《坚持正确方向创新方法手段 提高新闻舆论传播力引导力》,《人民日报》2016年 2 月 20 日,第 1 版。
⑦ 新华通讯社课题组编《习近平新闻舆论思想要论》,新华出版社,2017,第 223 页。

用信息革命成果，推动媒体融合向纵深发展，做大做强主流舆论，巩固全党全国人民团结奋斗的共同思想基础，为实现'两个一百年'奋斗目标、实现中华民族伟大复兴的中国梦提供强大精神力量和舆论支持。"①

第一，讲好中国故事。"讲好中国故事，传播好中国声音"体现了习近平总书记在战略层面上对国际传播建设的思考。他要求："推进国际传播能力建设，讲好中国故事，展现真实、立体、全面的中国，提高国家文化软实力。"② 第二，构建融通中外的话语体系。习近平总书记在党的十九大报告中指出，中国特色社会主义进入新时代，这个新时代"是我国日益走近世界舞台中央、不断为人类作出更大贡献的时代"③。世界迫切需要了解中国，中国也亟须向世界呈现全面真实立体的国家形象。他指出："要创新对外话语表达方式，研究国外不同受众的习惯和特点，采用融通中外的概念、范畴、表述，把我们想讲的和国外受众想听的结合起来，把'陈情'和'说理'结合起来，把'自己讲'和'别人讲'结合起来，使故事更多地为国际社会和海外受众所认同。"④ 习近平总书记在中共中央政治局第三十次集体学习中提出了"一个战略传播体系"和"五个力"的建设目标，即"构建具有鲜明中国特色的战略传播体系，着力提高国际传播影响力、中华文化感召力、中国形象亲和力、中国话语说服力、国际舆论引导力"⑤，为加强中国特色国际传播话语体系工作指明了方向。第三，优化国际传播战略布局。2016年习近平总书记在党的新闻舆论工作座谈会上指出，加强国际传播能力，要"优化战略布局，着力打造具有较强国际影响的外宣旗舰媒体"⑥。

---

① 《推动媒体融合向纵深发展　巩固全党全国人民共同思想基础——习近平主持中共中央政治局第十二次集体学习并发表重要讲话》，《人民日报》2019年1月26日，第1版。

② 习近平：《决胜全面建成小康社会　夺取新时代中国特色社会主义伟大胜利——在中国共产党第十九次全国代表大会上的报告》，人民出版社，2017，第44页。

③ 习近平：《决胜全面建成小康社会　夺取新时代中国特色社会主义伟大胜利——在中国共产党第十九次全国代表大会上的报告》，人民出版社，2017，第11页。

④ 中共中央文献研究室编《习近平关于社会主义文化建设论述摘编》，中央文献出版社，2017，第273页。

⑤ 《习近平在中共中央政治局第三十次集体学习时强调　加强和改进国际传播工作　展示真实立体全面的中国》，《人民日报》2021年6月2日，第1版。

⑥ 习近平：《习近平谈治国理政》（第二卷），外文出版社，2017，第333页。

习近平总书记的新闻舆论观带有鲜明的中国特色，理论化、体系化特色鲜明，并且随着我国新闻舆论工作的实践内容不断丰富。对内起到了凝心聚力的作用，积极引导公众在复杂的社会舆论环境中形成共识；对外有效维护我国意识形态安全，应对国际舆论战，提升国际舆论引导力。

二　媒体是中非民心相通的桥梁

2000 年中非合作论坛成立，标志着中非人文交往进入新时期，为中非新闻媒体发展注入新动力，推动中非文明交流互鉴，为构建中非命运共同体开辟了一条光明大道。

2010 年 11 月 18 日，习近平主席在中非合作论坛成立 10 周年研讨会上的演讲中指出，为推动中非新型战略伙伴关系更好更快地向前发展，一是加强战略规划，使中非合作论坛成为增进中非政治互信的坚实保障；二是深化务实合作，使中非合作论坛成为推动中非共同发展的重要引擎；三是密切人文交流，使中非合作论坛成为加深中非传统友谊的感情纽带；四是加强中非合作论坛建设，使论坛进一步成为高效成熟的合作平台。其中密切人文交流这一点涉及中非新闻媒体交流与合作。"我们要扩大政府间教育、科技、文化、旅游等领域交往合作，同时密切政党、地方、民间团体、学术机构、新闻媒体之间联系。在深化合作中，要更加注重加强人文交流，巩固中非友好社会基础。"①

2015 年 12 月 1 日，中非媒体领袖峰会在南非开普敦举行。习近平主席发去贺信，向峰会召开表示热烈祝贺。他在贺信中指出："这次峰会以'开创中非媒体合作共赢新时代'为主题，中国同非洲各国的媒体人士共聚一堂，开展研讨，交流思想，对巩固和扩大中非友好合作具有重要意义。"他强调："媒体是中非交流互鉴的渠道、民心相通的桥梁。近年来，中非媒体

---

① 《共创中非新型战略伙伴关系的美好未来——在纪念中非合作论坛成立 10 周年研讨会开幕式上的演讲》，《人民日报》2010 年 11 月 19 日，第 3 版。

交流合作蓬勃发展。展望未来，双方媒体合作空间广阔、大有可为。希望中非媒体以这次峰会为契机，拓宽交流领域，深化合作内涵，为推动中非友好扎根双方人民的心田、促进中非友谊之树不断开花结果作出新的更大的贡献。"①

2015 年 12 月 4 日，中国政府在约翰内斯堡发表《中国对非洲政策文件》，文中指出："扩大新闻和广播影视合作。大力推动中非新闻媒体开展形式多样的交流与合作，积极为此创造条件并提供指导和便利。加强政府新闻主管部门对话与磋商，就深化新闻合作、加强网络空间管理、处理与媒体关系交流经验，优先支持非洲媒体加强能力建设。支持办好中非新闻交流中心，加大对中国与非洲各自发展以及中非关系信息传播力度和全面、客观报道，增进双方人民彼此了解和认知。鼓励中非媒体加强新闻研讨、人员培训、内容互换、联合采制和新媒体领域等合作。加强中非广播影视技术交流与产业合作，鼓励中非广播电视机构互联互通。继续支持非洲推进广播电视数字化，提供融资、技术支持和人才培训，鼓励中非企业开展合资合作。"②

2015 年 12 月 4 日，习近平主席在中非合作论坛约翰内斯堡峰会开幕式的致辞中指出，为推进中非全面战略合作伙伴关系建设，中方愿在未来三年同非方重点实施"十大合作计划"，其中一项是中非人文合作计划。中方将为非洲援建 5 所文化中心，为非洲 1 万个村落实施收看卫星电视项目；为非洲提供 2000 个学历学位教育名额和 3 万个政府奖学金名额；每年组织 200 名非洲学者访华和 500 名非洲青年研修；每年培训 1000 名非洲新闻领域从业人员；支持开通更多中非直航航班，促进中非旅游合作。③ 12 月 5 日，在中非合作论坛约翰内斯堡峰会上的总结讲话中，习近平主席指出："一致同意将中非关系提升为全面战略合作伙伴关系，决心共同致力于做强和夯实政治上平等互信、经济上合作共赢、文明上交流互鉴、安全上守望相助、国际

---

① 《习近平致信祝贺 2015 中非媒体领袖峰会召开》，《人民日报》2015 年 12 月 2 日，第 1 版。
② 《中国对非洲政策文件（全文）》，新华网，2015 年 12 月 5 日，http://www.xinhuanet.com//world/2015-12/05/c_1117363276.htm，最后访问日期：2022 年 4 月 9 日。
③ 习近平：《习近平谈治国理政》（第二卷），外文出版社，2017，第 459 页。

事务中团结协作'五大支柱'。"① 这五大支柱的做强和夯实，都离不开中非新闻媒体的通力合作。

2018 年 9 月 3 日，习近平主席在中非合作论坛北京峰会上明确指出，中非双方要携手打造的是责任共担、合作共赢、幸福共享、文化共兴、安全共筑、和谐共生的中非命运共同体。他在携手打造文化共兴的中非命运共同体这一点中强调："我们都为中非各自灿烂的文明而自豪，也愿为世界文明多样化作出更大贡献。我们要促进中非文明交流互鉴、交融共存，为彼此文明复兴、文化进步、文艺繁荣提供持久助力，为中非合作提供更深厚的精神滋养。我们要扩大文化艺术、教育体育、智库媒体、妇女青年等各界人员交往，拉紧中非人民的情感纽带。"习近平主席在讲话中还提出，中国愿以打造新时代更加紧密的中非命运共同体为指引，在推进中非"十大合作计划"基础上，同非洲国家密切配合，未来三年和今后一段时间重点实施"八大行动"。其中，第七项即实施人文交流行动，中国决定设立中国非洲研究院，同非方深化文明互鉴；打造中非联合研究交流计划增强版；实施 50 个文体旅游项目，支持非洲国家加入丝绸之路国际剧院、博物馆、艺术节等联盟；打造中非媒体合作网络；继续推动中非互设文化中心；支持非洲符合条件的教育机构申办孔子学院；支持更多非洲国家成为中国公民组团出境旅游目的地。②

第二节　中非新闻媒体交往的发展历程与主要特征

中国和非洲都拥有灿烂的历史和文化，双方交往源远流长。中非在新闻媒体领域的交往始于 20 世纪 50 年代。中非新闻媒体交往历经三个发展阶段：从新中国成立到改革开放的开创期；从改革开放到 20 世纪末

---

① 《在中非合作论坛约翰内斯堡峰会上的总结讲话》，《人民日报》2015 年 12 月 6 日，第 2 版。
② 习近平：《携手共命运　同心促发展——在 2018 年中非合作论坛北京峰会开幕式上的主旨讲话》，人民出版社，2018，第 12 页。

的调整期；21 世纪以来的高速发展期。从中非 60 多年的新闻媒体交往历程来看，中国与非洲的新闻媒体交往从起初单向性的媒体援助，逐渐过渡到双向互动的媒体交往，然后发展升级为全方位、多层次的深度交流与合作。

一　中非新闻媒体交往的发展历程：从官媒先行到全媒体落地

（一）从新中国成立到改革开放，中非新闻媒体交往处于开创期

1955 年 12 月，应中国新闻工作者联谊会的邀请，以埃及通讯社总编辑萨韦为团长的埃及新闻工作者代表团一行 6 人访问了中国。访华期间萨韦代表埃及通讯社同新华通讯社签订了关于交换新闻和图片的合同。此后来自阿尔及利亚、马里、加纳、南非、坦桑尼亚等 20 多个非洲国家和地区的新闻工作者、新闻代表团以及政府新闻部门的官员和政党方面的新闻负责人都曾来华进行访问。1956 年 12 月，中国新闻工作者代表团抵达开罗执行中埃在 1956 年签署的文化合作协定，这是新中国新闻代表团的首次非洲之行。[①] 1956 年新华社在开罗设立办事处，中国媒体首次进入非洲。不久建立了在撒哈拉以南非洲地区的第一个新华社分社——阿克拉分社。随后又分别在几内亚首都科纳克里、马里首都巴马科、阿尔及利亚首都阿尔及尔、埃塞俄比亚首都亚的斯亚贝巴、突尼斯等地建立了新华社分社。[②] 1963 年 4 月 24 日，中华全国新闻工作者协会召集 43 名亚非国家的新闻工作者，成立亚非新闻工作者协会，并在此框架下开办亚非记者培训班。[③] 1963 年 12 月，中国新闻工作者应邀参加肯尼亚独立庆典活动并进行相关报道。1965 年 3 月至 6 月，中国新闻工作者代表团对非洲国家进行了友好访问。访问结束后，中国非洲人民友好协会、中华全国新闻工作者协会和中国摄影学会等在国内联合举办了中国新闻工作者代表团访非七国摄影展览。1966 年 11 月，第三期亚非记者进修班在北京开班，其学员来自南非、纳米比亚、莫桑比克、莱索

---

① 王南、李新烽：《关于中非媒体的交流与合作》，《亚非纵横》2010 年第 3 期。

② 万京华：《新华社驻外机构的历史变迁研究》，《现代传播》2014 年第 10 期。

③ 王南、李新烽：《关于中非媒体的交流与合作》，《亚非纵横》2010 年第 3 期。

托、津巴布韦等非洲国家和地区。1973 年 10 月至 11 月，中国新闻代表团对埃塞俄比亚进行了友好访问。1976 年 4 月至 5 月，中国记者组对贝宁、加纳和多哥进行了友好访问。①

（二）从改革开放到20世纪末，中非新闻媒体交往处于调整期

20 世纪 70 年代末 80 年代初，世界格局发生重大变化，直至 80 年代末 90 年代初东欧剧变和苏联解体使世界进入后冷战时代，世界多极化趋势逐渐显现。同时，新技术革命带动全球化迅速发展，中国实行改革开放并积极融入世界体系当中。1983 年，中国提出对非援助的新四项原则，即"平等互利，讲求实效，形式多样，共同发展"，由此，中非逐渐发展成为全天候的合作关系。这一时期，中国不断探索改革对非媒体交往模式，并恢复了在"文化大革命"期间暂停的多项对非援助项目。1985 年到 1986 年，新华社先后分别在埃及首都开罗、肯尼亚首都内罗毕建立了总分社②，统筹协调管理各分社的新闻报道工作。非洲是新华社在国际新闻报道中最受重视的地区之一，非洲大陆也是新华社设立驻外分社最多的一个大陆。当前，新华社在非洲已建立 28 个分社。1986 年，国际广播电台开罗记者站成立。1999 年新华社法语国家总社在巴黎成立，对新华社驻非洲地区的法语国家分社进行统一管理，提高了新闻时效性。随着国际传播竞争日趋激烈，中国的新闻媒体机构鼓励驻外记者走向现场进行新闻采编工作，同时吸纳非洲本土新闻媒体工作者加入采编队伍，有效促进了中非媒体间的交流与合作，提升了对非传播质量以及在非洲新闻媒体谱系的竞争力。

（三）21世纪以来，中非新闻媒体交往进入高速发展期

2000 年中非合作论坛成立，标志着中非新闻媒体交流与合作开启了新篇章。整体来看，中非媒体交流成果丰硕，双方媒体进行了多层次、多形式的交流与合作。

---

① 王南、李新烽：《关于中非媒体的交流与合作》，《亚非纵横》2010 年第 3 期。

② 万京华：《新华社驻外机构的历史变迁研究》，《现代传播》2014 年第 10 期。

第一，"中非新闻交流中心"项目。"中非新闻交流中心"项目系2012年中非合作论坛框架下促进中非媒体务实合作的重要交流活动，旨在帮助非洲媒体和记者全面了解中国国情和中非关系现状，进一步推进中非媒体的交流与合作，增进中非人民的相互了解。外交部于2014年启动"中非新闻交流中心"项目，旨在落实2012年中非合作论坛第五届部长级会议达成的有关举措，通过采访等形式帮助非洲及时准确报道中国。2016年4月20日，由来自埃及、埃塞俄比亚、肯尼亚、莫桑比克、尼日利亚等22个非洲国家的主流媒体组成的记者团到中国教育部采访。① 2017年3月1日，由中国公共外交协会组织的"中非新闻交流中心"第四期项目开班仪式在京举办，来自埃及、尼日利亚、博茨瓦纳等非洲国家的29名主流媒体记者在华开展为期10个月的采访、交流、学习和实习等活动。② 该项目至今已举办五期。

第二，中非媒体合作论坛与峰会。2006年，中非双方在北京召开"中非广播电视媒体合作论坛"，加强双方在广电领域内的集体对话与友好合作。2012年8月23日，由中国国家广播电影电视总局主办的首届中非媒体合作论坛在京开幕，中国和来自42个非洲国家的政府部门、广播电视媒体机构负责人以及非盟委员会和非洲广播联盟等组织代表与会。双方重点就加强中非媒体、智库合作交换了意见。③ 2014年6月16日，由国家新闻出版广电总局主办的第二届中非媒体合作论坛在京举行。本届论坛以"深化合作，共同发展"为主题，与会代表围绕中非广播电视媒体政策、节目交流合作与广播电视数字化等议题，进行了深入研讨和广泛交流。来自42个非

---

① 《中非新闻交流中心记者团一行来我部采访》，中华人民共和国教育部网站，2016年04月25日，http：//www.moe.gov.cn/jyb＿xwfb/gzdt＿gzdt/s5987/201604/t20160425＿239950.html？from＝groupmessage&isappinstalled＝0，最后访问日期：2022年4月10日。

② 《中非新闻交流中心第四期项目启动29名非洲记者来华学习》，"环球网"百家号，2017年3月1日，https：//baijiahao.baidu.com/s？id＝1560679836956318&wfr＝spider&for＝pc，最后访问日期：2022年4月10日。

③ 《外交部副部长翟隽出席首届中非媒体合作论坛开幕式》，中华人民共和国外交部网站，2012年8月23日，https：//www.fmprc.gov.cn/chn/pds/gjhdq/gj/fz/1206＿45＿12/xgxw/t962886.htm，最后访问日期：2022年4月10日。

洲国家的部长、媒体负责人等 260 多人，以及来自国家新闻出版广电总局等单位的 100 余名代表出席了论坛，并就加强国际话语权、媒体政策、节目合作、广播电视数字化等议题进行研讨。① 2015 年 12 月 1 日，以"共创中非媒体合作共赢新时代"为主题的中非媒体领袖峰会在南非开普敦举行。来自非洲 47 个国家 120 家媒体的负责人与中国媒体代表一道，就中非媒体在合作发展时代潮流中如何肩负起加强中非相互了解、促进共同发展的使命展开热烈讨论，并达成广泛共识。② 2016 年 6 月 21 日，由中国国家新闻出版广电总局、非洲广播联盟共同主办的第三届中非媒体合作论坛在北京举行。来自 44 个非洲国家的政府部长和非洲联盟委员会、非洲广播联盟以及中非广播影视媒体机构共 320 位代表参加了论坛及相关活动。围绕广播影视政策交流、媒体合作与能力建设、广播电视数字化和新媒体发展等议题，中非双方进行了深入探讨，并签署了 15 项中非合作成果文件。③ 2018 年 6 月 26 日，第四届中非媒体合作论坛在北京举行。本届论坛共有来自中非政府部门、媒体机构的 400 多名代表参加。代表围绕"中非媒体政策""中非媒体话语权建设""中非媒体数字化和内容产业发展"等议题进行了深入讨论。中非媒体签署 12 项合作协议，并通过关于进一步深化交流合作的共同宣言。④ 2020 年 11 月 17 日，为庆祝中非合作论坛成立 20 周年，落实 2018 年中非合作论坛北京峰会成果，中非媒体合作论坛在肯尼亚首都内罗毕举行，主题为"数字时代的中非媒体合作"。来自中国和 11 个非洲国家 120 多名政府官员、新闻从业人员和专家学者通过线上线下的方式与会。与会者就"技术对媒体实践的影响""数字时代的新闻生产与传播"等主题进行了深

---

① 《第二届中非媒体合作论坛在京开幕》，中国政府网，2014 年 6 月 16 日，http://www.gov.cn/govweb/xinwen/2014-06/16/content_2701499.htm，最后访问日期：2022 年 4 月 15 日。

② 《中非媒体领袖峰会在开普敦举行》，人民网，2015 年 12 月 2 日，http://world.people.com.cn/n/2015/1202/c1002-27878273.html，最后访问日期：2022 年 4 月 15 日。

③ 《第三届中非媒体合作论坛在京举行》，中国政府网，2016 年 6 月 21 日，http://www.gov.cn/xinwen/2016-06/21/content_5084179.htm，最后访问日期：2022 年 4 月 15 日。

④ 《第四届中非媒体合作论坛在京举行　通过进一步深化交流合作的共同宣言》，"新华社"百家号，2018 年 6 月 26 日，https://baijiahao.baidu.com/s?id=1604347815614278353&wfr=spider&for=pc，最后访问日期：2022 年 4 月 15 日。

入的交流，近千人通过社交媒体直播参与了此次论坛。[①]

第三，中国官方媒体和民营媒体在非洲的发展。目前，新华社非洲总分社以肯尼亚首都内罗毕为基，面向撒哈拉以南非洲国家从事新闻报道工作。除了通讯社传统的新闻采集发稿，新华社在非洲的业务还扩展到了电视媒体和新媒体领域。从 2011 年 1 月 1 日起，新华社主办的中国新华新闻电视网英语电视台开始通过南非米瑞德公司的电视播出网络，实现了对整个非洲大陆的覆盖，通过家用电视机顶盒进入 400 万个非洲家庭。同时，新华社非洲总分社编制的"新华手机报""新华短信"也陆续在多个非洲国家开启运转。在津巴布韦、南非等国家的主要城市，还设立了滚动播出新华社新闻的户外大屏幕。[②]

2001 年 6 月，中国国际广播电台与南非 MIH 公司签署了《中国国际广播电台与南非 MIH 公司节目转播协议》。2006 年 2 月，中国国际广播电台首家海外调频电台在内罗毕开播，这是中国在海外开设的第一家调频广播电台。2014 年 7 月，中国国际广播电台第 100 家海外分台南非约翰内斯堡中波台正式开播、国际台英文中华网在南非上线发布、《中国商旅》英语双月刊在南非创刊发行。目前，中国国际广播电台在肯尼亚的内罗毕、埃及的开罗、尼日利亚的拉各斯、津巴布韦的哈拉雷分别设有记者站。

2010 年 11 月 25 日，中央电视台非洲中心记者站在肯尼亚首都内罗毕举行揭牌典礼。2011 年央视在埃塞俄比亚、阿尔及利亚、苏丹、塞内加尔、坦桑尼亚、津巴布韦、刚果（金）、安哥拉、赞比亚和南非开普敦新设了记者站。目前，中央电视台在非洲共建立了 13 个记者站。2012 年 1 月，央视非洲分台（CCTV Africa）在肯尼亚正式开播。非洲分台是中央电视台的第一个海外分台，同时也是国际媒体在非洲建立的第一个分台。非洲用户也可以通过"我爱非洲"手机电视观看非洲台的节目。此前，央视以全媒体

---

① 《中非媒体合作论坛在肯尼亚举行　聚焦数字时代的中非媒体合作》，"环球网"百家号，2020 年 11 月 18 日，https：//baijiahao.baidu.com/s？id＝1683702202818262473&wfr＝spider&for＝pc，最后访问日期：2022 年 4 月 15 日。

② 康秋洁、刘笑盈：《中国媒体在非洲》，《世界知识》2012 年第 21 期，第 62 页。

方式播出了以非洲台为主制作的"非洲野生动物大迁徙",成就全球首次动物迁徙的电视全媒体大型直播创举,获得了各方的关注和好评。2018年3月,中央电视台(包括中国国际电视台)、中央人民广播电台、中国国际广播电台合并组建为中央广播电视总台,对外统一呼号为"中国之声",力图推动海外媒体传播能力建设,其中中国国际广播电台及其网站国际在线提供非洲本土语言豪萨语和斯瓦希里语内容,在非洲12个国家建立了23个海外分台。①

2012年12月《中国日报》非洲版在肯尼亚创刊发行,这是在非洲发行的首份中国英文报纸。其发行范围全面覆盖肯尼亚、南非、尼日利亚、埃塞俄比亚、坦桑尼亚、加纳等非洲重要国家,目标读者包括非洲各国的政府机构、工商界人士、主要智库、重点大学、在非洲的国际组织和跨国公司、驻非外交人员等。在《中国日报》非洲版创刊的同时,中国日报网非洲子网也于12月14日同步推出。②

《人民日报》也十分注重非洲报道,设立了非洲中心分社,并在南非、尼日利亚、苏丹和埃及派驻记者。2016年8月,由人民日报海外网和非洲华文传媒集团合作创办的非洲新闻网于坦桑尼亚首都达累斯萨拉姆正式上线。③

2013年10月,中国新闻社南非分社正式成立。中新社与南非、尼日利亚、肯尼亚、毛里求斯等多个国家的媒体保持了合作关系。

《中国与非洲》杂志由中国外文局所属《北京周报》社创办,是中国唯一专门面向非洲读者的以深度分析报道为主的评论性月刊。此刊致力于加强中非沟通,就有关中国、非洲和中非关系的热点问题提供有针对性的深度报

---

① 于桂章、王珩:《全球化语境下的中非合作话语体系建构探析》,刘鸿武主编《非洲研究》2019年第1卷,社会科学文献出版社,2019。

② 《〈中国日报〉在非创刊发行非洲版》,国务院新闻办公室网站,2012年12月14日,http://www.scio.gov.cn/zhzc/35353/35354/Document/1503851/1503851.htm,最后访问日期:2022年4月19日。

③ 李新烽、李玉洁:《新面孔与新变革:中国媒体改变非洲传媒格局》,《湖南师范大学社会科学学报》2018年第3期。

道、分析和评论，从而向非洲读者及时、客观地介绍中国情况，报道中国与非洲之间的双边关系、经贸合作、文化交流和民间往来的发展，为相关机构和人士提供实用服务信息。

民营企业代表四达时代集团从 2002 年开始拓展非洲市场，承接了习近平主席 2015 年在中非合作论坛约翰内斯堡峰会上宣布的"非洲卫星电视万村通"项目。目前，业务已遍及 37 个非洲国家，在 20 多个国家派驻了运营团队，为非洲 23 个国家 10112 个村落实施收看卫星数字电视工程。四达时代集成数百个频道的节目内容并推动中国主流媒体落地非洲，其包含 20 多个中国主流媒体频道，以及几乎涵盖所有非洲国家的电视台和收视排名靠前的私营电视台。节目类型涵盖新闻、综合、影视、体育、娱乐、儿童、音乐等，语种涉及英、法、葡及非洲当地的斯瓦希里语、豪萨语等 11 种语言[①]，对加强中非文化、传媒之间的连接发挥了重要作用。

此外，还有来自非洲国家的政府新闻官员和记者来华参加研修活动，非洲国家政府官员新闻研修班由国务院新闻办公室与商务部共同主办。非洲国家媒体官员来华参加由商务部和中国传媒大学主办的人才培训班，这是中非论坛后中国承诺为非洲培养媒体人才采取的重要举措，商务部和中国传媒大学承接了培训非洲广电系统从业人员的工作。

二　中非新闻媒体交往的主要特征：从对非援助到全方位合作

（一）以中国对非媒体援助为主

从新中国成立到改革开放这一时期，中非新闻媒体交往的主要形态模式以中国对非媒体援助为主。新中国成立之初，西方媒体凭借其技术优势占领世界舆论场，广大发展中国家难以发声。当时非洲国家的本土媒体处于被前殖民地压制状态，只能依靠如路透社、法新社、美联社、塔斯社等国际新闻

---

① 《四达时代副总裁：在非洲市场，我们是一家"从地里长出来"的公司》，腾讯网，2022 年 2 月 10 日，https：//new.qq.com/rain/a/20210512A05PY400，最后访问日期：2022 年 4 月 20 日。

生产机构获取新闻素材。① 在此背景下，中国开始致力于建设新闻事业，并向第三世界国家提供媒体建设方面的援助。其特征主要表现为以下几点。第一，通过媒介援助帮助非洲国家建立独立媒体。刚刚摆脱殖民统治的多数非洲国家独立后选择了去殖民化的媒体建设之路，努力改造原宗主国遗留的新闻基础设施，建立国有化新闻体制。② 中国以不干涉内政为原则，积极向非洲朋友伸出援手。第二，通过媒介援助建立中非友好关系。中国政府向部分非洲国家提供媒体建设所需的基础设施，如向坦桑尼亚援助广播电台短波广播发射台，向赞比亚、赤道几内亚分别援建外交电台和无线电台。中国不仅免费为非洲国家安装设备，而且为非洲国家提供技术培训，为中非友好往来打下坚实的基础。第三，传递中国声音打破旧的国际传播秩序。当时世界处于美苏对抗的国际政治格局中，西方媒体对中国进行了大量污名化报道，影响了我国的国际舆论环境。因此，中国携手非洲国家开展媒体交流与合作，为构建平等、公正、合理的国际传播新秩序作出了贡献。

（二）由媒体援助向双向互动合作过渡

从改革开放到 20 世纪末，这一时期中非新闻媒体交往的主要形态特征由媒体援助向双向互动合作过渡，具体表现为以下特点。第一，加强对非传播分支机构的建设。中国恢复了在"文化大革命"期间暂停的多项对非援助项目，设立非洲地区总社，统筹协调管理各分社的新闻报道工作。1986年，开罗记者站成立，英语和法语非洲国家总社也相继成立。第二，推动与非洲媒体人才的合作。为了填补文化沟壑，提高对当地民众的贴近性和吸引力，更快融入非洲国家的传媒市场，新华社、国际广播电台纷纷引入非洲本土新闻媒体工作者参与新闻采编工作，一方面加强了中非媒体工作者之间的交流，另一方面提高了中国媒体在非洲的竞争力。第三，免费新闻机制转为付费机制。这一时期中非媒体交往从原来的为政治和外交服务逐渐向文化、经济领域倾斜。20 世纪 80 年代末中国与非洲国家主流媒体的合作模式被付

---

① 柯林·斯帕克斯：《不断进行有价值的探索与努力——国际传播与信息新秩序漫谈》，吴长伟译，《中国记者》2011 年第 8 期。

② 朱振明：《非洲新闻传播事业的发展逻辑》，《国际新闻界》2011 年第 3 期。

费机制所取代。在非洲国家经济实力允许的条件下需要向新华社的新闻服务支付相应的费用。

（三）双方新闻媒体全方位、多层次的深度交流与合作

21世纪以来，中非新闻媒体交往的主要形态特征为双方媒体全方位、多层次的深度交流与合作。这一时期，中国的综合国力不断提升，国际地位逐步提高，中非处于历史最好的发展时期。与此同时，文化交流与合作被提升到与政治、经济合作同等重要的地位。中非媒体交流与合作牢牢把握中非合作大趋势，坚定维护中非互利共赢的合作大方向，在务实合作中共同发展。这一时期中非交往具体表现为以下特点。第一，中非媒体交流与合作呈现机制化趋势。中非媒体在"一带一路"和中非命运共同体框架下进行了富有成果的合作，建立了常态化、机制化交流合作模式。第二，实行对非精准化传播。随着数字技术的不断发展，中非媒体交流与合作实现跨越式发展。中非媒体运用大数据、云计算等技术服务于受众分析，进而达到精准传播的效果。第三，中非媒体交流与合作提升到战略传播的高度。中国和非洲都是积极维护世界和平的重要力量，都面临着相似的国际舆论环境。中非媒体交流与合作有助于双方媒体在重大国际问题上共同发声，在议程设置上相互积极配合，向世界传达客观、公正、理性的声音，增强中非媒体的国际传播力，共建中非媒体国际话语权，提升发展中国家的话语权，进而营造一个更加客观、公正、多元的国际舆论环境。

第三节　中非新闻媒体交流与合作的意义与前景

一　中非新闻媒体交流合作的意义

进入21世纪，随着我国综合国力和国际地位的不断提升，中国日益走近世界舞台的中央，有能力也有责任在全球事务中发挥更大作用。但"西强我弱"的国际舆论格局并没有根本改变，西方凭借话语霸权不断抹黑中国形象，歪曲中非合作，以"新殖民主义"和"债务外交陷阱"等论调来阻碍中非关系发展。在此背景下，如何更好地向世界传播中国声音，打造与我国综合国力相匹配的

国际传播能力，提升中国在国际舆论场的话语影响力显得尤为迫切。中非媒体交流与合作有助于加深中非传统友谊，对构建中非命运共同体具有重要意义。在国际上，中非媒体交流与合作推动了中华文化在世界范围内的传播，展现了中华民族开放、包容、自信的国际形象，提升了国际话语权，增强了国际舆论引导力，对推动国际传播新秩序的构建具有重要意义。

第一，中非媒体交流与合作为中非各领域发展提供了良好的社会生态，推动中非命运共同体的构建。中国与非洲历来是休戚与共的命运共同体。当前，中非关系已经站在了新的起点上，中非媒体合作也迎来了难得的机遇。中非媒体交流与合作加深了中非媒体以及民众对彼此文化、历史、信仰的了解，夯实了民意基础，有助于双方制定符合真实需求的合作战略，进而促进中非在政治、经贸、安全、卫生等其他领域的发展与合作。在中非全面战略合作伙伴关系的引领下，中非媒体交流与合作更加丰富多彩。中国媒体积极走进非洲，非洲媒体和记者也主动报道中国。当今世界正经历百年未有之大变局，人类面临公共卫生、环境气候、经济贸易等一系列全球性挑战，进一步凸显世界各国的命运紧密相连。同时，新一轮全球科技和产业变革给国际社会深化合作带来了契机。当前中非关系处于历史最好时期，双方经济互补优势将更加明显，中非媒体交流与合作牢牢把握中非合作大趋势，坚定维护中非互利共赢的合作大方向，双方在务实合作中共同发展，给双方人民带来实实在在的好处，滋养着中非友谊的合抱之木越长越高。中非媒体合作为构筑"政治上平等互信、经济上合作共赢、文化上交流互鉴"的中非全面战略伙伴关系和中非命运共同体建设提供持久助力、发挥着重要作用。

第二，中非媒体交流与合作有助于讲好中非友好故事，驳斥西方负面舆论，推动国际传播新秩序的构建。习近平主席在 2018 年中非合作论坛北京峰会开幕式上的主旨讲话中指出："中非合作好不好，只有中非人民最有发言权。"① 中非友好的根基在人民，媒体是中非交流互鉴的载体、民心相通

---

① 习近平：《携手共命运　同心促发展——在二〇一八年中非合作论坛北京峰会开幕式上的主旨讲话》，《人民日报》2018 年 9 月 4 日，第 2 版。

的桥梁。随着中非关系的发展，西方媒体总是戴着有色眼镜"讲述"中国故事、非洲故事，甚至刻意唱衰、抹黑中非合作，利用其话语权优势频频抛出"中国威胁论"，大肆宣扬中国对非洲实行"新殖民主义""掠夺资源"，这些负面论调严重影响了中国的国际形象，对南南合作、南北关系的健康发展造成负面影响。中非媒体和媒体工作者要捍卫中非共同利益，做中非舆论的主导者。中非媒体只要携手努力，加强新闻报道、内容创作、渠道建设等方面的交流合作，在重大地区和国际问题上相互借力、共同发声，就一定能够讲好中国故事、非洲故事以及中非友好合作故事，向世界展现最真实的中非友好合作关系，消除西方负面报道的不良影响，不断夯实中非友好的民意和社会基础，为深化中非友好合作、共同繁荣发展提供有力舆论支持，推动国际舆论真实、均衡地报道中非关系。

中国是最大的发展中国家，非洲是发展中国家最集中的大陆，中国和非洲都是积极维护世界和平的重要力量，都面临着相似的国际舆论环境。中非媒体交流与合作有助于双方媒体在重大国际问题上共同发声，在议程设置上相互积极配合，向世界传达客观、公正、理性的声音，增强中非媒体的国际传播力，共建中非媒体国际话语权，提升发展中国家的话语权，进而营造一个更加客观、公正、多元的国际舆论环境。

第三，中非媒体交流与合作有助于塑造良好的国际形象，增强中华文化国际影响力。习近平总书记指出："要注重塑造我国的国家形象，重点展示中国历史底蕴深厚、各民族多元一体、文化多样和谐的文明大国形象，政治清明、经济发展、文化繁荣、社会稳定、人民团结、山河秀美的东方大国形象，坚持和平发展、促进共同发展、维护国际公平正义、为人类作出贡献的负责任大国形象，对外更加开放、更加具有亲和力、充满希望、充满活力的社会主义大国形象。"① 国家形象是国际社会了解和认识我国的重要渠道，大国形象是一种无形的力量，蕴含着强大的吸引力、感召力、亲和力，是增

---

① 中共中央文献研究室编《习近平关于社会主义文化建设论述摘编》，中央文献出版社，2017，第 202 页。

强中华文化国际影响力的重要路径。长期以来，在国际舆论场上，西方舆论霸权的高墙越筑越高，中国的国际形象构建受到西方国家的刻意压制，导致我国国际形象在一定程度上处于"他塑"的窘境之中。深化中非媒体间的交流与合作，有助于在国际上赢得更多的认同、政治信任，消除国际社会对中非关系的某些误解和偏见，扭转国际话语场域的主导权与突破西方传播语境的封锁等，促进国际舆论朝多元、包容的方向发展。中非媒体交流与合作有助于提升对外文化传播能力，推动中华文化走出去，将真实、立体、全面的中国展现给世界，带动中华文化的国际传播，进而增强中华文化国际影响力。

第四，中非媒体交流与合作有助于增进中国民众对非洲的了解，促进中非民心相通。中非推进媒体交流与合作是一个双向互动的过程，不仅应致力于推动中华文化走进非洲，对非讲好中国故事，更是要让古老而灿烂的非洲文化被更多中国民众知晓，讲好非洲故事与中非友好交往的故事。这要求中国媒体在对非报道中，需要更加关注非洲视角、非洲传统文化以及中非交往中的非洲角色，呈现双向互动的交往视角，真正架设起中非人文交流的桥梁，促进中非民心相通。作为同呼吸、共命运的好兄弟，中国一直将自身发展同非洲发展紧密结合，因而中国媒体更多关注非洲本地议题并为其提供可供参考的中国视角，更积极地向中国民众宣传介绍非洲文化与非洲事务，这也正是践行中非文明交流互鉴的题中应有之义。为实现这一目标，中非媒体应加强在媒体运营、节目制作、技术服务、人才培养等方面的交流合作，并努力探索更多务实高效的合作项目，在增进中非双向了解的同时，在国际舞台上提升中非同作为发展中国家的国际话语权。

二　中非新闻媒体交流合作面临的挑战

在中非双方的高度重视和积极行动下，中非媒体交流与合作成果丰硕，但也出现了诸多问题。中非能否有效应对这些挑战，影响着中非媒体交流与合作的效果，进而影响中非人文共同体的构建。

随着中非媒体交流合作的不断推进与发展，新的问题也不断出现，从实际情况出发，全面检视中非媒体领域所存在的问题，对于中非未来的合作与发展具有重要的指导意义。目前，中非新闻媒体交流合作面临的挑战主要包括以下几个方面。

（一）对非传播战略体系性问题

首先，对非传播体系规划细节不够完善。随着媒体融合发展迈向纵深，媒介逻辑深度介入社会建构过程，媒介化社会已经来临。[①] 对非传播与其政治、经济、社会、文化等领域紧密相关。因此，对非传播战略体系需要有系统的规划理念。综观我国对非传播现状，虽然已开始重视战略传播，但具体的体系规划细节仍不完善。应加强对非传播战略的更具体实施规划以及相关法律法规的保障。其次，对非传播官方和民间的联动性较弱。开创官方、民间多层级同频共振是中非媒体交流与合作必备的横向思维。当前的中非媒体交流格局仍以官方为主。中国半官方性质的民间组织、纯民间性质的企业或机构虽然在中非媒体交流与合作中发挥了一定的积极作用，但是中国政府依然扮演着中非媒体交流与合作的主要角色。最后，地方媒体的对非传播参与度较低。我国的对非传播以官方的主流媒体为主，地方媒体的传播效能未得到有效发挥，降低了对非传播内容的多样性。此外，非洲媒体与中国媒体共同打造媒体传播内容的案例较少，应该创新对非传播方式。

（二）话语体系的平衡性问题

在中非媒体交流中，中国媒体习惯采用宏大叙事的方式进行对非传播，微观视角还较为缺乏，这影响了非洲民众对中国民众以及文化的感性认识。具体而言，对非传播中新闻报道模式的失衡阻碍了非洲民众对中国经验的认识。有传播学者指出，信息传播一般可分为"信息模式"和"故事模式"。[②] 信息模式的新闻主要用来传达客观事实，故事模式的新闻主要呈现经过修饰后的事实，以此来引导大众。我国对非传播主要由主流媒体主导，

---

① N. Couldry, A. Hepp, "Conceptualizing Mediatization: Contexts, Traditions, Arguments," *Communication Theory*, Vol. 23, No. 3, 2013, p. 192.

② 〔美〕迈克尔·舒德森：《发掘新闻：美国报业的社会史》，陈昌凤等译，北京大学出版社，2009，第 79 页。

而主流媒体的严肃性客观上影响了非洲民众对中国的认知效果。与此同时，新闻报道中要兼顾软硬新闻的平衡以及全息报道问题。硬新闻是关系到国计民生以及人民切身利益的新闻，包括党和国家重大方针、政策的制定和改变，市场行情、疾病流行、重大灾难事故等。软新闻是富有人情味、纯知识、纯趣味的新闻。全息报道是运用信息使用的多角度的特点，对新闻做多侧面、多角度报道的一种新闻报道方式，又称全方位报道。对非传播中需要平衡好软硬新闻，需要加强全息报道，这有助于非洲民众增强对我国的理性认识，进而影响对非传播效果。

（三）人才培育的协同性问题

在信息技术迭代升级速度加快的时代背景下，对外传播与政治、经济、文化的互嵌性加强，新闻传播专业人才已经无法满足现实需求。因此，在对非传播人才培养过程中应加强对多学科、多领域人才的协同培养。从这一视角反思当前我国对非传播人才的培养机制，笔者发现存在以下问题。首先，我国的非通用语缺少体系性。人才作为交流的主体，其对非洲国家语言的掌握直接影响着中非交流与合作的效果。长期以来我国的非通用语教育和培训体系不完备，在过去的语言教学培养中，我国偏重于英语和法语等，非通用语的教学培养相对较弱。这体现在非洲通用语人才培养出现断层，严重影响了这些地区的人文交流活动。其次，非通用语人才储备的不足，教师学历层次较低，对我国非通用语人才的培育生态具有非常大的影响。比如，中国对来华非洲人员研修班通常使用第三国语言，如阿拉伯语、法语、英语等，尤其当涉及小语种的翻译时，翻译力量和水平不足，这往往成为制约各类培训班教学质量的因素之一。[①] 最后，区域国别研究与非通用语之间相对隔绝，很多非通用语专业学生毕业后并不从事本专业的工作。

（四）西方国家的话语攻讦

长期以来，西方国家标榜民主与自由，抹黑中国与非洲的交往，意识

---

① 刘婵：《"一带一路"倡议下对外军事培训中的跨文化传播》，载王战、张瑾、刘天乔主编《非洲经济和社会文化制度研究》，武汉大学出版社，2018，第167页。

形态冲突和文化价值观对立愈演愈烈，我国对非交往也受到一定影响。随着我国政治、经济、军事、科技等硬实力的提升，西方媒体在国际话语空间蓄意抹黑中国、妖魔化中国，炮制"中国威胁论""新殖民主义论"等论调对中国展开攻击，质疑中国对非交流与合作的真正意图。尽管一些非洲国家的精英针对美国等西方国家的"中国威胁论""新殖民主义论"等论调也在不断进行反击，但是这些西方论调在非洲仍然具有一定舆论市场，对中国形象产生了一定的负面影响，影响中非交流效果。例如，西方国家将我国与非洲国家的文化交流污名化为别有用心的政治动机，将中国在非开设的孔子学院、开展的智库文化活动以及媒体信息投放等交流活动污名化为"文化渗透"，这种无视客观事实的强行指责极其牵强，完全是为实现遏制中国的政治目的而炮制的极具欺骗性的话语。在对非媒体交流与合作中，我国所塑造的国家形象在一定程度上取决于与一些国家的话语博弈，西方国家对我国展开的舆论攻击，形塑了西方社会的对华思维，而且蓄意误导国际社会舆论，为我国塑造在非洲国家良好的大国形象增加了难度。对此，积极采取有效措施，破除西方国家的抹黑攻讦，争取文化交流的主动权显得尤其迫切。

三　中非新闻媒体交流合作的前景展望

近年来，随着中非友好关系的深入发展，中非文化合作被提升到与政治、经济合作同等重要的地位。中非媒体交流与合作有助于增进相互沟通与交往，促进中非文明交流互鉴。在信息化、网络化、数字化的驱动下，中非新闻媒体合作迎来了难得的发展机遇，应把握这一历史机遇，举各界之力，融合"一带一路""中非命运共同体"等重要倡议和理念，构建具有中国特色的中非话语体系。在此基础上笔者提出以下几点策略建议。

（一）布局智能全媒体传播体系

2019年10月，党的十九届四中全会审议通过了《中共中央关于坚持和完善中国特色社会主义制度、推进国家治理体系和治理能力现代化若干重大问题的决定》，指出要建立以内容建设为根本、先进技术为支撑、创新管理为保障的全媒体传播体系。① 在此背景下，我国对非传播应高度重视全媒体发展的机遇，创新技术驱动媒体跨越式发展，全面布局智能全媒体对非传播体系。其一，智能全媒体交流体系的建设应从顶层框架设计出发，中期进行方案设计，后期进行微观细节完善，优化对非交流传播的整体实施方案，明确各相关部门在推进中非媒体交流与合作中的职责。其二，充分发挥非官方媒体、自媒体等的传播动能。积极推动非官方媒体、自媒体等传播媒介参与到对非传播事业中。在可以利用的对非传播平台发布信息，丰富对非传播话语体系，为讲好中国故事、传递好中国声音形成合力。其三，加强对智能媒体技术的应用。运用大数据、云计算等技术分析受众，监测舆情，运用智能影像等技术增强受众吸引力，进而达到更好的传播效果。

（二）加强跨领域媒体交流协同研究

目前，我国在对非传播研究中跨学科对话较少。从结构来看，应积极推动政府、科研机构、传媒机构、民营企业以及民众等传播主体的全方位协同合作。未来应该重点攻克智库建设、跨学科研究、期刊建设等方面的难关。其一，加强跨文化传播研究、跨学科研究、区域国别研究，加强对非洲不同国家文化习俗民情等的研究，探究针对非洲不同国家和地区的交流策略。其二，加大在青年项目、重大项目课题、国家社科基金等课题申报中对非媒体交流相关研究的资助力度，鼓励研究人员对非文化交流展开深入研究。其三，应加强对非媒体的交流与智库建设，包括对智库人才队伍的建设，对有能力进行跨学科研究的学术智库给予资源倾斜，推动攻关中非媒体交流核心议题。其四，加强有关中非媒体交流期刊的建设，在不同学科的核心期刊中增设中非媒体交流相关专栏，鼓励学者产出更多有影响力的学术研究成果。其五，重视传媒产业合作的积极作用，积极对接非洲国家的传媒产业，促进中非媒体交流各领域协同发展。

---

① 《中共中央关于坚持和完善中国特色社会主义制度　推进国家治理体系和治理能力现代化若干重大问题的决定》，中国共产党新闻网，2019 年 11 月 6 日，http：//cpc.people. com.cn/n1/2019/1106/c64094-31439558.html，最后访问日期：2022 年 4 月 22 日。

（三）构建多维融合的媒体交流机制

第一，加强对非传播主体的多元协同，充分发挥传统媒体与新兴媒体的优势，运用报纸、广播、电视、新兴媒体等媒介传播中非共同价值理念。第二，创新对非媒体传播话语方式。充分发挥官方媒体与民间媒体的协同互补作用。习近平总书记指出："媒体融合发展是一篇大文章。面对全球一张网，需要全国一盘棋。"① 官方媒体注重讲事实、摆证据，在表达立场、时事分析等方面具有权威性，是官方宣传的重要窗口。民间媒体作为非政府机构，在传播方面更具有亲和力，应充分利用民间媒体的传播力。因此，中国政府应该积极鼓励非政府机构"走进"非洲，加大政策扶持力度，培育相关专业人才，为非政府机构"走进"非洲提供有力保障。第三，丰富对非媒体传播话语内容。加强中国媒体与非洲当地媒体的合作，大胆重用非洲国家优秀的本土人才，填补文化沟壑，更快融入非洲国家的传媒市场，提高对当地民众的贴近性和吸引力。不仅要加强中国对非洲的本土化传播，还要培养非洲媒体、非洲朋友讲述中国故事的能力。非洲朋友讲中国故事有助于非洲民众对中华文化有更直观全面的了解，增强对中国文化的认同感。例如，首部由中非联合导演制作，关于非洲人在中国生活、学习和工作的纪录片《我从非洲来》，其中所呈现的都是这些人物的所知所感，都是真人真事，只有这些平凡的生活点滴，才能真正打动人，拉进中非民众心与心的距离。纪录片在桑给巴尔国际电影节上首映，获得了高度评价。

（四）推进对非话语体系的建设与实践

近年来，随着中非合作的快速发展，双方在政治、经济、社会、文化等领域成果丰硕，为中国提升对非话语权打下了坚实的基础。中国建构对非话语体系以问题为中心，以国情为依据，以事实为支撑，以时代为参照，以合作共赢为策略，以大众化、可视听化为取向，以诠释"中国梦"为旨归，前后传承、与时俱进。② 提升对非话语体系，首先要强化传播主体意识。充

---

① 习近平：《习近平谈治国理政》（第三卷），外文出版社，2020，第 320 页。
② 龙小农：《从"兄弟"到"命运共同体"——中国建构对非洲话语体系的理念与实践》，《现代传播》2016 年第 1 期。

分发挥好官方层面和民间层面传播主体的比较优势，同时也要充分发挥非洲媒体的话语构建功能。其次，在传播受众上，实现精准传播。针对不同的非洲地区实行分众化差异化的传播，精准匹配不同传播受众的认知需求。再次，在传播内容上设置重点议题。议题设置是引导舆论导向的关键，多传播正能量的议题、富有人情味的议题。发出中国声音，优化故事叙事，从不同的视角出发，用生动的故事肌理讲好中国形象。例如，专门依托"一带一路"倡议和"构建中非命运共同体"开设议题。针对西方媒体的抹黑诋毁要积极发声，做好应对与反击，有效地引导舆论走向。再次，传播内容要实行分众化表达、区域化表达，推出因地制宜的内容和传播路径，以增强对非传播的亲和力和实效性，达到共情传播。最后，在传播效果上设置话语反馈机制。反馈机制有助于传播主体了解传播效果，进而优化传播内容、方式等要素。充分利用大数据技术，进行舆情监测，同时要完善传播效果评价体系。

（五）探索协同化媒体交流人才培养路径

其一，加强对非传播理论研究人才队伍的建设。一是要加强研究对非传播的规律。中国和非洲国家国情不同，发展历史相异，因而在对非传播中要基于对历史、现实、未来不同维度的分析判断，来指导对非传播实践，要注重培养一支既懂非洲又懂传播规律的理论人才队伍。其二，加强培育区域与国别研究人才。互联网时代，网络传播在跨越地理疆域的同时，也通过多样化的语言、多元的社会和文化走向世界。无论是地理空间上的区域与国别，还是文化空间上的多元分众化发展，都需要多学科深入研究区域国别各领域的差异，提升对非传播的效果更是需要专业的区域与国别人才。其三，加强跨学科、多领域对非传播人才队伍建设。新型对非媒体交流与合作应统筹规划各学科人才的培养工作，使得相关人才所学为所用，推动其学校所学与社会就业形成闭环。高校应该加强对非洲学的课程建设，积极培养壮大研究非洲的人才队伍。与此同时，我们也要加强培养研究中国的非洲人才。

非洲是世界第二大洲，是一个被称为"世界矿产资源宝库"的大陆，是一个拥有十几亿人口、市场潜力巨大的大陆，是一个拥有 54 个国家、占联合国会员国总数超过 1/4 的大陆，是一个正处于发展上升势头、充满希望的大陆，是与我国保持传统友好的全面战略合作伙伴，在我国外交战略全局中具有重要的基础地位。与此同时，西方长期把非洲视为势力范围和"后花园"，对快速发展的中非关系深感忧虑，认为其利益受到很大威胁，遂千方百计地挑拨中非关系，干扰和阻挠中国在非洲的发展，"新殖民主义论""中国威胁论""资源掠夺论"等歪理邪说由此而生，给中非关系与中非合作带来一定负面影响。

汉语有个成语叫"众口铄金"，意思是舆论的力量非常强大，能够熔化金属。当今世界的媒体，作为有组织、系统化的舆论机构，以其极大的信息量、极快的传播速度和极广的传播范围，左右着人们的思想和行为，推动着人类社会进步，影响着世界局势和国际关系的演变。可以说，舆论的力量无时无处不在，从事传媒业的记者们甚至被称为"无冕之王"。毫无疑问，中非关系稳定发展，媒体在其中发挥了独特而又重要的作用。

总体来说，非洲人民对中国比较友善，涉华舆论和媒体报道较为客观积极。但由于社会发展落后、信息闭塞等，非洲普通民众对中国的了解还非常有限。非洲新闻业落后，媒体欠发达，驻华媒体机构较少，当地涉华报道很多是引自西方媒体，非洲记者的直接报道比例较小，从而导致一些消极甚至负面报道不时出现。非洲国家的非政府组织日趋活跃，它们中许多受西方支持和资助，有的非政府组织还对我国抱有偏见。

造成这种情况的原因很多，但以下三点尤为关键。第一，中非相互直接的了解仍然远远不够。目前，中非相互直接的了解仍仅限于政府官员、学者、记者、商人和留学生等群体，对于有着超过 14 亿人口的中国和十几亿人口的非洲而言，这一数字比例是非常小的。第二，易受西方媒体影响。当今世界的话语权仍掌握在西方手中。在中非相互直接了解仍然不足的情况下，无论是中国媒体关于非洲的报道，还是非洲媒体关于中国的报道，都不可避免地受到西方媒体的影响，有时甚至是直接采用西方媒体的稿源。第三，媒体监管缺失。非洲国家大多数媒体为私营媒体，常常打着新闻自由的旗号，刊发一些主观臆造、恶意抹黑甚至是虚假的新闻报道，这种情况很泛滥而且缺少监管。

对于非洲媒体上出现的一些涉华负面报道，我们应当理性地、有区别地看待，找出背后的深层次原因，探寻可行的解决之道。从长远来看，需要中非共同努力，加强双方全方位、多层次、多领域、深程度的交流，进一步促进双方全面、深入了解，少走通过第三方来了解对方的弯路。当务之急，是要推动中非双方媒体之间的交流与合作，让更多的中国媒体和记者走进非洲，把更多的非洲媒体和记者请到中国来，把更多更直接关于中国、关于非洲、关于中非关系的全面深入客观报道呈现给中国人民和非洲人民，呈现给全世界。中非媒体在促进中非双方相互了解、推动中非关系的健康稳定可持续发展方面，还有很多的事情要做，有很长的路要走。

此外，在国际舆论宣传方面，我国往往处于被动状态，这从根本上说是由"西强我弱"的国际话语权态势造成的，但也与我国对外宣传机制不尽完善不无关系。官方、媒体、学者发声没有形成合力，缺少主动性和前瞻性，无法"痛击"西方恶意中伤。为此，我国官方、媒体、智库需要建立一个有效的、完善的协调机制，针对某一议题，从不同层次、不同渠道、不同角度协同发声，在对外宣传和争夺国际话语权方面，形成自己强有力的话语权体系。

总之，新闻媒体领域对中非关系健康稳定发展起着独特而又重要的作用。我们要以习近平总书记新闻舆论观为指导，加强与非洲在新闻媒体领域的交流合作，牢牢把握中非合作话语权，讲好中国故事、非洲故事和中非友好故事，推动国际社会形成正确的中国观、非洲观、中非合作观。

第九章　中非学者与智库的
交流与合作

21 世纪以来，中非合作不断向纵深发展，以及中国在非洲国际影响力的不断提升，引起了越来越多国家对中非合作的关注和认同。然而，一些西方国家对中国充满了意识形态偏见，蓄意抹黑中国、妖魔化中国，炮制"中国威胁论""新殖民主义论"等论调对中国展开攻击，质疑中国对非人文交流的真正意图。面对复杂的外部舆论环境，中非学者与智库应发挥好在中非交流合作中的桥梁作用，为中非关系的可持续发展提供智力支持，为促进世界不同文明交流互鉴贡献智慧，与此同时，在参与全球治理体系改革以及构建新型文明秩序中展现中非双方的责任与担当。

第一节　习近平关于中非学者与智库
交流与合作的论述

党的十八大以来，习近平总书记高度重视智库的重要地位与作用，提出了一系列新理念新思想新战略。习近平总书记从坚持和发展中国特色社会主义、实现中华民族伟大复兴的高度，多次阐述加强中国特色新型智库建设的有关问题。在党的十九大报告中，他进一步指出，要"深化马克思主义理论研究和建设，加快构建中国特色哲学社会科学，加强中国特色新型智库建设"①。习近平总书记关于加强中国特色新型智库建设的重要论述，指明了建设中国特色新型智库的重要意义、科学内涵，并对如何加强中国特色新型智库建设作出了战略部署，是我们在新时代推进国家高端智库建设的根本遵循和行动指南，具有重大的理论创新价值和实践指导意义，为中国特色新型智库建设指明了方向。

一 加强中国特色新型智库建设

早在 2013 年 4 月，习近平总书记就加强中国特色新型智库建设作出明确批示："智库是国家软实力的重要组成部分，随着形势的发展，智库的作用会越来越大，要高度重视、积极探索中国特色新型智库的组织形式和管理形式。"② 由此，"中国特色新型智库"的概念进入人们的视线，并迅速受到学界热议。此后，智库建设的重要意义上升到推动决策科学化、民主化，实现国家治理体系和治理能力现代化，增强国家软实力的高度，这标志着中国对于智库建设的重要意义在认识上进一步深化。

2014 年 3 月，习近平主席访问德国时提出，要加大政府、政党、议会、智库之间的交往③，明确把"智库外交"纳入国家之间交流与合作的轨道中。

2014 年 7 月，习近平总书记在经济形势专家座谈会上第一次从国家治理的角度阐述了智库问题，他指出："广泛听取各方面专家学者意见并使之制度化，对提高党的执政能力、提高国家治理能力具有重要意义。"④

2014 年 10 月 27 日，中央全面深化改革领导小组第六次会议审议了

---

① 习近平：《决胜全面建成小康社会　夺取新时代中国特色社会主义伟大胜利——在中国共产党第十九次全国代表大会上的报告》，人民出版社，2017，第 41~42 页。
② 刘潇潇：《"大而全"不如"小而精"——如何建设中国特色的专业智库》，《理论学习》2015 年第 7 期，第 30 页。
③ 李国强：《为国家治理提供高质量智力支持——关于建设中国特色新型智库的调查与思考》，《光明日报》2014 年 7 月 29 日，第 11 版。
④ 《习近平主持召开经济形势专家座谈会强调　更好认识和遵循经济发展规律　推动我国经济持续健康发展》，《人民日报》2014 年 7 月 9 日，第 1 版。

《关于加强中国特色新型智库建设的意见》，习近平总书记在会上强调："智力资源是一个国家、一个民族最宝贵的资源。我们进行治国理政，必须善于集中各方面智慧、凝聚最广泛力量。改革发展任务越是艰巨繁重，越需要强大的智力支持。"①

2015 年 3 月，习近平主席在博鳌亚洲论坛主旨演讲中提出"打造智库交流合作网络"②的倡议。

2015 年 10 月 29 日，习近平总书记在党的十八届五中全会第二次全体会议上的讲话中指出，"要更加注重对国内外经济形势的分析和预判，完善决策机制，注重发挥智库和专业研究机构作用"③。这启示我们，智库研究必须立时代之潮头，发思想之先声，善于捕捉倾向性、苗头性问题，并提出前瞻性、战略性对策。

2015 年 11 月，中央全面深化改革领导小组第十八次会议讨论通过了《国家高端智库建设试点工作方案》。习近平总书记在会上指出，要优先选择若干基础条件较好、专业特色突出的机构进行试点，建设一批国家亟需、特色鲜明、制度创新、引领发展的高端智库。④

2016 年 5 月 17 日，习近平总书记在哲学社会科学工作座谈会上强调，"智库建设要把重点放在提高研究质量、推动内容创新上。要加强决策部门同智库的信息共享和互动交流，把党政部门政策研究同智库对策研究紧密结合起来，引导和推动智库建设健康发展、更好发挥作用"⑤。这表明，推动高质量发展不仅是做好当前和今后一个时期经济社会发展工作的根本要求，也为新时代智库建设指明了方向、提供了遵循。

---

① 《习近平主持召开中央全面深化改革领导小组第六次会议强调　学习贯彻党的十八届四中全会精神　运用法治思维和法治方式推进改革　李克强刘云山出席》，《人民日报》2014 年 10 月 28 日，第 1 版。

② 《迈向命运共同体　开创亚洲新未来——在博鳌亚洲论坛 2015 年年会上的主旨演讲》，《人民日报》2015 年 3 月 29 日，第 2 版。

③ 《以新的发展理念引领发展，夺取全面建成小康社会决胜阶段的伟大胜利》，中共中央文献研究室编《十八大以来重要文献选编》（中），中央文献出版社，2016，第 835 页。

④ 王斯敏、张胜：《以科学咨询支撑科学决策》，《光明日报》2018 年 12 月 6 日，第 15 版。

⑤ 习近平：《在哲学社会科学工作座谈会上的讲话》，人民出版社，2016，第 27 页。

2016 年 6 月 20 日，习近平主席出席丝路国际论坛暨中波地方与经贸合作论坛开幕式，强调"智力先行，强化智库的支撑引领作用，要加强对'一带一路'建设方案和路径的研究，在规划对接、政策协调、机制设计上做好政府的参谋和助手，在理念传播、政策解读、民意通达上做好桥梁和纽带"①。2016 年 6 月 22 日，习近平主席在乌兹别克斯坦最高会议立法院的演讲中指出，"加强人文领域合作，深入开展教育、科技、文化、体育、旅游、卫生、考古等领域合作，建立大数据交流平台，共同打造'一带一路'智库合作网络"②。

2017 年 5 月，习近平主席又在首届"一带一路"国际合作高峰论坛开幕式上的主旨演讲中提出，"要发挥智库作用，建设好智库联盟和合作网络"③，携手打造"智力丝绸之路"。在二十国集团领导人峰会、金砖国家领导人会晤等多边外交场合，习近平主席多次强调智库要发挥积极作用。

党的十九大报告强调"加快构建中国特色哲学社会科学，加强中国特色新型智库建设"④。中国特色新型智库建设要以中国哲学社会科学为基础，结合新时代中国的国情、智库发展现状，构建富有中国特色的智库话语体系。

2018 年 5 月，习近平总书记在中国科学院第十九次院士大会、中国工程院第十四次院士大会上又指出，"要加快建立科技咨询支撑行政决策的科技决策机制，注重发挥智库和专业研究机构作用，完善科技决策机制，提高科学决策能力"⑤。

2019 年 4 月 25 日，习近平主席在向"一带一路"国际智库合作委员会

---

① 张胜、李晓：《"一带一路"，中国智库"动"起来》，《光明日报》2019 年 3 月 29 日，第 1 版。

② 《习近平：携手共创丝绸之路新辉煌　在乌兹别克斯坦最高会议立法院的演讲》，《国际援助》2016 年第 4 期，第 11 页。

③ 《携手推进"一带一路"建设——在"一带一路"国际合作高峰论坛开幕式上的演讲》，《人民日报》2017 年 5 月 15 日，第 3 版。

④ 习近平：《决胜全面建成小康社会　夺取新时代中国特色社会主义伟大胜利——在中国共产党第十九次全国代表大会上的报告》，《理论学习》2017 年第 12 期，第 17 页。

⑤ 喻思南：《加快完善科技决策机制》，《人民日报》2018 年 7 月 9 日，第 18 版。

成立大会的贺信中指出："智库是共建'一带一路'的重要力量。开展智库交流合作，有助于深化互信、凝聚共识，推动共建'一带一路'向更高水平迈进。"[①]

习近平总书记提出的"加强中国特色新型智库建设""智库观"，是中国智库健康发展的根本指南和保障，对提高党的执政能力具有重要价值，对加强当代中国智库建设、不断推进国家治理体系和治理能力现代化具有重要借鉴意义。

二　汇聚中非学术智库资源

2010 年 11 月 18 日，习近平主席在中非合作论坛成立 10 周年研讨会上的演讲中指出："中非合作论坛尊重中非各自的文化特性，促进了不同文明和谐共存、交流互鉴。10 年来，中非教育、科技、文化以及人员交流、人力资源开发等领域合作成果丰硕。中非青年联欢节、中非文化聚焦、中非科技伙伴计划、中非法律论坛、中非联合研究交流计划等合作项目，有力增进了中非人民的相互了解和友谊。南非在落实中非人文交流方面成果尤为突出，目前已有 5 所孔子学院在南非落户。中国对非培训工作加速推进，迄今已为非洲培训近 3 万名各类人才；2009 年非洲在华留学生达 1.2 万多名，他们是建设和发展非洲的宝贵人才，也是促进中非交流、深化中非友谊的重要力量。"[②]

2015 年 12 月 5 日，在中非合作论坛约翰内斯堡峰会上的总结讲话中习近平主席指出："将中非关系提升为全面战略合作伙伴关系，决心共同致力于做强和夯实政治上平等互信、经济上合作共赢、文明上交流互鉴、安全上守望相助、国际事务中团结协作'五大支柱'。"[③] 为推进中非全面战略合作伙伴关系建设，中方愿在未来三年同非方重点实施"十大合作计划"，其

① 王辉耀：《发挥智库优势　推动"一带一路"走深走实》，《中国青年报》2019 年 4 月 28 日，第 2 版。
② 《共创中非新型战略伙伴关系的美好未来——在纪念中非合作论坛成立 10 周年研讨会开幕式上的演讲》，《人民日报》2010 年 11 月 19 日，第 3 版。
③ 《在中非合作论坛约翰内斯堡峰会上的总结讲话》，《人民日报》2015 年 12 月 6 日，第 2 版。

中第九项涉及中非人文合作计划。中方将为非洲援建 5 所文化中心，为非洲 1 万个村落实施收看卫星电视项目；为非洲提供 2000 个学历学位教育名额和 3 万个政府奖学金名额；每年组织 200 名非洲学者访华和 500 名非洲青年研修；每年培训 1000 名非洲新闻领域从业人员；支持开通更多中非直航航班，促进中非旅游合作。

2018 年 9 月 3 日，习近平主席在中非合作论坛北京峰会上明确指出，中非双方要携手打造的是责任共担、合作共赢、幸福共享、文化共兴、安全共筑、和谐共生的中非命运共同体。讲话指出："我们都为中非各自灿烂的文明而自豪，也愿为世界文明多样化作出更大贡献。我们要促进中非文明交流互鉴、交融共存，为彼此文明复兴、文化进步、文艺繁荣提供持久助力，为中非合作提供更深厚的精神滋养。我们要扩大文化艺术、教育体育、智库媒体、妇女青年等各界人员交往，拉紧中非人民的情感纽带。""中国愿以打造新时代更加紧密的中非命运共同体为指引，在推进中非'十大合作计划'基础上，同非洲国家密切配合，未来 3 年和今后一段时间重点实施'八大行动'。"其中，第七项涉及实施人文交流行动，中国决定设立中国非洲研究院，同非方深化文明互鉴；打造中非联合研究交流计划增强版；实施 50 个文体旅游项目，支持非洲国家加入丝绸之路国际剧院、博物馆、艺术节等联盟；打造中非媒体合作网络；继续推动中非互设文化中心；支持非洲符合条件的教育机构申办孔子学院；支持更多非洲国家成为中国公民组团出境旅游目的地。①

2019 年 4 月 9 日，中国非洲研究院在北京成立，习近平总书记致贺信，对中国非洲研究院成立表示热烈祝贺。习近平总书记指出，当今世界正面临百年未有之大变局，中国作为最大的发展中国家，非洲作为发展中国家最集中的大陆，双方人民友谊源远流长，新形势下，中非深化传统友谊，密切交流合作，促进文明互鉴，不仅将造福中非人民，而且将为世界和平与发展事业作出更大贡献。在 2018 年召开的中非合作论坛北京峰会上，习近平主席

---

① 《携手共命运 同心促发展——习近平主席在 2018 年中非合作论坛北京峰会开幕式上的主旨讲话》，《中国非洲学刊》2020 年第 1 期，第 9~10 页。

表示，中非双方一致决定构建更加紧密的中非命运共同体，实施中非合作"八大行动"。设立中国非洲研究院是其中人文交流行动的重要举措。希望中国非洲研究院汇聚中非学术智库资源，增进中非人民相互了解和友谊，为中非和中非同其他各方的合作集思广益、建言献策，为促进中非关系发展、构建人类命运共同体贡献力量。①

2021 年 11 月 29 日，习近平主席在中非合作论坛第八届部长级会议开幕式上的主旨演讲中指出："中非双方共同制订了《中非合作 2035 年愿景》。作为愿景首个三年规划，中国将同非洲国家密切配合，共同实施'九项工程'。"其中第八项涉及人文交流工程。中国愿支持所有非洲建交国成为中国公民组团出境旅游目的地国。在华举办非洲电影节，在非洲举办中国电影节。举办中非青年服务论坛和中非妇女论坛。② 这次会议于 30 日通过了《中非合作论坛——达喀尔行动计划（2022—2024）》，其第 5 条人文合作中对学者与智库这一点也进行了系统阐述。其一，双方认为，联合研究交流计划增强版有力促进了中非智库学者的合作交流，为中非合作提供了有力的学术支持。中方将进一步加大对非洲高校智库承接研讨会和课题研究项目的支持力度，继续实施"中非高校 20+20 合作计划""中非智库 10+10 合作伙伴计划"，加强中非智库联合研究交流。其二，继续举办"中非合作论坛——智库论坛"，支持中非学术界建立长期稳定的合作，鼓励论坛和相关机构开展联合研究，为中非合作发展提供智力支持。其三，继续利用好中国非洲研究院，深化文明互鉴。欢迎和鼓励中非企业、金融及学术机构等为促进中非学术互动、民间交往和文化交流提供支持。其四，继续支持"一带一路"非洲研究联盟建设，开展科研信息化合作，推进理论创新与决策研究合作，促进学术交流和科研成果转化，加强发展经验交流互鉴。③

① 《习近平向中国非洲研究院成立致贺信》，《光明日报》2019 年 4 月 10 日，第 1 版。

② 《习近平出席中非合作论坛第八届部长级会议开幕式并发表主旨演讲》，《人民日报》（海外版）2021 年 11 月 30 日，第 1 版。

③ 《中非合作论坛——达喀尔行动计划（2022—2024）》，中非合作论坛网站，2021 年 12 月 2 日，http：//www.focac.org/zywx/zywj/202112/t20211202_10461216.htm，最后访问日期：2022 年 5 月 30 日。

第二节　中非学者与智库交流合作的模式与意义

中非作为世界史上的两大文明区域,都有着悠久的历史与文化遗产。在中非关系不断向好的时代背景下,中非学者与智库之间的合作与交流也在不断加强。2018 年中非合作论坛北京峰会向世界宣告,中非双方要携手打造的是责任共担、合作共赢、幸福共享、文化共兴、安全共筑、和谐共生的中非命运共同体,为推动构建人类命运共同体树立典范。这是中非命运共同体从理念到实践的丰富和完善,为中非学者合作和智库交流提供了根本遵循。

一　中非学者与智库交流合作的模式

随着中非关系不断深入发展,中非学者与智库合作越来越受到双方重视,合作的深度和广度不断扩展。2009 年中国政府"对非务实合作八项举措"出台,首次提出促进双方智库学者间的交流与合作;2010 年启动的"中非联合研究交流计划",主要依托中非学术机构实施,重点围绕中非事务、涉非问题和中非关系等开展学术研究和交流,下设课题研究、学术交流、研讨会和著作出版共四大类项目,迄今已支持中非 30 余家学术机构开展项目数百个,推动中非数千人次进行学术交流。[①]

2011 年创立的"中非智库论坛"是经中国外交部、商务部批准设立的中非学术交流高端平台,每年分别在中国和非洲举办。论坛以"民间为主、政府参与、坦诚对话、凝聚共识"为宗旨,旨在促进对非研究,增进中非了解,扩大双方共识,为中非关系发展建言献策。中非智库论坛创立以来,已于2011 年在中国杭州以"新世纪第二个十年的中非关系"为主题,2012 年在埃塞俄比亚亚的斯亚贝巴以"新形势下中非如何维护和拓展共同利益"为主题,2013 年在中国北京以"中非关系的提升与中非软实力建设"为主题,2015 年在南非比勒陀利亚以"2015 年后非洲发展新趋势及与外部世界关系的变化"

[①]　王珩:《打造中非智库合作交流"升级版"》,《中国社会科学报》2021 年 11 月 18 日,第 2 版。

为主题，2016 年在中国浙江义乌以"中非产能合作与非洲工业化"为主题，2017 年在埃塞俄比亚首都亚的斯亚贝巴非盟总部以"摆脱贫困，共同发展"为主题，2018 年在中国北京以"改革开放与中非关系"为主题，2019 年在中国北京以"落实中非合作论坛北京峰会成果"为主题，2020 年在中国北京、浙江以"中非合作论坛 20 周年：回顾与展望"为主题，2021 年在中国杭州以"团结合作　创新发展　携手共建中非命运共同体"为主题，2022 年在中国北京以"弘扬中非友好精神　携手践行全球发展倡议"，2023 年在中国金华以"中国与非洲百年复兴与合作"为主题共举办了十二届会议，形成了一系列重要成果，在国际上产生了广泛影响，被中国外交部纳入中非合作论坛框架，成为中非学术交流与智库对话的机制化高端平台。

2013 年，"中非智库 10+10 合作伙伴计划"启动，10 家中方智库与 10 家非方智库建立合作关系。2004 年，教育部设立了首批 4 个援外培训基地，承担援外人力资源培训，现任中非共和国总统图瓦德拉就是 2005 年非洲大学校长研修班成员；商务部援外培训基地于 2011 年开始设立发展中国家、非洲法语、英语国家智库研修班，至今已培训各类人员近 3000 名。2015 中非合作论坛约翰内斯堡峰会提出"十大合作计划"，推进双方智库学者交流合作成为"人文交流计划"的重点。《中国对非洲政策文件》（2015）明确要求积极实施"中非联合研究交流计划"和"中非智库 10+10 合作伙伴计划"。《中非合作论坛——北京行动计划（2019—2021 年）》强调，成立专门机构支持中非学术界建立长期稳定的合作，鼓励论坛和相关机构开展联合研究，为中非合作发展提供智力支持。2017 年，"一带一路"国际合作高峰论坛提出要发挥智库作用，建设好智库联盟和合作网络。[①]

2018 年 9 月 3 日，习近平主席在中非合作论坛北京峰会上明确指出，"中国决定设立中国非洲研究院，同非方深化文明互鉴"[②]。2019 年 4 月 9

---

① 王珩、于桂章：《谱写中非智库合作新篇章》，《中国社会科学报》2018 年 9 月 13 日，第 5 版。

② 《携手共命运　同心促发展——习近平主席在 2018 年中非合作论坛北京峰会开幕式上的主旨讲话》，《中国非洲学刊》2020 年第 1 期，第 10 页。

日，依托于中国社会科学院的中国非洲研究院正式在北京成立。习近平总书记发来贺信，希望中国非洲研究院汇聚中非学术智库资源，增进中非人民相互了解和友谊，为中非和中非同其他各方的合作集思广益、建言献策，为促进中非关系发展、构建人类命运共同体贡献力量。① 近年来，中国非洲研究院按照习近平总书记的要求，依托中国社会科学院的研究力量，汇聚国内外非洲研究学者以及非洲国家的学术智库资源，构建中非合作的人文社会科学研究中心、中非双方以及其他各方学者交流合作的平台、合作培养高端专业人才的基地，以及讲好中非友好合作故事的窗口。② 中国非洲研究院积极从以下领域开展工作，取得了丰硕的成果。

一是以"中国讲坛"为平台，邀请中国有影响力的学者和非洲的中国问题专家就中国和中非关系发展中的重大现实问题发表专题演讲，向非洲人民讲好中国故事和中非友好故事。具体包括"第一届中国讲坛：中国的脱贫实践与成效""第二届中国讲坛：习近平总书记扶贫故事""第三届中国讲坛：深圳特区发展经验与启示""第四届中国讲坛：武汉非洲留学生抗疫故事""第五届中国讲坛：中非合作论坛二十年""第六届中国讲坛：中国的脱贫攻坚""第七届中国讲坛：印章上的百年中国共产党""第八届中国讲坛：普惠金融与扶贫减贫的实践""第九届中国讲坛：中国共产党的建设与执政能力提升""第十届中国讲坛：中国共产党的百年奋斗重大成就和历史经验"等。

二是以"非洲讲坛"为平台，邀请非洲学者分析、研判、解读事关非洲全局的重点、热点问题，用非洲人的视角为中国官员、学者、媒体深度剖析非洲发展局势，开辟中非学术对话与智库交流的全新途径。"非洲讲坛"是中国非洲研究院为落实中非联合研究交流计划的要求而举行的常规学术活动。具体包括："第一届非洲讲坛：非洲之角的和平与安全局势""第二届非洲讲坛：大湖地区形势、非洲和平与安全形势""第三届非洲讲坛：非洲

---

① 《习近平向中国非洲研究院成立致贺信》，《光明日报》2019 年 4 月 10 日，第 1 版。
② 蔡昉：《为构建更加紧密的中非命运共同体贡献智库力量》，《旗帜》2019 年第 5 期，第 26 页。

公共卫生安全""第四届非洲讲坛：南非应用新技术抗击新冠肺炎疫情""第五届非洲讲坛：中非合作论坛二十年""第六届非洲讲坛：古代非洲文明""第七届非洲讲坛：非洲农业考古""第八届非洲讲坛：萨赫勒地带的和平与安全""第九届非洲讲坛：新冠疫情对非洲的经济社会影响"等。

三是以"大使讲坛"为平台，通过邀请中国驻非洲使节、非洲驻华使节作主旨讲座的方式，推动一线外交使节与中国非洲学术界之间的经验交流与学术研讨。具体包括"第一届大使讲坛：非洲当前形势和我们的应对之策""第二届大使讲坛：中非合作论坛二十年——回顾与展望""第三届大使讲坛：阿尔及利亚与非洲国家""第四届大使讲坛：中非合作论坛二十年发展历程和展望""第五届大使讲坛：新冠疫情下的非洲形势及走势""第六届大使讲坛：中国与尼日利亚关系五十年""第七届大使讲坛：非洲驻华大使眼中的新疆""第八届大使讲坛：深切怀念卡翁达总统""第九届大使讲坛：非洲驻华大使眼中的新疆脱贫成就""第十届大使讲坛：我的非洲脚印和外交人生""第十一届大使讲坛：延安脱贫成就与意义""第十二届大使讲坛：'一带一路'倡议与非盟《2063年议程》""第十三届大使讲坛：阿富汗变局、应对及其影响""第十四届大使讲坛：非洲解放运动的先驱尼雷尔诞辰一百周年"等。

四是以国际研讨会为平台，加强中非治国理政经验交流。如与中国社会科学院大学、南非国家行政学院合作举办了"中国—南非减贫合作"和"中国—南非减贫与治理合作"线上研讨会，与中国社会科学院大学、塞拉利昂马可尼大学合作举办了"中国—塞拉利昂减贫合作"线上研讨会，与中国驻非盟使团、联合国非洲经济委员会共同主办了"以中国减贫实践助推非盟实现《2063年议程》"国际研讨会，在陕西省外事办公室的协助下成功举办了"延安精神与中国脱贫"国际研讨会，十位非洲国家驻华大使和非洲联盟驻华代表处常驻代表应邀参会并发表演讲。目前已举办17期研修班，共有近700名非洲国家政府官员、专家学者、青年人才等接受培训，为促进中非治国理政经验交流、培养知华友华的非洲官员和学者提供了交流的机会。

五是撰写学术专著、智库报告、学术译丛、研究论丛、中国非洲研究年鉴等系列丛书。目前，中国非洲研究院共出版《大国经略非洲》《津巴布韦独立与发展道路》《南非土地制度研究》等学术专著 10 本，"新时代中非友好合作""中国脱贫攻坚调研报告"等智库报告系列中文版 31 本、英文版 25 本，其中"中国脱贫攻坚调研报告"英文版入藏中国共产党历史展览馆，在庆祝中国共产党成立 100 周年出版专题中展出。出版《百年未有之大变局与中非关系》《大航海时代与 21 世纪丝绸之路论文集》等研究论丛系列 8 本，《通布图的意义》《哲学特点与思想解放》等译丛系列 5 本，《中国非洲研究年鉴》系列 2 本。此外，《非洲发展报告》和《中东发展报告》黄皮书每年连续出版，已形成知名学术品牌。

中非学者与智库交往的这些机制化合作平台，增强了中非智库与学者的民间交流与知识共享，极大地推动了中非两大文明之间的交流对话，有助于促进中非之间的政治互信、经贸往来与人文交流，为构建中非命运共同体提供了思想基础和智力支持。

二 中非学者与智库交流合作的意义

中非学者与智库交流合作有助于促进中非两大文明之间的交流与对话。中非智库会聚中非各领域知识精英，为双方的学者、专家、政府人员、媒体等官方与民间机构提供了合作交流的平台。中非学者与智库交流合作为中非人文交流提供智力支持，助力中非友好再上新台阶；有助于驳斥西方负面舆论，讲好中非友好故事，推动新型文明秩序的构建；为非洲提供发展经验，助力非洲可持续发展，推动中非命运共同体的构建。在中非全面战略合作伙伴关系的新时代，中非智库合作交流在促进中非关系中具有重要作用。

第一，中非学者与智库交流合作为中非人文交流提供智力支持，助力中非友好再上新台阶。学者交流与智库合作是中非人文交流行动的重要组成部分，并受到高度重视。2009 年中国政府"对非务实合作八项举措"出台，促进双方智库学者间的交流与合作是其中之一。2011 年首届中非智库论坛在浙江杭州和金华主办。2012 年中非智库论坛作为中非民间对话的固定机制正式被纳入中非合作论坛框架之中，中非智库论坛成为中非智库合作交流的重要平台和机制。2013 年，在中非智库论坛第三届会议中，"中非智库 10+10 合作伙伴计划"正式启动，10 家中方智库与 10 家非方智库建立合作关系。2015 年"一带一路"智库合作联盟正式成立，非洲智库为重要组成部分。2017 年，在"一带一路"国际合作高峰论坛开幕式上，习近平主席将非洲定位为"一带一路"倡议的建设重点地区，并强调"发挥智库作用，建好智库联盟和合作网络"。[①]《中非合作论坛——北京行动计划（2019—2021 年）》指出，中国将同非方深化文明互鉴，打造中非联合研究交流计划增强版，继续举办中非合作论坛——智库论坛，在智库论坛框架下建立中非智库合作网络，继续实施"中非智库 10+10 合作伙伴计划"。这些机制化合作平台，为中非专家、学者提供了交流的机会，可以增进对非洲知识分子以及社会思想的认识，同时有助于增强对彼此国家人文直观深入的了解和研究，从而为中非人文交流提供理论和决策支持，为推动中非人文交流贡献力量。

第二，中非学者与智库交流合作有助于驳斥西方负面舆论，讲好中非友好故事，推动新型文明秩序的构建。中国是最大的发展中国家，非洲是发展中国家最集中的大陆，中国和非洲都是积极维护世界和平的重要力量，都面临着相似的国际舆论环境。中非智库交流与合作有助于双方在重大国际问题上共同发声，在议程设置上相互积极配合，向世界传达客观、公正、理性的声音。近年来，随着中非关系的发展，西方媒体总是戴着有色眼镜"讲述"中国故事、非洲故事，甚至刻意唱衰、抹黑中非合作，利用其话语权优势频频抛出"中国威胁论"，大肆宣扬中国对非洲实行"新殖民主义""掠夺资源"，这些负面论调严重影响了中国的国际形象，对南南合作、南北关系的健康发展造成负面影响。中非媒体、学者和智库要捍卫中非共同利益，做中非舆论的主导者。中非媒体、学者与智库只要携手努力，加强新闻报道、内

---

① 王珩、于桂章：《非洲智库发展与新时代中非智库合作》，《浙江师范大学学报》（社会科学版）2019 年第 3 期，第 66 页。

容创作、渠道建设等方面的交流合作,在重大地区和国际问题上相互借力、共同发声,就一定能够讲好中国故事、非洲故事以及中非友好合作故事,向世界展现最真实的中非友好合作关系,消除西方负面报道的不良影响,不断夯实中非友好的民意和社会基础,为深化中非友好合作、共同繁荣发展提供有力舆论支持,推动国际舆论真实、均衡地报道中非关系,进而推动新型文明秩序的构建。

第三,中非学者与智库交流合作为非洲提供发展经验,助力非洲可持续发展,推动中非命运共同体的构建。中国道路、理论和制度的巨大成功,受到越来越多非洲国家的关注和认同,而中非智库合作交流为非洲学者、专家提供了沟通交流的平台,为非洲探索自主发展道路提供了宝贵经验。中国和非洲国家同属发展中国家,在推动国家现代化建设、保障人民福祉等方面面临着相同或相似的任务。经过 40 多年的改革开放,中国成为世界第二大经济体,率先战胜绝对贫困,有效应对新冠疫情,其成就和经验为助力非洲的发展探索提供了强有力的支持。尼日利亚学者费米·阿科莫拉夫(Femi Akomolafe)认为,中国崛起不同于西方,为非洲提供了发展经验。① 中国和非洲拥有共同反帝反殖的历史革命友谊,拥有人口红利与脱贫等发展重点,中非智库合作交流有利于非洲学者学习借鉴中国的发展经验,探索适合本国国情的发展道路,助力非洲可持续发展,为推动构建中非命运共同体贡献力量。

第三节　新时代加强中非学者与智库交流合作的路径

中非学者与智库的合作交流是中非人文交流的重要内容。近年来,这一领域的合作得到中非双方政府和民间的支持与关注,中非双方在学者与智库合作交流领域的成果丰硕,为中非人文交流打下了坚实的民意基础。但随着中非关系的深入发展,中非学者与智库领域的合作与交流还不能匹配中非发

---

① 李安山:《非洲经济:世界经济危机中的亮点》,《亚非纵横》2013 年第 1 期,第 18 页。

展的势头。新时代如何推进该领域的合作交流，为推动中非人文交流提供智力支持，同时驳斥西方负面舆论，讲好中非友好故事，推动新型文明秩序的构建，是当前面临的课题。

一 加强学者与智库的战略合作

中非智库合作交流应强化责任担当，着力提升智库的思想和能力建设，强化中非智库的战略合作，加强对中非智库联合研究的攻关，提升决策咨询的理论性与前瞻性，进一步提升智库的研究质量和影响力。中非学者与智库合作交流不仅要聚焦减贫发展、医疗卫生、人才培养等方面，还应关注媒体、科技、旅游等领域的交流与合作。在做好基础研究的基础上，发挥平台优势进行资源整合，在跟踪热点研究的同时，针对现实社会中的问题提供建设性意见。在做好数据资料的储备工作时，提升研究成果的针对性。在服务决策方面应重视理论和实践相结合、国内国外经验相结合的原则。此外，应加强中非媒体对学者研究成果、智库成果的传播。2016年，习近平总书记在党的新闻舆论工作座谈会上强调，"要加强国际传播能力建设，增强国际话语权，集中讲好中国故事，同时优化战略布局，着力打造具有较强国际影响的外宣旗舰媒体"①。这一指导思想同样适用于中非智库的建设工作。讲好中非友好故事，提升中非话语权，推动中非智库合作高质量发展，进而提升中非智库国际影响力。

二 构建多元主体协同合作机制

首先，中非学者与智库合作交流参与主体应创建跨学科、跨领域的团队，同时实现参与主体间的合作与协调。如区域国别人才与非通用语人才的合作与协调。当下对非智库交流人才多存在精通语言但不是区域国别研究专业或者是区域国别研究专业但不懂语言的情况。因此，应加强区域国别人才

---

① 中共中央宣传部新闻局编《习近平总书记党的新闻舆论工作座谈会重要讲话精神学习辅助材料》，学习出版社，2016，第7页。

与非通用语人才的合作与协调。此外，新型对非智库交流人才的培育应协同培育区域与国别研究专业人才和非通用语专业人才，统筹规划各学科人才的培养工作，使相关人才所学为所用。其次，中非智库应与国内外高校、科研机构、企业、协会等建立协同合作机制。中非智库合作交流应充分发挥高校、科研机构的学科平台优势，整合资源，强化智库学者能力建设。与此同时，鼓励相关企业、协会参与中非智库合作交流活动，如开展中非智库企业、协会合作交流项目，为中非智库合作交流高质量发展夯实民意基础。最后，应加强中非青年之间的交流与对话。青年是未来智库发展的希望与建设者，中非智库论坛应下设中非青年学者智库论坛，增进中非青年学者之间的沟通与交流。还应加强对青年学者联合研究课题以及中非青年学者互派项目的资助，鼓励青年学者走进非洲，深化中非青年学者的互动与合作，为中非智库发展培养和储备专业人才。

三 构建智库数据合作服务平台

"大数据"视域下中非学者与智库合作交流应充分借助大数据、人工智能、区块链等技术实现智库成果互动传播。大数据技术有助于提高智库的数据攫取能力，人工智能技术有助于提升我国智库的数据分析能力，区块链技术有助于增强智库的数据安全防护能力。通过建立智库成果互动共享服务平台，整合有效的智库信息，开拓智库信息互动交流常态化机制。通过建立数据平台网络细化研究议题、参与主体等。议题可以聚焦中非十大合作计划领域：工业化合作、农业现代化合作、基础设施合作、金融合作、绿色发展合作、贸易和投资便利化合作、减贫惠民合作、公共卫生合作、人文合作、和平与安全合作。同时也可就当前中非合作中关切的领域进行重点对接，如减贫发展、医疗卫生等重大问题；如国家开发银行、世界银行已发起设立"对非投资智库联盟"，中国教育部中外人文交流中心、南非高等教育和培训部工业和制造业培训署等 58 家单位共同发起成立中国—南非职业教育合作联盟，被纳入中南非高级别人文交流机制教育领域成果。[①] 参与主体除了

---

① 王珩：《建立全方位、立体化的中非智库合作网络》，《光明日报》2019 年 7 月 22 日，第 16 版。

吸纳中非各领域的学者与知识精英外，鼓励民间社会团体、组织、企业等参与相关活动，旨在鼓励民间资本参与到中非智库合作中来，促进中非民间互动与交流，为中国企业高质量"走出去"提供理论参考。

四　建立智库评价协同创新机制

实现智库评价智能化系统，智能化分析并形成科学结论。开拓中非学者、专家以及社会参与智库评价体系，创建跨学科、跨领域的智库评价队伍，减少主观因素对智库评价带来的干扰，在此基础上及时修正完善中非智库合作相关机制。与此同时，在体制机制以及监管方式上，积极探索新模式，制定切实符合智库运作规律、具有可操作性的制度。此外，相较于一些国家政府对非洲重点智库的投入，中国与非洲地区的安全合作还处于初级阶段。如德国出资在亚的斯亚贝巴大学成立了非洲和平与安全研究所，直接为非盟提供和平安全方面的思想、智力与技术支持。由西方国家资助的非洲智库还有总部位于南非的安全研究所（ISS）、非洲建设性解决争端中心（ACCORD）等。这些机构通过学术研讨、知识传播、人员培训等方式，直接影响着"非洲和平安全架构"思想理念、机制创设、议程设置等关键内容。[1] 因此，应积极推动中非学者、专家在和平安全领域的交流，为中非在和平安全领域的合作提供思想引领与智力支持，进而推动中非在和平安全领域合作迈向新台阶。

中非学者与智库交流合作是深化中非人文交流、促进中非文明互鉴的重要途径，是新时代中非关系的重要组成部分。百年变局和世纪疫情相互交织，对中非智库各自发展创新和加强彼此间交流合作，以更好地研究和回答中非发展、中非关系乃至世界局势的时代命题提出了新的要求。中非学者与智库加强彼此交流，有利于促进中非文化融通、民心相通和政策沟通，厚植中非友好的社会基础。通过中非智库开展联合研究，为中非各领域合作建言献策，提供知识支撑和智力支持，有利于促进中非关系发展，推动构建中非

---

[1]　王珩、王学军：《中非智库协同创新机制探索》，《非洲研究》2015 年第 6 期，第 265 页。

命运共同体，为构建人类命运共同体树立典范。通过中非智库加强人才培养，尤其是加大青年人才和高端人才培养力度，多培养中国的"非洲通"和非洲的"中国通"，为中非关系发展提供人才储备。通过中非学者与智库合作讲好中国故事、非洲故事和中非合作故事，推动国际社会形成正确的中国观、非洲观和中非合作观，为中非友好合作营造良好的舆论环境。与此同时，我们也要看到，中非学者与智库交流合作也面临诸多挑战，需要中非双方不断创新形式，开拓渠道，搭建平台，攻坚克难，有所作为，才能真正为促进中非关系发展、构建人类命运共同体贡献力量。

第十章 中非地方与民间的交流与合作

国之交在民相亲，中非地方与民间的交流与合作是巩固中非关系发展基础、构建"民心相通"的中非命运共同体的重要行动。一方面，中非地方与民间的交流合作依赖于中非之间扎实的经济合作基础以及深厚的政治共识；另一方面，中非民间与地方的合作将进一步深化中非友谊，助力双方实现各自发展利益，最终服务于中非命运共同体的构建。正如习近平主席于2013年在坦桑尼亚尼雷尔国际会议中心的演讲中明确指出：中非关系的根基和血脉在人民，中非关系发展应该更多面向人民。① 显然，推动中非地方与民间的交流与合作是将中非命运共同体落到实处的关键举措，也是促进中非两大文明交流借鉴、推动世界文明多样化的应有之义。

第一节 习近平关于中非地方与民间交流
与合作的论述

推动中非地方与民间交流合作是贯彻中国对非政策理念的体现。一方面，习近平主席于2013年首次提出了真实亲诚对非政策理念。他指出："加强中非友好，我们讲一个'亲'字。中国人民和非洲人民有着天然的亲近感。'人生乐在相知心。'中非如何知心？我以为，很重要的一点就是要通

---

① 《永远做可靠朋友和真诚伙伴——在坦桑尼亚尼雷尔国际会议中心的演讲》，《人民日报》2013年3月26日，第2版。

过深入对话和实际行动获得心与心的共鸣。中非关系的根基和血脉在人民，中非关系发展应该更多面向人民。"在此基础上，习近平主席进一步指出："我们要更加重视中非人文交流，增进中非人民的相互了解和认知，厚植中非友好事业的社会基础。中非关系是面向未来的事业，需要一代又一代中非有志青年共同接续奋斗。双方应该积极推动青年交流，使中非友好事业后继有人，永葆青春和活力。"① 可见，民间合作特别是中非青年之间的合作与交流是贯彻真实亲诚对非政策理念的重要实践。

另一方面，习近平总书记强调，在外事工作中要坚持正确义利观，做到义利兼顾，要讲信义、重情义、扬正义、树道义。② 正确义利观是指在国际交往中，特别是在同发展中国家的交往与合作中，坚持义利相兼、先义后利。作为习近平新时代中国特色社会主义思想的重要理念之一，正确义利观是对马克思主义国际关系理论的继承和创新发展。它是对国家主权原则的尊重、维护和有益补充，也是对西方现实主义国际关系理论狭隘国家利益观的超越，更是对见利忘义、损人利己的霸权行为的反对和鞭挞。坚持正确义利观对于推动构建人类命运共同体具有积极的现实意义和长远的历史意义。③正确处理"义"和"利"的关系是新时代中非合作的必然要求。中非关系最大的"义"，是把非洲自主可持续发展同中国自身发展紧密结合起来，不做唯利是图的狭隘之举，最终实现合作共赢。正确义利观指导下的中非合作内在要求将双方经贸往来、政治共识和发展利益内化为双方民众之间真正的理解与友谊。总之，真实亲诚对非政策理念和正确义利观高度凝练和概括了中国对非政策理念，是中国加强同非洲国家合作的总体指导原则，而推动双方地方与民间交流合作则是这一原则指导下的重要实践。

---

① 《永远做可靠朋友和真诚伙伴——在坦桑尼亚尼雷尔国际会议中心的演讲》，《人民日报》2013 年 3 月 26 日，第 2 版。

② 《中央外事工作会议在京举行　习近平发表重要讲话　李克强主持　张德江俞正声刘云山王岐山张高丽出席》，《人民日报》2014 年 11 月 30 日，第 1 版。

③ 尚伟：《正确义利观：构建人类命运共同体的价值追求》，人民网，2018 年 5 月 15 日，http://theory.people.com.cn/n1/2018/0515/c40531-29991371.html，最后访问日期：2022 年 3 月 10 日。

推动中非地方与民间的交流与合作是中国践行对非政策"四个坚持"的体现，契合中国与非洲国家的根本利益和国际关系的基本准则。习近平主席在中非合作论坛北京峰会上明确指出中国对非政策中"四个坚持"的原则：中国在合作中坚持真诚友好、平等相待；中国在合作中坚持义利相兼、以义为先；中国在合作中坚持发展为民、务实高效；中国在合作中坚持开放包容、兼收并蓄。① 推动中非地方与民间交流合作在深化中非民间友谊、巩固中非合作民意基础、推动合作成果惠及民间、促进中非共同发展等多个方面真正契合了"四个坚持"原则，因而也成为新时代中非合作的重点领域。

推动中非地方与民间交流与合作是践行新时代中非合作的现实要求。在中非双方长期的合作实践中，民间交流合作的重要性在不断提升。在第一届中非合作论坛中，地方与民间交往尚未成为其重要议题，当时强调更多的是经济合作。第一届中非合作论坛的文化合作项目只有一句话："扩大文化交流，尤其是高层文化代表团、艺术和体育团组的互访，增加各类艺术展览和加强对对方文化的研究和介绍。"而第二届中非合作论坛通过的纲领文件中则有 4 个条款涉及文化交流与合作。随着 2011 年首届中非民间论坛、2012 年首届中非地方政府合作论坛先后召开，中非地方与民间的合作进入了机制轨道。2012 年 7 月 10 日，中国国家副主席习近平就在"第二届中非民间论坛"上指出："在新形势下，我们要从更大范围、更广领域、更高层次上推动中非关系发展，加强政府外交、议会外交、政党外交、公共外交、民间外交的有效互动，建立起中非全方位、立体化合作体系，推动中非新型战略伙伴关系全面协调可持续发展。我们殷切希望中非民间组织进一步创新合作理念、拓宽合作领域，增进民间交往，深化团结合作，进一步夯实中非合作的社会基础。"② 2014 年 5 月 12 日，习近平主席向

---

① 习近平：《携手共命运　同心促发展——在 2018 年中非合作论坛北京峰会开幕式上的主旨讲话》，人民出版社，2018，第 3 页。

② 《推进中非新型战略伙伴关系新发展——在第二届中非民间论坛开幕式上的主旨讲话》，《人民日报》2012 年 7 月 11 日，第 3 版。

第三届中非民间论坛所致贺信中明确指出"人民友谊是国家关系发展的重要基础"①。此后,又进一步在致第五、第六届中非民间论坛的贺信中强调人民友好是今后中非关系发展的重要领域,并鼓励中非双方"共同开创中非民间友好合作新局面"②。

以中非合作论坛约翰内斯堡峰会为标志,中非对促进双方地方与民间交流合作的共识进一步深化,合作框架与内容得到进一步完善。在政治共识层面,中非双方领导人在《中非合作论坛约翰内斯堡宣言》中表示:"(中非)坚持互学互鉴,共谋和谐繁荣。加强发展经验交流,深化发展援助、医疗和公共卫生、教育、减贫、科技合作与知识分享、生态环境保护等领域合作……加强双方民间和文化交流与合作,尤其是密切文化与艺术、教育、体育、旅游、新闻与媒体、学者与智库、青年、妇女、工会、残疾人等领域交流,深化双方人民的相互了解和友谊。"③ 在实践层面,医疗与公共卫生、教育、减贫、环保等社会发展合作领域,以及文化、新闻、学者智库、民间交流等人文合作领域成为《中非合作论坛——约翰内斯堡计划(2016—2018 年)》中的重要组成部分。对此,习近平主席评价道:任凭时代社会发展变迁,中非相互理解、共同进步的协作精神不会改变。我们要加强文明对话、理念交流、文化互动,促进各界友好交往,确保中非世代友好。④

在 2018 年中非合作论坛《中非合作论坛——北京行动计划(2019—2021 年)》中,社会发展合作、人文合作等与地方和民间交往密切相关的事务更加得到重视。其中指出:"中非民间交往已成为中非合作的重要组成部分,双方将继续加强中非民间交流合作。'中非民间论坛'的机制化为中

---

① 《习近平向第三届中非民间论坛致贺信》,《人民日报》2014 年 5 月 13 日,第 1 版。
② 《习近平向第六届中非民间论坛致贺信》,《人民日报》2021 年 11 月 16 日,第 1 版。
③ 《中非合作论坛约翰内斯堡峰会宣言》,上海师范大学非洲研究中心网站,2015 年 12 月 28 日,http://shcas.shnu.edu.cn/e5/f5/c18799a517621/page.htm,最后访问日期:2022 年 4 月 16 日。
④ 《在中非合作论坛约翰内斯堡峰会上的总结讲话》,《人民日报》2015 年 12 月 6 日,第 2 版。

非传统友谊注入了新的活力，双方重视'中非民间论坛'在加强民意沟通、民间友好、民生合作方面的积极作用，落实第四、五届'中非民间论坛'达成的重要成果，鼓励和支持中非非政府组织开展务实交流，特别是加强双方在民生领域的项目合作。注意到首届'中非民间友好组织负责人会晤'成功举行，认为该会晤搭建了中非民间友好组织交流与合作的集体对话平台，支持该会晤机制化。重视发挥'丝绸之路沿线民间组织合作网络'的平台作用，促进中非民间友好交流合作。鼓励中非工会和非政府组织及社会团体之间继续深化交流，通过团组互访、专题研讨、援助、人员培训、信息共享等形式加强合作。进一步加强中非在特殊需求人群领域的交流，重点是康复、教育、就业、社会保障、社会工作、扶贫开发、无障碍设施建设、体育文化等领域的合作。"[1]　可见，以非政府组织为代表的民间交流活动和以中非民间论坛为代表的民间合作机制正在成为双方合作中方兴未艾的领域。

推动中非地方与民间交流与合作是构建中非命运共同体的必然要求。习近平主席在 2018 年中非合作论坛北京峰会主旨讲话中强调中非要携手打造责任共担、合作共赢、幸福共享、文化共兴、安全共筑、和谐共生的中非命运共同体。他指出："我们要把增进民生福祉作为发展中非关系的出发点和落脚点。中非合作要给中非人民带来看得见、摸得着的成果和实惠……我们都为中非各自灿烂的文明而自豪，也愿为世界文明多样化作出更大贡献。我们要促进中非文明交流互鉴、交融共存，为彼此文明复兴、文化进步、文艺繁荣提供持久助力，为中非合作提供更深厚的精神滋养。我们要扩大文化艺术、教育体育、智库媒体、妇女青年等各界人员交往，拉紧中非人民的情感纽带。"[2]　在此基础上，中非双方在《关于构建更加紧密的中非命运共同体的北京宣言》中共

---

[1]　《中非合作论坛——北京行动计划（2019—2021）》，国务院新闻办公室网站，2018 年 9 月 5 日，http://www.scio.gov.cn/xwfbh/xwbfbh/wqfbh/44687/47454/xgzc47460/Document/1716 760/1716760.htm，最后访问日期：2022 年 3 月 10 日。与全书使用的文件名略有不同。

[2]　习近平：《携手共命运　同心促发展——在 2018 年中非合作论坛北京峰会开幕式上的主旨讲话》，人民出版社，2018，第 7~8 页。

同呼吁各国尊重文明多样性。强调人文交流合作对中非人民增进了解、友谊与合作具有重要意义，鼓励深化在文化、教育、科技、体育、卫生、旅游、媒体机构、地方政府等领域的交流、互鉴与合作，持续巩固中非关系的民意社会基础。① 可见，将中非的政治共识与经济合作内化为中非民众真正的友谊和认同、巩固中非命运共同体的民意基础已成为中非领导人的共识。

第二节　中非地方与民间交流合作的成就

中非地方与民间交往是推动中非文明互鉴、构建更加紧密的中非命运共同体的重要实践。文明交流互鉴，是推动人类文明进步和世界和平发展的重要动力，文明因交流而多彩，文明因互鉴而丰富。加强和深化中非地方与民间交流，将为中非友好合作夯实社会民意基础，推动构筑更加紧密的中非命运共同体。中非地方与民间交流以中非经济合作为基础，以双方高度的政治共识为引导，以中非合作论坛为主要合作平台，在数十年的合作实践中已经发展出地方政府、城市、非政府组织、企业与个人多个层面的交流与合作。

一　地方与民间交往在中非文明交流互鉴中的作用

地方与民间交流与合作深化了中非双方推动文明互鉴的政治共识。推动中非文明互鉴是打造文化共兴的中非命运共同体的必然要求。习近平主席在2018 年中非合作论坛北京峰会上指出："我们都为中非各自灿烂的文明而自豪，也愿为世界文明多样化作出更大贡献。我们要促进中非文明交流互鉴、交融共存，为彼此文明复兴、文化进步、文艺繁荣提供持久助力，为中非合作提供更深厚的精神滋养。"② 在政治共识的基础上，地方与民间合作成为新时代中非文明交流合作的重点。2015 年中非民间论坛发布了《中非民间

---

① 中华人民共和国中央人民政府：《关于构建更加紧密的中非命运共同体的北京宣言》，2018年 9 月 5 日，第 2 页。
② 习近平：《携手共命运　同心促发展——在 2018 年中非合作论坛北京峰会开幕式上的主旨讲话》，人民出版社，2018，第 7~8 页。

交流合作倡议书》，其中指出："民间力量是发展中非新型战略伙伴关系的根基。中非传统友好深深扎根于人民。中非人民深厚友谊是中非关系的重要社会基础。只有双方人民热情参与，中非友谊才能永葆生机活力，中非合作基础才能不断巩固。只有让中非合作成果不断惠及双方人民，中非关系发展才能得到双方人民更广泛更坚定的支持和拥护。"[①] 在 2018 年中非合作论坛北京峰会上，习近平主席指出："我们要扩大文化艺术、教育体育、智库媒体、妇女青年等各界人员交往，拉紧中非人民的情感纽带。"[②] 在中非双方政治共识的基础上，地方与民间交流合作被写入《中非合作 2035 年愿景》，其中文化交流、新闻交流、旅游合作成为被重点推进的三个领域。以文化交流为例，该愿景指出：中非共同建立促进中非文明平等互鉴、繁荣共兴长效机制，支持艺术团组互访、影视文化合作、语言人才培养，共同推动国际汉学和非洲研究的发展，扩大中非文化的国际认知度和影响力，促进世界文化多元发展。中非加强体育领域务实合作，支持举办达喀尔 2026 年青奥会，促进非洲体育事业发展。总之，在中非双方的合力支持下，地方与民间合作交流已经在许多具体的领域得到切实推动。

　　地方与民间交流合作是促进中非文明互鉴的重要实践。随着"中非从来都是命运共同体"成为双方合作的基本共识，中非文明互鉴也随之成为双方重点推动的合作领域。习近平主席于 2014 年在联合国教科文组织的演讲中强调：历史告诉我们，只有交流互鉴，一种文明才能充满生命力。[③] 显然，加强交流互鉴是中非推动彼此文化发展、促进世界文化多元化的共同需求，加强地方交流合作是中非高层推动双方文明互鉴的共识。在《中非合作论坛——北京行动计划（2019—2021 年）》中，双方一致同意持续推进中非文化交流，共同倡导不同文明间开展平等对话、互鉴交融，维护世界文

---

① 《中非民间交流合作倡议书》，人民网，2015 年 8 月 26 日，http：//theory. people. com. cn/n/2015/0827/c398463-27523104. html，最后访问日期：2022 年 3 月 12 日。

② 中共中央党史和文献研究院编《十九大以来重要文献选编（七）》，中央文献出版社，2019，第 642 页。

③ 习近平：《文明交流互鉴是推动人类文明进步和世界和平发展的重要动力》，《思想政治工作研究》2019 年第 6 期，第 8 页。

化多样性。在此基础上,拓展交流合作层次,落实政府间文化协定执行计划,保持各级政府间互访对话势头,同时加强地方交往,继续建立中非友好城市等成为中非地方合作的重要方式。在民间层面,中非双方都十分认同中非民间论坛等交流平台在加强民意沟通、民间友好、民生合作方面的积极作用,并表示将继续支持中非非政府组织开展务实交流,特别是加强双方在民生领域的项目合作。① 此外,"中非民间友好组织领导人会晤""中非未来领袖对话""中非青年领导人论坛""中非妇女论坛""丝绸之路沿线民间组织合作网络论坛"等民间非政府交流机制也越来越成为民间合作交流的重要平台。鼓励中非工会、非政府组织、社会团体之间通过团组互访、专题研讨、援助、人员培训、信息共享等形式加强合作也随之成为未来双方共同推动的合作方向。

二 中非地方与民间交流合作的主要平台及实践

总体而言,中非地方与民间交往以双方深刻的政治共识、扎实的共同利益为基础,依托中非合作论坛的平台与框架,在近二十年的实践中取得了丰硕的成果。这一过程中,中非地方政府、企业、智库与高校、非政府组织等成为地方与民间合作的主力军,也由此成为推动新时代中非合作的重要力量。具体而言,中非地方与民间交流与合作的平台主要包括以下机构。

(一)中非民间论坛

中非民间论坛由中国民间组织国际交流促进会发起,首届中非民间论坛于 2011 年在肯尼亚内罗毕举办,至今已连续举办六届,是中非合作论坛框架下民间交往的代表性实践。回顾中非民间合作论坛的发展历程,每一届论坛都会有体现时代关注的合作倡议,其目前已经成为中非合作论坛重要的机制化活动之一。首届中非民间论坛有 19 个国家的 200 名民间组织代表参与,发布了《内罗毕宣言》。其重点围绕联合国千年发展目标,中非民间对话与

① 《中非合作论坛——北京行动计划(2019—2021)》,国务院新闻办公室网站,2018 年 9 月 5 日,http://www.scio.gov.cn/xwfbh/xwbfbh/wqfbh/44687/47454/xgzc47460/Document/1716760/1716760.htm,最后访问日期:2022 年 3 月 10 日。

合作，气候变化与粮食安全，非政府组织的公信力与透明度，非政府组织与政府、企业及社区的关系，保护传统文化以及促进教育发展等领域进行了认真的探讨和交流。[①] 第二届中非民间论坛于 2012 年在苏州举行，参会代表增至 300 多人，时任中华人民共和国副主席习近平在开幕式致辞。第三届中非民间论坛于 2014 年在苏丹喀土穆举办，双方共同发表的《喀土穆报告》称：民间交流、人才培训和志愿服务、民生合作将是未来中非合作的重点。"中方将通过资助来华培训、外派专家、建立技术培训示范中心及联合实验室、向高校发放奖学金等方式，帮助非洲国家培养科技、卫生、农业等领域的高层人才和领军人物，在未来数年内为非洲培训 100 名电子商务人才，并积极开展武术、太极、刺绣、藤编等手工艺培训。"[②] 有了前三届论坛打下的良好基础，第四届中非民间论坛的主题直接对接中非共建命运共同体，其成果性文件《中非民间交流合作倡议书》指出："民间力量是发展中非新型战略伙伴关系的根基。中非传统友好深深扎根于人民。中非人民深厚友谊是中非关系的重要社会基础。只有双方人民热情参与，中非友谊才能永葆生机活力，中非合作基础才能不断巩固……中非民间应……积极为中非命运共同体建设，为中非新型战略伙伴关系全面深入发展贡献力量。"[③] 2018 年第五届中非民间论坛发布了《中非民间友好伙伴计划（2018—2020）》，从民生合作和捐赠救助、能力建设和人才交流、促进发展、文化交流以及建立交流机制等五个方面为今后三年中非民间交流合作作出了规划。[④] 2021 年 11 月，第六届中非民间论坛再次聚焦中非命运共同体。包括塞内加尔总统萨勒、津巴布韦总统姆南加古瓦在内的多位非洲政要对中非关系与民间合作予以高度

---

① 《中非民间论坛内罗毕宣言》，人民网，2014 年 5 月 9 日，http：//theory.people.com.cn/n/2014/0509/c384919-24997060.html，最后访问日期：2022 年 3 月 12 日。

② 《中非通过〈喀土穆报告〉：推进民间友好伙伴关系》，中国新闻网，2014 年 5 月 13 日，https：//www.chinanews.com.cn/gn/2014/05-13/6166418.shtml，最后访问日期：2022 年 3 月 12 日。

③ 《中非民间交流合作倡议书》，人民网，2015 年 8 月 27 日，http：//theory.people.com.cn/n/2015/0827/c398463-27523104.html，最后访问日期：2022 年 3 月 12 日。

④ 《第五届中非民间论坛发布中非民间友好伙伴计划》，新华网，2018 年 7 月 24 日，http：//m.xinhuanet.com/2018-07/24/c_1123171726.htm，最后访问日期：2022 年 3 月 12 日。

评价。习近平主席则在贺信中指出：希望中非双方共同努力，把中非民间论坛办成加强中非全面战略合作伙伴关系的纽带、促进中非人民心灵相通的桥梁、践行中非命运共同体的典范，共同开创中非民间友好合作新局面。① 中非民间论坛从最初围绕具体问题开展讨论的民间交流，发展到中非合作论坛重要的机制化活动之一，其发展历程一定程度上代表了民间合作在中非合作中地位不断提高的过程。在未来，中非民间论坛将从交流机制、发展规划等多个方面巩固中非合作的社会基础。

（二）中非地方政府合作论坛

中非地方政府合作论坛由中国人民对外友好协会于 2012 年发起成立，至今已成功举办四届。首届论坛有 1700 多人参加，其中包括来自非洲 40 个国家、中国 29 个省（区、市）的代表以及相关国际组织和机构的代表。时任国务院副总理李克强在开幕式致辞中强调：中非地方政府合作已成为中国同非洲国家双边关系的重要组成部分。中方愿一如既往地同非洲国家加强地方政府合作，拓展合作广度、深度，今后 5 年，将推动中非友好城市数量再翻一番，培训更多非洲人才。互学互鉴，促进双方互派 1000 名地方管理人员、企业家和各界人士到对方国家访问交流，促进中非合作和友谊从高层向基层、从政府向民间延伸。同时，李克强指出，把中非新型战略伙伴关系提升到新水平，关键是要"互信""互利""互动"。② 2015 年第二届有来自非洲 26 个国家、国内 24 个省（区、市）的地方政府代表和经贸界人士 600 余人出席。国务委员杨洁篪在开幕式致辞中指出：中非建立更多友好城市，共享发展经验，加强基础设施、贸易、投资、农业等方面合作以及人文交流，实现中非地方的包容发展。③ 第三届论坛中，中非双方聚焦"摆脱贫困与可

---

① 《习近平向第六届中非民间论坛致贺信》，《人民日报》2021 年 11 月 16 日，第 1 版。

② 《李克强出席首届中非地方政府合作论坛开幕式并讲话》，中国人民对外友好协会网站，2012 年 8 月 27 日，https：//www.cpaffc.org.cn/index/news/detail/id/1591/lang/1.html，最后访问日期：2022 年 3 月 14 日。

③ 《第二届中非地方政府合作论坛在京举行》，中国人民对外友好协会网站，2015 年 11 月 10 日，https：//www.cpaffc.org.cn/index/news/detail/id/1776/lang/1.html，最后访问日期：2022 年 3 月 14 日。

持续发展"，共有国内相关部委和 26 个省（区、市）负责人，24 个非洲国家主管地方事务的政府部长和省市长、国际组织代表、非洲国家驻华使节以及教育、经贸、公益慈善、媒体等领域代表共计约 400 人出席论坛。本届论坛的主题得到了许多同样面临发展问题的非洲国家的共鸣，如尼日尔总理拉菲尼强调：本届论坛主题与尼日尔复兴计划相契合。人才培训是摆脱贫困、实现可持续发展的必由之路，希望双方能够加强交流，共同走上繁荣发展道路。[①] 2021 年第四届论坛以"共建中非命运共同体——中非地方政府团结合作、共谋发展"为主题，来自非洲国家的政要、中非地方政府和相关机构负责人共约 300 人参加论坛。李克强总理在开幕式致辞中表示，要促进地方合作量质齐升，加强城市治理、消除贫困、社会建设、农业现代化等经验交流，推动友城合作。他还指出，中非合作根在人民，源在交流。中非地方合作越密切，中非合作的基础就越牢固，中非人民的友谊就越深厚。在双方共同努力下，中非地方政府合作大有可为，也必将大有作为。[②]

（三）中国非洲人民友好协会

中国非洲人民友好协会（以下简称"中非友协"）成立于 1960 年，是由中国人民对外友好协会和工、青、妇等 17 个全国性人民团体发起的全国性民间团体，其成立以来与非洲多个国家、各级政府以及各领域不同人士建立了密切往来关系。除了上文提到的中非地方政府合作论坛外，中非友协还协调建立了多个中非交流合作机制。2021 年 11 月，中非友协举办了首届"中非未来领袖对话"。在总结会晤前中非友协组织来访中非青年领袖代表赴山西兴县、宁夏闽宁镇和浙江嘉兴等地深度参访、召开专题座谈会，使得来访代表对中国改革开放以来的发展成就有了更为深刻的认识。非盟驻华代表拉赫曼塔拉·奥斯曼在总结会议中感谢中国同非洲无私分享成功经验，为

---

① 《第三届中非地方政府合作论坛成功召开》，中国人民对外友好协会网站，2018 年 5 月 8 日，https://www.cpaffc.org.cn/index/news/detail/id/3822/lang/1.html，最后访问日期：2022 年 3 月 14 日。

② 《李克强出席第四届中非地方政府合作论坛》，中国政府网，2021 年 11 月 16 日，http://www.gov.cn/xinwen/2021-11/16/content_5651272.htm，最后访问日期：2022 年 3 月 14 日。

非洲等发展中国家走向现代化提供了新选择。他强调青年是非洲实现自主可持续发展的希望所在。期待中非青年携手努力，把非洲联盟《2063 年议程》、非洲国家发展战略同中国实现第二个百年奋斗目标紧密对接，携手致力于实现中非合作共赢、共同发展。① 此外，中非友协还深度参与协助推动了中非友好城市的不断发展。习近平主席在 2014 年 5 月勉励中国友协：希望中国人民对外友好协会再接再厉，更好推进民间外交、城市外交、公共外交，不断为中国民间对外友好工作作出新的更大的贡献。② 由此，中非"城市外交"在中非友协等部门的共同推动下快速发展。截至 2019 年，中国已经有 31 个省份的 482 个城市与世界 136 个国家的 1630 个城市结成 2532 对友好城市，其中包括与非洲 33 个国家结成 135 对友好城市。③ 自 1982 年 8 月长沙市与刚果（布）首都布拉柴维尔结成中非第一对友好城市以来，中非共建友好城市已成为双边地方与民间合作的重点和亮点。如北京市目前已经与埃及开罗省、南非豪登省、埃塞俄比亚亚的斯亚贝巴市结为友好城市。2014 年 7 月，在北京市人民政府、埃塞俄比亚文化旅游部的联合推动下，主题为"北京之夜"和"魅力北京"的大型演展活动在埃塞俄比亚国家剧院举行。这是自 2006 年北京与亚的斯亚贝巴结为友好城市以来，两城共同推动中非地方文化交流互鉴的标志性事件。此外，上海市人民政府与上海市工商业联合会于 2021 年共同举办了"上海–非洲友城经贸交流会"，会议得到了来自上海和纳米比亚、莫桑比克、毛里求斯友好城市的政府、商会、企业家代表的积极参与。

（四）中国民间组织国际交流促进会

中国民间组织国际交流促进会（以下简称"中促会"）于 2005 年 10

---

① 《首届中非未来领袖对话成果举办》，中国人民对外友好协会网站，2021 年 11 月 7 日，https://www.cpaffc.org.cn/index/news/detail/id/7489/lang/1.html，最后访问日期：2022 年 3 月 17 日。

② 习近平：《在中国国际友好大会暨中国人民对外友好协会成立 60 周年纪念活动上的讲话》，新华网，2014 年 5 月 15 日，http://www.xinhuanet.com/politics/2014-05/15/c_111071248 8.htm，最后访问日期：2022 年 3 月 17 日。

③ 王宏禹、徐文雯：《中非友好城市建设与中国对非援助的效用提升》，《北京国际交往中心发展报告（2019）》，第 80 页。

月成立，目前已经成为中非地方与民间交往的重要参与方。上文提到的中非民间合作论坛是中促会推动的最为重要的交流活动，中促会利用这一平台推动中非双方于 2018 年 7 月签署了《中非民间友好伙伴计划（2018—2020）》，从民生合作与捐赠救助、能力建设和人才交流、促进发展、文化交流、建立交流机制五个方面，推出了 30 项中国民间未来三年将要实施的对非民间合作项目。其中包括：中国扶贫基金会在埃塞俄比亚、苏丹开展"微笑儿童"学校供餐项目和洁净饮水项目；中国红十字总会每年向 4~5 个国家红会提供 800 万元人民币的人道主义援助计划；中国青少年发展基金会开展希望工程走进非洲项目（目前已经在肯尼亚、坦桑尼亚、纳米比亚、卢旺达、布隆迪五国援建希望小学 23 所，资助金额 550 万美元）；中国法学会推动中非联合仲裁中心建设与发展；中国企业联合会与挪威、乌干达、埃塞俄比亚、肯尼亚、坦桑尼亚等国合作开展题为"在非洲做负责任的企业"的企业社会责任项目；首都经济贸易大学、对外经济贸易大学、首都体育学院等中国高校与非洲高校的校际合作项目；中国科协将举办中非智库论坛、"一带一路"框架下的中非科技合作国际研讨会；等等。[①] 除此之外，中促会还积极组织了中国—非洲非政府组织研讨会。首届研讨会于 2009 年 1 月召开，来自埃塞俄比亚、津巴布韦、南非、乌干达、肯尼亚、苏丹、坦桑尼亚和博茨瓦纳等国非政府组织的 16 名代表应邀访华，会上还举行了《非洲非政府组织与中非关系》一书的首发式。2010 年，在中促会与浙江师范大学非洲研究会共同举办下，中非非政府组织研讨会在浙江金华召开。中非双方非政府组织与学界代表围绕"中非非政府组织发展、管理的做法和经验""中非非政府组织在应对粮食安全、扶贫、妇女儿童、教育、卫生、气候等问题上的做法和经验"等议题进行了深入研讨。[②] 2011 年第四届研讨会在京

---

① 《〈中非民间友好伙伴计划（2018—2020）〉发布》，中国共产党新闻网，2018 年 7 月 24 日，http://cpc.people.com.cn/n1/2018/0724/c164113-30167068.html，最后访问日期：2022 年 3 月 30 日。

② 《中非非政府组织研讨会在浙江金华成功召开》，中华人民共和国驻开普敦总领馆网站，2010 年 7 月 20 日，https://www.fmprc.gov.cn/ce/cgct/chn/xwdt/t718844.htm，最后访问日期：2022 年 3 月 21 日。

举行，来访的 16 位非洲非政府组织代表与中方代表围绕非政府组织与政府的关系、非政府组织在推动社会建设中的作用以及中非非政府组织加强在社会领域的合作等几个议题展开了深入交流与研讨。

（五）中非智库论坛

以"中非智库论坛"为代表的中非智库高校间交流合作为中非合作提供了强有力的智力支持。中非合作论坛的发起成立极大地推动了中非智库高校间的交流与合作，特别是 2009 年中国国务院总理温家宝在中非合作论坛第四届部长级会议上宣布实施旨在推动中非学者、智库交流的"中非联合研究交流计划"。2010 年 3 月，中非联合研究交流计划正式启动，国务委员戴秉国出席启动仪式时指出：联合研究交流计划是中非合作论坛不断拓展的重要成果，是中非关系日益发展的客观需要，是新形势下巩固中非友好民意基础、深化中非新型战略伙伴关系的重要举措。[①] 在此背景下，中非智库论坛作为双方智库、高校交流最为重要的平台之一得到机制化运行。第一届论坛于 2011 年 10 月在杭州召开，来自中国和非洲 27 个国家、非盟等非洲地区组织及部分其他国家、地区著名智库的 300 多名知名学者出席。与会学者主要围绕"新世纪第二个十年的中非关系"主题，深入研讨了"非洲安全形势与中非在和平安全领域的合作""非洲金融投资环境与中非在金融投资领域的合作""中非人文交流与智库的作用"三项议题。由于首届中非智库论坛在国际上取得良好反响，2012 年《中非合作论坛第五届部长级会议——北京行动计划（2013 年至 2015 年）》正式将该论坛纳入中非合作论坛框架。[②] 在第三届中非智库论坛中，中非智库高校代表共同发表了《中非智库 10+10 合作伙伴计划倡议书》，包括中国社会科学院西亚非洲研究所、浙江师范大学非洲研究院、尼日利亚国际事务研究所、南非国际问

---

① 杨宝荣：《"中非联合研究交流计划启动仪式暨非洲和平与发展及中非合作学术研讨会"纪要》，《西亚非洲》2010 年第 5 期，第 67 页。

② 《中非合作论坛第五届部长级会议——北京行动计划（2013 年至 2015 年）》，中华人民共和国商务部网站，2012 年 7 月 25 日，http：//mg. mofcom. gov. cn/article/jmxw/201208/2012 0808277021. shtml，最后访问日期：2022 年 3 月 24 日。

题研究所在内的 16 家智库代表一致同意在中非思想知识界建立起更为长期、机制化的合作关系。截至 2021 年，中非智库论坛已经举行了十次会议。除了中方智库、高校外，浙江省政府、义乌市政府、埃塞俄比亚亚的斯亚贝巴大学和平与安全研究所、南非马蓬古布韦战略反思研究所、非盟领导力学院以及塞内加尔谢赫·安达·迪奥普·达喀尔大学都曾作为论坛会议主办方，真正诠释了"民间为主、政府参与、坦诚对话、凝聚共识"的初衷，不仅为中非合作提供了重要的智力支持，也为中非地方与民间交流合作开辟了新的领域。

（六）中非工会交往

在中非投资与经贸交流日益加深的背景下，促进中非工会交流合作成为双方的共识，由此工会交往也成为中非民间交流与合作的重要平台。早在 2006 年 9 月，来自非洲 17 个英语国家的 26 名工会领导人便与中国工会有关负责人在北京专门探讨如何深化中非工会合作。在这次会议上，中华全国总工会副主席、书记处第一书记孙春兰表示："经济全球化的深入发展给各国工会，特别是发展中国家工会运动带来了机遇和挑战。中非工会团结与合作比以往任何时候都更为紧迫、重要。"[1] 2014 年 5 月，中华全国总工会又推动举办了"中国·非洲工会高级研讨会"，来自赞比亚、纳米比亚、博茨瓦纳、利比里亚、加纳、津巴布韦、苏丹、坦桑尼亚、肯尼亚的工会代表应邀参会。中非经贸合作情况、中非劳动关系经验比较、全球化与工会运动、工会如何在跨国公司中发挥作用等议题成为双方工会代表们关心的要点。

三　中非地方与民间交流合作的核心内容及成效

中非地方与民间交流合作的内容广泛，涉及中非共同关系的诸多议题，包括减贫与发展、治国理政交流、医疗卫生等诸多领域。

---

[1] 《中非工会领导人聚首北京，共商推动中非工会合作》，中国政府网，2006 年 9 月 12 日，http：//www.gov.cn/zwjw/2006-09/12/content_386880.htm，最后访问日期：2022 年 3 月 22 日。

（一）减贫与发展

中国与非洲国家都面临着艰巨的发展任务，非洲国家普遍乐意学习中国在减贫与发展领域所取得的成就和经验。由此，中非减贫与发展经验共享成为双方地方与民间交流的重要内容。在这一背景下，中国地方政府与中国国际扶贫中心等组织积极支持推动中非在该领域的交流。2008 年 5 月，中国国际扶贫中心承办的第一届"中非共享发展经验高级研讨会"围绕"农业改革和农村发展""基础设施建设""经济特区、国外直接投资和贸易发展"等议题召开，来自非洲 17 国的高级官员分赴江西、浙江、广西、广东进行实地考察。① 2009 年第二届"中非共享经验高级研讨会"大体延续了首届的议题，来自非洲中、西部 21 个国家的代表专程前往山东、福建进行考察交流。一年后的第三届研讨会，聚焦基础设施建设和经济技术开发区发展，来访的世界银行行长佐利克表示：中非合作意义重大。中国的发展为非洲的发展提供了宝贵的资金、知识资源，推动了非洲贸易的发展。中国的发展经验将为非洲实现减贫和经济增长提供重要参考。② 会议期间，来自 10 个非洲国家的高级代表还赴中国江苏省实地考察了中国农村基础设施、工业园区和经济技术开发区的建设与发展情况。2011 年第四届研讨会以"农业与农村发展"为主题，来自 11 个非洲国家的高级代表专门赶赴陕西、甘肃实地考察中国农业和农村发展现状。③ 时至今日，非洲国家越来越多地将目光投向了直接反映中国发展成就、发展经验的地方和基层，学习借鉴中国经验成为非洲国家的共识。2021 年 3 月，乌干达第一大报纸《新愿景报》刊登了中国传媒大学乌干达留学生莎拉·吉萨吉耶考察云南农村后撰写的文章。她在文章中指出："我的云南之行所获匪浅，

---

① 《"中非共享发展经验高级官员研讨会" 20 日在京开幕》，中国政府网，2008 年 5 月 20 日。http：//www.gov.cn/govweb/jrzg/2008-05/20/content_985073.htm，最后访问日期：2022 年 3 月 23 日。

② 《第三届中非共享发展经验高级研讨会在京举行》，中华人民共和国财政部网站，2010 年 9 月 14 日，http：//www.mof.gov.cn/zhengwuxinxi/caizhengxinwen/201009/t20100914_338997.htm，最后访问日期：2022 年 3 月 23 日。

③ 《第四届中非共享发展经验高级研讨会在京举行》，中华人民共和国财政部网站，2011 年 9 月 4 日，http：//www.mof.gov.cn/zhengwuxinxi/caizhengxinwen/201109/t20110904_591653.html，最后访问日期：2022 年 3 月 23 日。

进一步加深了我对中国脱贫成就和经验的理解和认识……中国重视农业发展、为农业领域提供大量资金支持并积极在全球范围推广中国农产品及其蕴含的文化的做法也值得非洲借鉴。"[①] 总之,随着中非交流与合作逐步深化,惠及中非民众的地方与基层发展经验交流将成为新的亮点。

(二)治国理政经验交流

治国理政经验交流成为以发展为核心的中非合作的重要组成部分,并开始呈现以政党、政府为主体,媒体、智库、高校、社会组织等参与其中的立体交往格局。目前,中非学界、政党、社会组织等公共力量深度参与的治国理政经验交流渠道主要包括以下三种。第一,在中非人力资源开发合作的框架下,中国的一些高等院校、研究机构和社会组织举办了大量涉及治国理政与发展经验的对非人力资源研修班、研讨班,如中国社会科学院举办的"2018 年非洲国家治理能力研修班"。第二,中非双方通过政党交往分享治国理政经验。中国不仅为非洲开设了涉及多个政党的能力培训班,还为南非非国大、埃塞俄比亚埃革阵、纳米比亚人组党、坦桑尼亚革命党等举办了多期执政党高层干部的研讨班和研修班。第三,中国于 2009 年宣布设立"中非联合研究交流计划",在此框架下设立了多个涉及中非治国理政经验交流的研究课题和国际研讨会。受此支持,中共中央党校曾在 2013 年举办了"中非治国理政经验交流国际研讨会",探讨了政府管理、治理能力、政党建设等议题。[②] 在中非卓有成效的共同努力下,近年来非洲政要、媒体舆论公开发声要学习借鉴中国发展经验的日益增多。例如,2017 年 7 月,肯尼亚"珠江经济特区"开工建设,肯尼亚副总统威廉·鲁托称:"中国模式的成功有目共睹,肯尼亚可以向中国学习、借鉴。"尼日利亚中国研究中心主任查尔斯·奥努奈居称,"改革开放可以解放非洲的生产力,释放非洲的发

---

① 《七彩云南纪行——中国少数民族地区脱贫经验对非洲的启示》,中华人民共和国驻乌干达共和国大使馆网站,2021 年 3 月 14 日,https://www.mfa.gov.cn/ce/ceug/chn/sgxw/t1860882.htm,最后访问日期:2022 年 3 月 23 日。

② 罗建波:《中非治国理政经验交流与中非关系的全面提升》,载刘洪武主编《非洲研究》2016 年第 2 卷,中国社会科学出版社,2016,第 230 页。

展潜力。非洲应该学习中国在改革开放中所展现出的勇气，拆除陈旧的藩篱，进行深度的改革，推进制度性变革"①。

（三）医疗卫生合作

医疗卫生合作也是中非企业与非政府组织等民间力量合作的重要领域。在非政府组织方面，中国扶贫基金会于2007年在几内亚发起了"非洲地区贫困母婴援助计划"。此外，其还在2011年为苏丹援建了中国-苏丹恩图曼友谊医院并达成标准化管理协议。另外，中国还大力鼓励本国企业投资非洲医疗卫生项目，在促进中国企业国际化发展的同时，支持非洲本土经济发展，推动将中国医药标准与非洲医药标准实现互认互通。在中非医药贸易中，深圳迈瑞、瑞阳制药、桂林南药、上海迪赛诺等企业扮演了重要角色。在2019年首届中非经贸博览会期间发布的《中非经贸合作案例方案集》中，人福医药集团股份有限公司的马里制药企业、上药控股有限公司的上海市医药-苏丹制药有限公司、重庆三圣实业股份有限公司的埃塞俄比亚三圣药业分别入选，为中非医药投资合作树立了良好典范。值得一提的是，桂林南药于2020年正式推动在科特迪瓦生产具有中国自主知识产权的抗疟特效药——青蒿琥酯。② 根据世卫组织披露，2018年全球共有疟疾病例2.28亿人，其中93%的病例发生在非洲。桂林南药等中国企业与非洲国家的深入合作无疑切实推动了有关国家的抗疟事业。

第三节 中非地方与民间交流合作面临的挑战及前景

中非地方与民间交往作为中非合作的基础性举措，不仅意义重大而且成果丰硕。新时期以来，双方地方与民间交流合作在中非合作论坛框架的推动下具有三大优点。第一，活动规模大。通过发动官方组织和不同网络，这些

---

① 《改革开放40周年：借鉴中国经验已成非洲共识》，《人民日报》（海外版）2018年8月27日，第10版。

② 《中非经贸合作案例集》编委会编《中非经贸合作案例集（2021）》，湖南人民出版社，2021，第150页。

活动可以覆盖多个方面。第二，资金有保障。因为这些活动被涵盖在政府预算之中，因此不用担心资金不足的问题。第三，影响范围广。政府可以调动各种媒体资源来报道这些活动，公众可以看到相关的新闻报道。[①] 但需要指出的是，当前这种相对依赖官方渠道的交往在民众基础、思想建设、资源利用方面还存在许多值得改进之处。正如习近平主席所言：中非关系的根基和血脉在人民，中非关系发展应该更多面向人民。[②] 在中非双方的共同推动下，地方与民间交往依然是中非合作最具前景的领域之一。

一 中非地方与民间交流合作面临的挑战

缺乏扎实的民众基础是目前中非地方与民间交往中最为明显的问题。可持续的中非合作一方面来自扎实的经济合作和高层的政治共识，另一方面也来源于民间在密切往来中积累的了解和友谊。但如上文所述，当前双方的地方与民间交往依然由官方或有官方背景的组织、机构主导，这使得中非双方的草根阶层往往难以参与其中，民间直接的交流对话还较少，甚至相互之间仍存在刻板印象。在 2006 年中非合作论坛第三届部长级会议召开之际，《中国青年报》发起了一项针对中国人对非洲印象的调查，调查显示，人们对非洲的印象，首先是"贫穷落后""艾滋病"，然后才依次是"多种多样的野生动物""运动和音乐舞蹈天赋""人类文明的发祥地之一""物产丰富"等。另外，调查还显示，人们对非洲的理解，首先是"饥饿""原始""战乱"等，其次才是"友好""热情""活力"。同时，只有18.4%的人表示自己对非洲"非常了解"，71.7%的人"只知道一点点"。[③] 可见，大多数受访者对非洲的印象来自想象且偏向负面。而这种

---

① 李安山：《中非合作的基础：民间交往的历史、成就与特点》，《西亚非洲》2015 年第 3 期，第 70 页。

② 中共中央宣传部、中华人民共和国外交部编《习近平外交思想学习纲要》，人民出版社、学习出版社，2021，第 140 页。

③ 《30 年后非洲会像今天的中国一样让世界刮目相看》，中青在线，2006 年 11 月 6 日，http：//zqb.cyol.com/content/2006-11/06/content_1563126.htm，最后访问日期：2022 年 3 月 26 日。

刻板印象直到今天仍未得到彻底扭转。相应地，由于缺少贴近生活的深入交流，非洲民众对中国人也存在不少刻板印象，如长期在非洲工作、生活的刘植荣先生于 2018 年指出非洲人对中国人的十大印象：中国人吃苦耐劳、清心寡欲、制造的商品价廉质次、法律意识淡漠、不注意形象、扰乱市场、不团结、没有宗教信仰、什么都吃、抢夺非洲人的饭碗。① 显然，推动中非民间往来、增进双边民众相互理解、切实加深中非民间友谊是未来中非地方与民间合作的重要使命。

与缺乏坚实民众基础紧密相关，中非双方原有的许多民间资源也应该得到更为高效的利用。中国自 2009 年起连续 12 年稳居非洲第一大贸易伙伴国地位，中非贸易额占非洲整体外贸总额比重连年上升，2020 年超过 21%。中非双边贸易总额至 2021 年达到创纪录的 2540 亿美元，较 2020 年增长了670 亿美元。② 巨量的经贸往来是中非友好关系的"稳定器"与"压舱石"，随之而来的是双方民间往来的不断加强。据统计，至 2019 年有超过 1 万家中国企业在非洲运营，每年为非洲创造近 40 万个就业岗位。作为民主党重要智库的美国进步中心（Center for American Progress）在其 2021 年 10 月的报告中也承认，在为非洲提供就业机会方面，中国在非洲的投资和经营贡献颇多，其在整个非洲大陆的雇员可能达到数百万人。③ 经贸带动的就业不仅为非洲的脱贫事业作出了切实贡献，也夯实了双方民间交往的基础。如在肯尼亚蒙内铁路的修建过程中，中交集团征求了肯尼亚政府及民间、联合国等多方意见，对设计方案做了四次重大改动以及十多次调整。此外，蒙内铁路的后期运营，如机修、机务等都招聘了当地人，甚至铁路运营公司的高管也

---

① 《中国人在非洲人眼中的十个真实印象，你猜对了几个》，社会科学文献出版社网站，2018年 9 月 4 日，https：//www.ssap.com.cn/c/2018 - 09 - 04/1071664.shtml，最后访问日期：2022 年 3 月 26 日。

② "The China Africa Project：China-Africa Trade in 2021 Amounted to ＄254 Billion，Breaking an All-Time Record，" 2022 - 01 - 19，https：//chinaafricaproject.com/2022/01/19/china-africa-trade-in-2021-amounted-to-254-billion-breaking-an-all-time-record/，accessed：2022 - 02 - 18.

③ "Jordan Link：5 Things U.S. Policymakers Must Understand About China-Africa Relations，" Center for American Progress，October 2021，p.5.

是肯尼亚人，持有中交集团工作证的人在当地相关领域很好找工作。[1] 显然，这种"建设一个项目，带动一方经济，结交一方朋友，造福一片社区，改善一方环境"的经营、交流模式对于中国而言具有独特的优势，也为绝大部分受益的非洲民众所认同。这种优质民间资源理应在双方未来的合作中得到更为有效的利用。

除了内部挑战外，中非地方与民间合作还面临着日益显著的外部挑战。在当前中美竞争日益加剧的现实下，中非合作受到了美国等西方国家的关注与挑战。拜登政府在于 2021 年 3 月出台的《国家安全战略临时指导方针》中直接指出，"中国是目前唯一有潜在能力在经济、外交、军事、技术等领域中挑战（美国主导的）国际体系的国家"[2]。在这种认识的基础上，美国"美中经济与安全审查委员会"将中国在非洲的战略目标总结为：扩张全球影响并改变世界秩序；控制自然资源特别是化石燃料；输出基础设施；扩大在安全领域对非洲的介入。[3] 值得注意的是，作为当前对非影响力最大的国家，美国成功影响了许多非洲非政府组织以及在野党政客等力量，与其相配合发动对中国的舆论攻势。显然，在这种形势下中非地方与民间合作巩固民意基础的需要被进一步突出，双方个体、企业、非政府组织等行为体之间急需加强合作、凝聚共识才能更好地应对来自外部的挑战。

二 中非携手开创地方与民间友好合作的新局面

使合作成果惠及于民是中非合作的精髓，也是中非地方与民间交往的目的与基础。当前，使中非之间的发展利益与政治共识内化为双方民众间的深切友谊已经成为中非之间的共识。双方在中非合作论坛的基础上，从多个方面推动地方与民间合作更加符合其作为中非友谊"血脉与根基"的要求。

---

① 《证券日报：打造中非友谊桥梁 百年老店中交集团坚持"走出去"》，《证券日报》2020年 6 月 17 日，http://www.zqrb.cn/gscy/gongsi/2020 - 06 - 17/A1592329012511.html，最后访问日期：2022 年 3 月 28 日。

② "The White House：Interim National Security Strategic Guidance," March 2021, p. 8.

③ "U. S. -China Economic and Security Review Commission：China's Strategic aims in Africa," May 2020, p. 136.

一是着眼于双方共同发展利益，让民间更广泛地参与合作，使合作成果惠及民间。以大多数非洲国家最为关注的减贫领域为例，中非一致同意合作建立中非减贫与发展伙伴联盟，广泛动员中非企业、社会组织、研究机构等各方力量共同参与中非减贫与乡村发展合作，逐步建立政府间、社会间的多层次减贫与乡村发展对话机制，加强减贫经验交流。① 中国将为非洲援助实施 10 个减贫和农业项目，鼓励中国机构和企业在非建设中非农业发展与减贫示范村，支持中国在非企业社会责任联盟发起"百企千村"活动，积极开展减贫公益合作。与减贫实践相配合，中国积极为广大非洲国家的农产品等非资源类商品拓宽销路。习近平主席在中非合作论坛第八届部长级会议上承诺：中国将为非洲农产品输华建立"绿色通道"，加快推动检疫准入程序，进一步扩大同中国建交的最不发达国家输华零关税待遇的产品范围，力争未来三年从非洲进口总额达到 3000 亿美元。② 目前，农业收入依然是非洲大多数民众的主要收入来源，因此着眼于乡村减贫以及农业发展的合作无疑有利于大多数非洲民众生活的改善，并且有利于巩固双方地方与民间合作的基础。此外，针对许多非洲国家医疗卫生基础薄弱且面临新冠疫情严峻威胁的现实，中国于 2021 年宣布将再向非方提供 10 亿剂疫苗，其中 6 亿剂为无偿援助，4 亿剂以中方企业与有关非洲国家联合生产等方式提供。中国还将为非洲国家援助实施 10 个医疗卫生项目，向非洲派遣 1500 名医疗队员和公共卫生专家，并鼓励中国企业积极投资非洲的医疗卫生项目。由此，医疗卫生领域的合作也仍将是中非地方与民间交流与合作的重点领域之一。

二是加强平台建设，推动中非地方民间交流合作进一步机制化。在中非合作论坛机制下，中非双方将继续合作举办"中非合作论坛——减贫与发展会议""中非青年减贫与发展交流项目"等活动，并且根据非洲国家需要

① 《中非合作论坛——达喀尔行动计划（2022—2024）》，中华人民共和国外交部网站，2021 年 12 月 2 日，https://www.fmprc.gov.cn/web/ziliao_674904/zt_674979/dnzt_674981/qtzt/kjgzbdfyyq_699171/202112/t20211202_10461174.shtml，最后访问日期：2022 年 3 月 30 日。

② 《同舟共济，继往开来，携手构建新时代中非命运共同体——在中非合作论坛第八届部长级会议开幕式上的主旨演讲》，《人民日报》2021 年 11 月 30 日，第 2 版。

举办减贫与乡村发展政策研修班。在投资和企业交流领域，中国计划在三年内推动企业对非洲投资总额不少于 100 亿美元，并设立"中非民间投资促进平台"。这些举措得到了非洲华侨华人群体的积极响应，在 2021 年 12 月举办的"华侨华人和国家形象——第三届非洲华侨华人民间外交论坛"上，华人华侨代表发布了《2021 中非民间外交倡议书》，其中明确指出：要加强经贸务实合作，扩大中非间贸易和投资规模，促进疫情期间的经济恢复和增长，并且要推动华侨华人及中国企业参与"中非民间投资促进平台"及数字电商经济。① 此外，中国还积极为非洲企业发展和人才培养建立新的平台和项目。2021 年，中国承诺将为非洲援助实施 10 个工业化和就业促进项目，向非洲金融机构提供 100 亿美元授信额度，重点扶持非洲中小企业发展，设立中非跨境人民币中心。中国还将同非洲国家携手拓展"丝路电商"合作，举办非洲好物网购节和旅游电商推广活动，实施非洲"百店千品上平台"行动。在教育与人才培养方面，中国将为非洲援助新建或升级 10 所学校，邀请 1 万名非洲高端人才参加研修研讨活动。实施"未来非洲——中非职业教育合作计划"，并开展"非洲留学生就业直通车"活动。在这一框架下，中国教育国际交流协会于 2022 年 1 月发布了最新一批 12 个选题，内容包括"一带一路"背景下中非应用型人才联合培养模式研究、新时期中非（塞内加尔）职教校际合作的多元主体路径探索、非洲职业教师师资培训探索及研究等一批贴近非洲职业教育发展需要的选题。② 与此同时，这些项目的参与方包括天津轻工职业技术学院、杭州职业技术学院、江苏建筑职业技术学院等中国地方职业技术学院，突破了此前中非双方以高校、研究机构学术交流为主的合作模式，有利于推动民间交流主体的进一步丰富。此外，中国还积极同非洲国家合作设立"鲁班工坊"。作为最早于 2015 年由

---

① 《〈2021 中非民间外交倡议书〉发布》，中国新闻网，2021 年 12 月 10 日，http：//www.chinanews.com.cn/gn/2021/12-10/9626576.shtml，最后访问日期：2022 年 3 月 30 日。

② 《关于"未来非洲——中非职业教育合作计划"2021 年度研究课题立项结果的公示》，中国教育国际交流协会网站，2022 年 1 月 11 日，http：//www.ceaie.edu.cn/notices/2090.html，最后访问日期：2022 年 3 月 30 日。

天津市教育委员会启动的职业教育"走出去"模式，鲁班工坊堪称"职业教育领域的孔子学院"。截至 2020 年底，中国在非洲已经建立了 10 家鲁班工坊，以最新开设的马达加斯加鲁班工坊为例，其由天津机电职业技术学院、天津市机电工业学校、塔那那利佛大学、中铁十八局集团有限公司共同建设，首期合作建设电气工程和汽车工程两个专业，已经完成招生 37 人。①总之，以减贫、投资以及职业教育为代表的合作平台将切实推动中非地方与民间交流合作，成为中非"民心相通"的重要支点。

三是加强思想建设，打造真正适合中非共同发展利益的"发展观""人权观"。中非地方与民间合作立足于彼此发展、服务于双边民众。因此，真正能服务于双方发展、反映双方利益的思想共识不可或缺。从 2017 年 6 月到 2021 年 7 月，联合国已经连续三次通过中国提交的"发展对享有所有人权的贡献"决议，对此习近平主席强调，中国坚持把人权的普遍性原则和当代实际相结合，走符合国情的人权发展道路，奉行以人民为中心的人权理念，把生存权、发展权作为首要的基本人权，协调增进全体人民的经济、政治、社会、文化、环境权利，努力维护社会公平正义，促进人的全面发展。②中国的人权观、发展观得到了非洲国家的普遍认同，2019 年 7 月联合国人权理事会就中国提出的"发展对享有所有人权的贡献"（The contribution of development to the enjoyment of all human rights）决议进行了投票。③该决议在英国、澳大利亚、日本等国提出反对的情况下以 33 票同意、13 票反对获得通过，其中非洲国家的支持发挥了重要作用。思想共识对中非合作的推动同样体现在双方的地方与民间合作上。2018 年 5 月第三届中非地方政府合作论坛以"摆脱贫困与可持续发展"为主题，与会非洲国家

① 《马达加斯加鲁班工坊落成，为我国在非洲第 10 个"鲁班"》，《北京日报》2022 年 2 月 21 日，https://ie.bjd.com.cn/5b165687a010550e5ddc0e6a/contentShare/5b16573ae4b02a9fe2d558fa/AP6213140ce4b09e4973372a34.html，最后访问日期：2022 年 3 月 30 日。

② 新华月报编《新中国 70 年大事记（1949.10.1-2019.10.1）》（下），人民出版社，2020，第 1920 页。

③ "United Nations General Assembly: Resolution adopted by the Human Rights Council on 12 July 2019," July 17, 2019, p.2.

代表表示中国在扶贫方面取得的成功经验给非洲各国带来很多启发，并围绕人才培养和产能合作两大领域，就如何推动中非省市务实合作，构建中非命运共同体展开了深入探讨。① 总之，中国提出的诸多观念比如人权观、发展观等得到了非洲国家的普遍支持，其将为中非地方与民间交流合作提供明确而有力的思想指引，今后中非地方与民间也需要加强制度、价值观等理念的对话与交流，以增进政治互信和民心相通。

综上所述，中非地方与民间的交流与合作是进一步巩固中非关系的基础，是构建"民心相通"的中非命运共同体的重要行动。其作为事关中非关系社会基础的重要领域，前景十分广阔。

首先，当前双方地方与民间的交流合作根植于中非之间扎实的经济合作基础。作为非洲最大的贸易伙伴，中国为非洲提供了其所急需的工业制成品、基建能力以及投资，并为其提供了大量就业岗位。而潜力巨大的非洲市场也是众多中国企业不可或缺的投资热土。在这一背景下，在"终端"支撑起双方经济往来的地方政府、企业、社会组织乃至个人自然而然地成为联系中非友谊的利益攸关者，为双方民间交流合作提供了强大的意愿和动力。总之，双方总体一致的发展利益、巨量的经济往来和由此带来的人员交流是中非地方与民间合作坚实的基础。

其次，中非双方深厚的政治共识为地方与民间交流合作的发展提供了重要保障。有了数十年精诚合作的基础，"中非从来都是命运共同体"成为双方的政治共识。在中非合作论坛的框架之下，将双方的政治共识与经济合作内化为中非民众真正的友谊和认同、巩固中非命运共同体的民意基础和社会基础成为新时期中非领导人的新共识。加强中非地方与民间交流合作也由此成为每一届中非合作论坛不可或缺的重要组成部分。在最新的《中非合作论坛——达喀尔行动计划（2022—2024）》文件中，地方与民间合作被作为中非人文合作的重要组成部分，其在加强民意沟通、民间友好、民生合作

---

① 《第三届中非地方政府合作论坛成功召开》，"中国日报网"百家号，2018 年 5 月 8 日，https://baijiahao.baidu.com/s？id=1599900047012332378&wfr=spider&for=pc，最后访问日期：2022 年 3 月 30 日。

等领域的重要作用得到了中非领导人的一致认同。

最后，中非双方也有足够的意愿增强彼此民间与地方合作以应对现实挑战。当前，双方的民意基础、社会基础还不够扎实，民众之间的相互了解依然不够，偏向负面的刻板印象仍然普遍存在。同时，中国与美国等西方国家在非洲的竞争进一步加剧，后者对中非合作的攻击和歪曲明显增加。在这种情况下，切实推动中非民心相通成为维护双方共同发展利益和成果的必然要求。总之，在经济基础、政治共识、现实需要三重支撑下，中非推动民间和地方合作的能力和意愿都得到了进一步增强。民间外交，其未来必将如习近平总书记所说，成为推进文明交流互鉴最深厚的力量。

第十一章　中非青年与妇女的交流与合作

　　文明交流互鉴首先是人与人之间的交流互鉴，妇女和青年在文明交流互鉴中起着重要的作用。女性天然就是促进构建和谐、和睦、和平世界的主力，是推动社会发展和进步的重要力量，妇女事业发展的每一步都有力推动了人类文明的进步。特别是改革开放以来，中国妇女在对外交流合作中所扮演的角色越来越重要。"中国高度重视开展妇女领域的国际交流与合作……。党的十八大以来，在推动构建人类命运共同体进程中，中国妇女事业实现了引领全球妇女发展的历史性飞跃，为世界妇女运动贡献了中国方案和中国力量。"[①]青年是国家和民族的希望，也是世界的未来，是推动社会进步的重要力量，肩负着时代的使命。青年人身上的拼搏意识、挑战精神、创新活力，深刻影响人类文明的进程与走势。青年人是最有活力的文化创造者，应该成为推动不同国家、民族、文化之间平等对话和互学互鉴的主体。人类命运共同体需要在平等对话和相互交流中才能构建起来，而青年在这一过程中可以充分发挥自身优势，贡献青春力量。同样，妇女和青年是促进中非关系发展的重要纽带，是中非文明交流互鉴的使者，也是推动中非文明发展的重要力量，中非之间的文明交流互鉴离不开双方妇女和青年之间的相知相交。在 2021 年 11 月召开的中非合作论坛第八届部长级会议上，习近平主席提出了对非合

[①] 《平等　发展　共享：新中国 70 年妇女事业的发展与进步》白皮书，中华人民共和国国务院新闻办公室网站，2019 年 9 月 19 日，http://www.scio.gov.cn/ztk/dtzt/39912/41772/41792/Document/1664908/1664908.htm，最后访问日期：2022 年 3 月 10 日。

作的"九项工程",其中第八项为人文交流工程,内容包括举办中非青年服务论坛和中非妇女论坛等。《中非合作论坛——达喀尔行动计划(2022—2024)》在人文合作部分提到了"青年与妇女"工作,也对下一阶段中非青年和妇女工作作出了详细计划。中非青年和妇女之间的交流与合作有助于促进中非之间的文明交流互鉴,推动构建中非命运共同体。

第一节　习近平关于中非青年与妇女
交流与合作的论述

一　青年是中非关系的希望所在

(一)关于青年及青年重要性的论述

青年是国家和民族的未来和希望,是最有活力和最有创造力的群体,实现中华民族伟大复兴的中国梦必须靠一代又一代青年接续奋斗。2016 年 4 月,习近平总书记在知识分子、劳动模范、青年代表座谈会上指出,"我们要全面建成小康社会,进而建成富强民主文明和谐的社会主义现代化国家,实现中华民族伟大复兴,必须依靠知识,必须依靠劳动,必须依靠广大青年。这是我们国家和民族发展的力量所在,也是我们事业成功的力量所在","实现中华民族伟大复兴的中国梦,需要一代又一代有志青年接续奋斗。青年人朝气蓬勃,是全社会最富有活力、最具有创造性的群体"①。2013 年 5 月,习近平总书记在同各界优秀青年代表座谈会上讲道,"历史和现实都告诉我们,青年一代有理想、有担当,国家就有前途,民族就有希望,实现我们的发展目标就有源源不断的强大力量。……中国梦是我们的,更是你们青年一代的。中华民族伟大复兴终将在广大青年的接力奋斗中变为现实"②。此外,习近平总书记还提到广大青年是党执政重要的群众基础,

---

① 习近平:《在知识分子、劳动模范、青年代表座谈会上的讲话》,《人民日报》2016 年 4 月 30 日,第 2 版。
② 习近平:《在同各界优秀青年代表座谈时的讲话》,《人民日报》2013 年 5 月 5 日,第 2 版。

2013 年 6 月，他在同团中央新一届领导班子集体谈话时的讲话中提到，"代表广大青年，赢得广大青年，依靠广大青年，是我们党不断从胜利走向胜利的重要保证"①。

（二）关于如何开展青年工作的论述

首先，开展青年工作的根本任务是培养社会主义建设者和接班人，培养青年的爱国主义情怀，促使青年自觉将自身的理想和国家民族的前途命运相结合。2018 年 7 月，习近平总书记在同团中央新一届领导班子成员集体谈话时提出，"要坚持把培养社会主义建设者和接班人作为根本任务，引导广大青年自觉为共产主义远大理想和中国特色社会主义共同理想而奋斗；把巩固和扩大党执政的青年群众基础作为政治责任，把最大多数青年紧紧凝聚在党的周围；把围绕中心、服务大局作为工作主线，广泛组织动员广大青年在深化改革开放、促进经济社会发展中充分发挥生力军作用"②。习近平总书记勉励广大青年将个人梦想和中国梦结合起来，"广大青年要勇敢肩负起时代赋予的重任，志存高远，脚踏实地，努力在实现中华民族伟大复兴的中国梦的生动实践中放飞青春梦想"③。其次，培养广大青年的爱国主义情怀。"要结合弘扬和践行社会主义核心价值观，在广大青少年中开展深入、持久、生动的爱国主义宣传教育，让爱国主义精神在广大青少年心中牢牢扎根，让广大青少年培养爱国之情、砥砺强国之志、实践报国之行，让爱国主义精神代代相传、发扬光大。"④ 再次，重视青年的思想教育工作，引导青年树立正确的理想信念。习近平总书记指出，现在的青少年长期生活在和平环境之下，没有体验过民族生死存亡的苦难，没有经历过血与火的考验，没

---

① 《习近平在同团中央新一届领导班子成员集体谈话时强调　紧跟党走在时代前列走在青年前列　在实现中华民族伟大复兴征途中续写新光荣》，《人民日报》2013 年 6 月 21 日，第 1 版。
② 《同习近平在同团中央新一届领导班子成员集体谈话时强调　代表广大青年赢得广大青年依靠广大青年　让广大青年敢于有梦勇于追梦勤于圆梦》，《人民日报》2018 年 7 月 3 日，第 1 版。
③ 习近平：《在同各界优秀青年代表座谈时的讲话》，《人民日报》2013 年 5 月 5 日，第 2 版。
④ 中共中央文献研究室编《习近平关于青少年和共青团工作论述摘编》，中央文献出版社，2017，第 36 页。

有参加过艰难困苦的奋斗，人生阅历很有限。如果不加以正确引导和长期教育，难以树立正确理想信念，甚至可能走偏。要在学生中加强中国历史特别是中国近现代史、中国革命史、中国共产党史、中华人民共和国史、中国改革开放史等的教育，坚持不懈培育和弘扬社会主义核心价值观。只有社会主义才能救中国，只有坚持和发展中国特色社会主义才能实现中华民族伟大复兴。要给学生讲清楚这一被实践证明了的历史逻辑和现实逻辑，增强学生的中国特色社会主义道路自信、理论自信、制度自信、文化自信，不被任何干扰所惑，立志肩负起民族复兴的时代重任。① 2019 年 1 月，习近平总书记在省部级主要领导干部坚持底线思维着力防范化解重大风险专题研讨班开班式上的讲话中提出，"要高度重视对青年一代的思想政治工作，完善思想政治工作体系，不断创新思想政治工作内容和形式，教育引导广大青年形成正确的世界观、人生观、价值观，增强中国特色社会主义道路、理论、制度、文化自信，确保青年一代成为社会主义建设者和接班人"②。最后，重视青联和学联在青年工作中的作用。2020 年 8 月，习近平总书记在致全国青联十三届全委会和全国学联二十七大的贺信中提到，"青联和学联工作是党的青年工作的重要组成部分。各级党委和政府要加强对青年工作的领导，关心和支持青联和学联工作，为广大青年和青年学生增长才干、施展才华创造良好条件。青联和学联组织要紧跟时代步伐，把握青年工作特点和规律，深化改革创新，组织动员广大青年和青年学生坚定跟党走、奋进新时代，为党和国家事业发展作出新的更大的贡献"③。

---

① 《习近平 2018 年 9 月 10 日在全国教育大会上的讲话》，学习强国网站，2021 年 1 月 19 日，https：//www. xuexi. cn/lgpage/detail/index. html?id = 9678382950165844874&item_ id = 9678382950165844874，最后访问日期：2022 年 4 月 1 日。

② 《习近平 2019 年 1 月 21 日在省部级主要领导干部坚持底线思维着力防范化解重大风险专题研讨班开班式上的讲话》，学习强国网站，2020 年 9 月 3 日，https：//www. xuexi. cn/lgpage/detail/index. html？id = 14305746199229119680&item_ id = 14305746199229119680，最后访问日期：2022 年 4 月 1 日。

③ 《习近平致信祝贺全国青联十三届全委会全国学联二十七大召开强调　坚定跟党走　奋进新时代　为党和国家事业发展作出新的更大的贡献　王沪宁出席开幕会》，《人民日报》2020 年 8 月 18 日，第 1 版。

（三）强调青年在中外文明交流互鉴中的作用

习近平总书记重视中外青年在中外发展友好关系和中外文明交流互鉴中的作用。2013 年 6 月，习近平主席在墨西哥参议院演讲时指出，"青年是国家的未来、世界的未来，也是中墨友好事业的未来。我们要加强两国青年交往，充分发挥他们的生力军作用，让中墨友好代代相传"[①]。2013 年 11 月，习近平主席致第二届中越青年大联欢活动的贺信中提到，"青年是国家的未来、民族的希望。中越两国人民长期友好的未来和希望寄托在两国青年身上。把中越友好的接力棒接过来、传下去，是中越两国青年义不容辞的使命和责任"[②]。2019 年 6 月，习近平主席在出席接受圣彼得堡国立大学名誉博士学位仪式时的讲话中提到，"青年是人类进步的希望，也是中俄友好的未来。今年是中俄建交 70 周年，两国关系迈入新时代。两国青年要勇于担负时代赋予的使命，携手努力，互勉共进，将实现自身理想融入两国发展振兴和两国人民世代友好的伟大事业中，为中俄新时代全面战略协作伙伴关系发展作出自己的贡献"[③]。

非洲是当前世界上人口结构最为年轻的大陆，在沟通中非民意相通的桥梁上，青年人发挥着独特的作用。习近平主席就中非青年与中非关系作过专门论述。2013 年 3 月，他在坦桑尼亚尼雷尔国际会议中心的演讲中指出，"中非关系是面向未来的事业，需要一代又一代中非有志青年共同接续奋斗。双方应该积极推动青年交流，使中非友好事业后继有人，永葆青春和活力"[④]。2016 年，首届亚非青年联欢节召开，习近平主席向联欢节致贺信，其中提到，"亚非国家拥有世界上最多的青年人口，亚非合作振兴的未来和希望在青年。亚非青年是维护世界和平、促进共同发展的重要力量。希望你

---

① 习近平：《促进共同发展　共创美好未来——在墨西哥参议院的演讲》，《人民日报》2013 年 6 月 7 日，第 2 版。

② 《习近平致第二届中越青年大联欢活动的贺信》，《人民日报》2013 年 11 月 27 日，第 1 版。

③ 《习近平出席接受圣彼得堡国立大学名誉博士学位仪式》，《人民日报》2019 年 6 月 8 日，第 2 版。

④ 习近平：《永远做可靠朋友和真诚伙伴——在坦桑尼亚尼雷尔国际会议中心的演讲》，《人民日报》2013 年 3 月 26 日，第 2 版。

们传承和弘扬万隆精神，加强交流互鉴，增进相互了解，推动互利合作，为实现亚非振兴梦想，为促进亚非人民福祉，为人类和平与发展奉献青春！"①2018 年 9 月，习近平主席在中非合作论坛北京峰会开幕式上发表主旨讲话时指出，"青年是中非关系的希望所在。我提出的中非'八大行动'倡议中，许多措施都着眼青年、培养青年、扶助青年，致力于为他们提供更多就业机会，更好发展空间"②。这都体现了青年在中非合作中的生力军作用，同时中非友好的未来也有赖于青年一代。

（四）关心在中国的外国青年

国际青年在中外文化沟通、文明互鉴领域可以很好地发挥桥梁作用。近年来，习近平主席多次给外国青年回信，鼓励中外青年加强交流互鉴、增进相互理解、发展长久友谊，携手为促进民心相通、推动构建人类命运共同体贡献力量。③ 2018 年 8 月，习近平主席给参加"一带一路"青年创意与遗产论坛的青年代表回信，勉励其为构建人类命运共同体作出自己的努力；2020年 5 月，习近平主席给北京科技大学全体巴基斯坦留学生回信，鼓励他们同世界各国青年一道，为促进民心相通、推动构建人类命运共同体贡献力量；2021年 6 月，习近平主席给北京大学的留学生们回信；2021 年 8 月，习近平主席给"国际青年领袖对话"项目外籍青年代表回信，"我们欢迎更多国际青年来华交流，希望中外青年在互学互鉴中增进了解、收获友谊、共同成长，为推动构建人类命运共同体贡献青春力量"④。

二　加强全球妇女事业合作

党的十八大以来，习近平总书记多次就妇女工作作出重要论述，"从民

---

① 《习近平向首届亚非青年联欢节致贺信》，《人民日报》2016 年 7 月 29 日，第 1 版。
② 习近平：《携手共命运　同心促发展——在二〇一八年中非合作论坛北京峰会开幕式上的主旨讲话》，《人民日报》2018 年 9 月 4 日，第 2 版。
③ 《习近平这封回信，寄望外籍青年为构建人类命运共同体贡献力量》，人民网，2021 年 8 月 14 日，http://www.people.com.cn/n1/2021/0814/c32306-32193085.html，最后访问日期：2022 年 3 月 9 日。
④ 《习近平给"国际青年领袖对话"项目外籍青年代表回信》，《人民日报》2021 年 8 月 12 日，第 1 版。

族复兴的战略高度，从巩固和扩大党执政的阶级基础和妇女群众基础的政治高度，将促进男女平等和妇女全面发展放在中国特色社会主义事业发展全局中擘画"①，为新时代中国妇女事业的发展指明了方向。

（一）强调妇女及妇女工作的重要作用

习近平总书记多次指出，妇女是物质文明和精神文明的创造者，要重视妇女在社会主义现代化建设以及实现中华民族伟大复兴过程中的重要作用，做好党的妇女工作至关重要。2013 年 10 月，习近平总书记在同全国妇联新一届领导班子成员集体谈话时就强调，"做好党的妇女工作，关系到团结凝聚占我国人口半数的广大妇女，关系到为党和人民事业发展提供强大力量，关系到巩固党执政的阶级基础和群众基础，必须坚持男女平等基本国策，充分发挥我国妇女伟大作用，为实现'两个一百年'奋斗目标、实现中华民族伟大复兴的中国梦而奋斗"，肯定了妇女在实现中华民族伟大复兴过程中的重要作用。此外，习近平总书记还提到了妇女在社会生活和家庭生活中的独特作用，发挥妇女在弘扬中华民族家庭美德、树立良好家风方面的作用。"要注重发挥妇女在弘扬中华民族家庭美德、树立良好家风方面的独特作用。"② 习近平主席在国际场合多次提到了妇女在推动社会发展进步过程中的重要地位和作用。2015 年 9 月，习近平主席在全球妇女峰会上指出："妇女是物质文明和精神文明的创造者，是推动社会发展和进步的重要力量。没有妇女，就没有人类，就没有社会。"③ 2020 年 10 月，习近平主席在联合国大会纪念北京世界妇女大会 25 周年高级别会议上的讲话中强调，"妇女是人类文明的开创者、社会进步的推动者，在各行各业书写着不平凡的成就"④。

---

① 全国妇联党组：《中国共产党指引百年中国妇女事业阔步前进》，中华全国妇女联合会网站，2021 年 7 月 1 日，http://www.women.org.cn/art/2021/7/1/art_746_168320.html，最后访问日期：2022 年 3 月 8 日。

② 《习近平同全国妇联新一届领导班子集体谈话时强调 坚持男女平等基本国策 发挥我国妇女伟大作用》，《人民日报》2013 年 11 月 1 日，第 1 版。

③ 习近平：《促进妇女全面发展 共建共享美好世界——在全球妇女峰会上的讲话》，《人民日报》2015 年 9 月 28 日，第 3 版。

④ 习近平：《在联合国大会纪念北京世界妇女大会 25 周年高级别会议上的讲话》，《人民日报》2020 年 10 月 2 日，第 2 版。

（二）坚持中国特色社会主义妇女发展之路

2013 年 10 月，习近平总书记同全国妇联第十一届领导班子集体谈话时指出，当代中国妇女运动的时代主题是实现中华民族伟大复兴，发展道路是中国特色社会主义妇女发展道路，妇联工作的根本遵循和工作不断前进的重要保障是坚持党的领导，妇联组织的根本任务是联合和服务广大妇女，同时推动妇女事业发展，做好妇联工作还必须有创新精神[①]；"中国特色社会主义妇女发展道路是中国特色社会主义道路的重要组成部分，符合我国国情，适应我国妇女事业发展要求，是实现妇女平等依法行使民主权利、平等参与经济社会发展、平等享有改革发展成果的正确道路"[②]。2018 年 11 月 2 日，习近平总书记在同全国妇联新一届领导班子成员集体谈话时强调，"促进男女平等，发挥妇女在各个方面的积极作用，组织动员妇女走在时代前列，在改革发展稳定第一线建功立业"[③]。此外，坚持男女平等基本国策，强调保障妇女权益。妇女儿童人权是我国人权事业的重要组成部分，习近平总书记在中共中央政治局第三十七次集体学习时强调，要发挥群团组织优势，促进妇女儿童、老年人、残疾人等特定群体权益更有保障。关于妇联工作，要保持和增强妇联组织的政治性、先进性、群众性，发挥妇联的桥梁和纽带作用。习近平总书记指出，"做好新形势下妇联工作，一定要把工作重心放在基层。基层是改革发展稳定的第一线，是各种矛盾和问题的集聚地。任何一项群众性工作，脱离了基层，脱离了群众，口号再多，规划再多，也会成为无源之水、无本之木，都是做不好的。妇联工作就是做妇女工作，只有深入妇女特别是基层妇女才能做好"[④]。2018 年 11

---

① 《巾帼心向党　奋进新时代——以习近平同志为核心的党中央关心重视妇女事业和妇联工作纪实》，新华网，2018 年 10 月 29 日，http://www.xinhuanet.com/politics/2018-10/29/c_1123628826.htm，最后访问日期：2022 年 3 月 8 日。

② 《习近平同全国妇联新一届领导班子集体谈话时强调　坚持男女平等基本国策　发挥我国妇女伟大作用》，《人民日报》2013 年 11 月 1 日，第 1 版。

③ 《习近平在同全国妇联新一届领导班子成员集体谈话时强调　坚持中国特色社会主义妇女发展道路　组织动员妇女走在时代前列建功立业》，《人民日报》2018 年 11 月 3 日，第 1 版。

④ 《习近平同全国妇联新一届领导班子集体谈话时强调　坚持男女平等基本国策　发挥我国妇女伟大作用》，《人民日报》2013 年 11 月 1 日，第 1 版。

月，在同妇联新一届领导班子成员集体谈话时指出，"妇联要主动作为，哪里的妇女合法权益受到侵害，哪里的妇联组织就要站出来说话，依法依规为妇女全面发展营造环境、扫清障碍、创造条件"。① 此外，始终强调妇女权益的保障以及男女平等的基本国策。2015 年 9 月，习近平主席在全球妇女峰会上指出，"妇女权益是基本人权。我们要把保障妇女权益系统纳入法律法规，上升为国家意志，内化为社会行为规范。要增强妇女参与政治经济活动能力，提高妇女参与决策管理水平，使妇女成为政界、商界、学界的领军人物"②。可以说，中国的妇女发展之路是深深根植于中国的历史与实践基础之上的，"在中国共产党领导下，中国妇女走出了一条不同于西方资本主义国家所谓'独立'的女权主义发展道路，也不同于其他社会主义国家的妇女发展道路，而是深深植根于中国的历史与现实，具有鲜明中国特色的妇女解放和发展之路"③。综上，中国特色社会主义妇女发展之路就是始终坚持共产党对妇女工作的领导地位，始终坚持男女平等的基本国策，充分保障妇女各个方面的权益，发挥妇联的桥梁作用，促进妇女的全面发展，使妇女能够充分参与到中华民族伟大复兴这一伟大征程当中，走在时代前列建功立业。

（三）强调加强全球妇女事业合作

习近平主席强调加强全球妇女事业合作，为世界妇女事业的发展作出贡献，进而创造有利于妇女发展的国际环境，让每个妇女和儿童都沐浴在幸福安宁的阳光里。④ 2015 年 9 月，中国和联合国妇女署在联合国总部共同举办了全球妇女峰会，习近平主席主持了峰会并发表了题为《促进妇女全面发

---

① 《习近平在同全国妇联新一届领导班子成员集体谈话时强调　坚持中国特色社会主义妇女发展道路　组织动员妇女走在时代前列建功立业》，《人民日报》2018 年 11 月 3 日，第 1 版。

② 习近平：《促进妇女全面发展　共建共享美好世界——在全球妇女峰会上的讲话》，《人民日报》2015 年 9 月 28 日，第 3 版。

③ 马炎：《中国特色社会主义妇女发展道路的特质》，《光明日报》2019 年 3 月 8 日，第 11 版。

④ 习近平：《促进妇女全面发展　共建共享美好世界——在全球妇女峰会上的讲话》，《人民日报》2015 年 9 月 28 日，第 3 版。

展　共建共享美好世界》的讲话，再次指出妇女在政治经济生活中的重要
作用，"要增强妇女参与政治经济活动能力，提高妇女参与决策管理水平，
使妇女成为政界、商界、学界的领军人物"，同时，为了实现这一目的，
"中国将更加积极贯彻男女平等基本国策，发挥妇女'半边天'作用，支持
妇女建功立业、实现人生理想和梦想"①。此外，习近平主席还强调了各方
在妇女事业领域加强交流与合作的重要性以及中国愿意为促进全球妇女
事业发展贡献自身力量。习近平主席指出，"建设一个妇女免于被歧视的
世界，打造一个包容发展的社会，还有很长的路要走，还需要付出更大
努力。让我们继续携手努力，加快实现性别平等、促进全球妇女事业发
展"②，"各国妇女团体应该加强交流，增进友谊，共同发展，共同进步。
要继续开展妇女领域国际发展合作，发达国家要加大对发展中国家的资
金和技术援助，缩小各国妇女发展差距"，"在中国同联合国合作设立的
有关基金项下，将专门开展支持发展中国家妇女能力建设的项目"③。
2020 年 10 月在联合国大会纪念北京世界妇女大会 25 周年高级别会议上，
习近平主席就新冠疫情下的妇女工作提出了四点主张：一是帮助妇女摆
脱疫情影响；二是让性别平等落到实处；三是推动妇女走在时代前列；
四是加强全球妇女事业合作。同时，习近平主席还提出，"未来五年内，
中国将再向联合国妇女署提供 1000 万美元捐款。中国将继续设立中国—
联合国教科文组织女童和妇女教育奖，支持全球女童和妇女教育事业。
中国倡议在 2025 年再次召开全球妇女峰会"④，体现了中国在促进全球妇
女事业发展方面的大国担当。

---

① 习近平：《促进妇女全面发展　共建共享美好世界——在全球妇女峰会上的讲话》，《人民
日报》2015 年 9 月 28 日，第 3 版。
② 习近平：《在联合国大会纪念北京世界妇女大会 25 周年高级别会议上的讲话》，《人民日
报》2020 年 10 月 2 日，第 2 版。
③ 习近平：《促进妇女全面发展　共建共享美好世界——在全球妇女峰会上的讲话》，《人民
日报》2015 年 9 月 28 日，第 3 版。
④ 习近平：《在联合国大会纪念北京世界妇女大会 25 周年高级别会议上的讲话》，《人民日
报》2020 年 10 月 2 日，第 2 版。

第二节 中非青年与妇女交流合作的机制平台

2021 年 11 月，习近平主席在中非合作论坛第八届部长级会议上提出了中非合作的"九项工程"，其中在第八项人文交流工程中提到了举办中非青年服务论坛和中非妇女论坛，体现了青年和妇女在中非人文交流合作中的重要作用，同时也是习近平主席关于青年和妇女工作的相关论述和指示在中非合作领域的生动体现。

一 中非青年和妇女交流合作的机制

在依托中非合作论坛，中非青年和妇女之间的交流与合作逐步机制化。从历届中非合作论坛部长级会议出台的行动计划中可以总结出中非青年和妇女领域交流合作的主要内容。①

（一）中非青年领域的交流与合作

在中非合作论坛成立以来出台的行动计划中提到的措施主要包括以下方面。（1）中非青年互访计划，2015 年的《中非合作论坛——约翰内斯堡行动计划（2016—2018 年）》和 2018 年的《中非合作论坛——北京行动计划（2019—2021 年）》都提出邀请非洲青年来华研修、举办青年大联欢活动。例如 2012 年的《中非合作论坛第五届部长级会议——北京行动计划（2013 年至 2015 年）》提出举办非洲政党青年领袖研修班的方式邀请更多的非洲青年代表来华访问、考察，2018 年的《中非合作论坛—北京行动计划（2019—2021 年）》中提出邀请 2000 名非洲青年来华交流。（2）加强双方在减贫、民生、职业技能方面的培训，例如 2018 年在非洲设立 10 个鲁班工坊。（3）向非洲派遣青年志愿者，鼓励其在社区建设、社会公益及文化、科技和卫生服务等方面发挥积极作用。几乎每次的行动计划都提到了向非洲派遣志愿者，例如 2021 年的《中非合作论

---

① 参考历年中非合作论坛出台的行动计划，中非合作官网，http：//www.focac.org/zywx/zywj/，最后访问日期：2022 年 4 月 1 日。

坛——达喀尔行动计划（2022—2024）》中就再次提到继续推进志愿服务和青年发展项目，说明志愿者在中非合作、中非文明交流互鉴中的重要桥梁作用。（4）增强中非双方青年在青年事务、社会发展、文化体育、志愿服务等领域的务实合作。（5）注重双方交流平台的机制化，早在2006年《中非合作论坛——北京行动计划（2007—2009年）》就提出发展和完善中非青年交流网络和中非青年集体对话机制，2021年《中非合作论坛——达喀尔行动计划（2022—2024）》提出推进中非青年领导人论坛机制建设，以及中非领导人论坛的机制化。

（二）中非妇女领域的交流合作

中非合作论坛行动计划中提到的措施主要包括以下方面。（1）中非妇女交流的主题是性别平等和妇女赋权、提高妇女地位。每次的行动计划大都围绕这个主题展开。开展高层女性对话、专题研讨、技能培训、女企业家对口交流等，深化中非妇女务实合作。此外，2021年《中非合作论坛——达喀尔行动计划（2022—2024）》还提出将举办非洲政党妇女研修班和"百名驻华女外交官看中国"活动，促进中非政界女性的交流和沟通。（2）减贫交流。2015年《中非合作论坛——约翰内斯堡行动计划（2016—2018年）》提出在非洲实施200个"幸福生活工程"，以妇女和儿童为主要受益者。（3）助力妇女摆脱疫情影响。《中非合作论坛——达喀尔行动计划（2022—2024）》专门提到了这一方面，这是新时期中非妇女交流合作的新内容，也是下一阶段双方妇女交流合作的重要方面。女性在经济社会结构中的相对脆弱性，导致其更容易成为被疫情影响的群体。2020年，习近平主席在联大纪念北京世妇会25周年高级别会议上指出，要帮助妇女摆脱疫情影响，让性别平等落到实处。助力非洲妇女摆脱疫情也是中国的妇女政策在中非合作领域的体现。

二　中非青年和妇女交流合作的机制平台

中非合作论坛是当前中国和非洲进行对话合作最重要的平台机制，每次部长级会议之后出台的宣言和相关行动计划，都为下一个三年的合作交流提供了方向和规划。2000~2021年，中非合作论坛已经召开了八届部长级会议，其中包括三次峰会。在中非合作论坛的框架下，形成了诸多促进中非青年交流的体制和平台，极大地促进了双方的友好友谊。几乎每次出台的中非合作行动计划，都将青年和妇女的交流合作作为中非人文交流的重要组成部分，也为中非青年和妇女之间的交流合作提供了行动指南。中非青年和妇女交流合作合作机制平台还在不断增加。"2017 年建立的中国-南非高级别人文交流机制，是中国与非洲国家建立的首个高级别人文交流机制，将青年工作等作为重要领域重点推进。此外，青年也成为中非合作论坛框架下中非民间论坛、中非媒体合作论坛、中非智库论坛、中非青年互访计划等活动的主力军。"① 依托中非合作论坛构等建起双方交流合作的重要平台，其中在青年和妇女合作交流领域比较重要的平台如下。

（一）非洲人才计划

中国政府出台非洲人才计划，帮助非洲开发人力资源。2000 年设立了"非洲人力资源开发基金"，后逐步增加资金投入，帮助非洲国家培训各类专业人才。2004 年，第二届中非合作论坛出台的《中非合作论坛——亚的斯亚贝巴行动计划（2004 年至 2006 年）》提出中国政府将增加资金投入，今后三年培养培训非洲各类人员力争达到一万人。2018 年中非合作论坛出台的《中非合作论坛——北京行动计划（2019—2021 年）》提出，提供 5 万个研修培训名额，培养更多各领域专业人才。同时，中国对非洲青年的培训和提供的政府奖学金越来越多。而且，中国实施的非洲人才计划呈现不断细化的发展趋势，越来越有专业性和针对性，例如 2018 年提出的"头雁计划"，为非洲培训 1000 名精英人才。2012 年 11 月的《中非合作论坛——达喀尔行动计划（2022—2024）》提到，中方将继续实施非洲青年农业科研领军人才培养计划，加强对青年特别是专业人才的技术培训。② 中国还通过奖学金项目和培训向非洲提供优质教育。

---

① 王珩、张书林：《新冠肺炎疫情背景下的非洲青年发展与中非青年合作》，《当代世界》2021 年第 3 期。
② 《中非合作论坛——达喀尔行动计划（2022—2024）》，中华人民共和国外交部网站，2021 年 12 月 2 日，https://www.mfa.gov.cn/wjbzhd/202112/t20211202_10461174.shtml，最后访问日期：2022 年 4 月 2 日。

（二）中非青年领导人论坛

中非青年领导人论坛是中非合作论坛重要的分论坛之一，旨在加强中非青年领导人之间的交流，在治国理政和民心相通方面提供平台，迄今已经举办六届。2011年5月，首届中非青年领导人论坛在纳米比亚首都温得和克举行，会议主题是"传承友谊，携手共进"，来自中国和非洲18个国家的青年代表共200多人参加。时任全国人大常委会委员长吴邦国在开幕式上致辞，指出中非青年在中非友好事业中发挥着不可替代的重要作用，中非青年领导人论坛是中非双方为加强青年交流搭建的新的重要平台，是中非青年友好交往史上的一件大事，对于增强中非青年相互了解和友谊，吸引更多青年人投身中非友好事业，使中非友好合作永葆生机和活力具有重要意义。① 2012年6月，第二届中非青年领导人论坛在北京召开主题是"中非合作与青年发展"，时任全国政协主席贾庆林出席并发表讲话，对中非青年传承中非友谊、密切中非合作提出三点希望：一是弘扬传统，努力做中非友谊的有力推动者；二是开拓进取，努力做中非合作的积极促进者；三是胸怀天下，努力做世界和平与正义的坚定维护者。此次会议规格较高，邀请了坦桑尼亚革命党副主席姆塞夸、纳米比亚人组党总书记伊塔娜、赞比亚爱国阵线总书记卡林巴、南非总统府部长沙巴纳等出席开幕式，来自非洲38个国家和中国的近200名青年领导人代表与会。② 此次论坛通过了《北京宣言》，回顾了半个多世纪以来中非传统友谊的发展和中非青年交往的情况。2015年3月，第三届中非青年领导人论坛在坦桑尼亚阿鲁沙召开，双方青年代表围绕"中非关系传承与发展""青年交往与发展""民间力量在中非关系中发挥的作用"等议题踊跃发言、热烈讨论，一致通过了彰显着中非青年携手共进决心的《阿鲁沙倡议》。③ 2018年5月，第四届中非青年领导人论坛在广东深圳召开，此次会议

---

① 《吴邦国在中非青年领导人论坛开幕式上的致辞（全文）》，中华人民共和国外交部网站，https：//www.fmprc.gov.cn/chn/pds/ziliao/zyjh/t824391.htm，最后访问日期：2022年4月1日。

② 《第二届中非青年领导人论坛开幕 贾庆林出席》，《光明日报》2012年6月19日，第3版。

③ 王欲然：《书写中非关系发展的青春篇章》，《人民日报》2015年3月31日，第3版。

紧密结合中国共产党与世界政党高层对话会,主题为"青年如何在探索符合国情发展道路中发挥作用",旨在为中非合作论坛北京峰会召开营造良好的氛围,来自非洲近40个国家的近40个政党的70余名青年政治家代表参加论坛。2021年11月,中共中央对外联络部以视频方式举办第五届中非青年领导人论坛,着重对党的十九届六中全会精神进行宣介,使非洲青年领导人和学者更加了解当前中国的大政方针。2022年11月,中共中央对外联络部以视频方式举办中共二十大精神对非专场宣介会暨第六届中非青年领导人论坛。

(三)中非青年大联欢活动

中非青年大联欢是中非合作论坛框架下青年交流的品牌活动,旨在搭建中非青年交流平台,延续中非传统友谊,共创中非青年共同发展的明天。2015年的《中非合作论坛——约翰内斯堡行动计划(2016—2018年)》指出,"双方将每年轮流举办中非青年大联欢活动",作为深化中非青年交流的重要举措。截至2016年,中非青年大联欢举办了六届,已经成为中非青年之间进行交流、巩固友谊的重要平台。为落实约翰内斯堡峰会成果,2016年,首届中非青年大联欢活动在广州开幕,来自非洲18个国家的青年代表和近200名广东青年代表参加了此次活动。2017年4月,第二届中非青年大联欢活动在比勒陀利亚召开,国务院副总理刘延东出席闭幕式并致辞,指出青年在中非关系的发展历程中始终扮演着重要角色,青年既成为中非合作深入发展的生力军,也是中非合作迅速发展的受益者。[1] 2018年6月,第三届中非青年大联欢在北京开幕,会议的主题为"凝聚青春梦想,共创中非关系新时代",邀请了中非合作论坛53个非洲国家和非洲联盟的105名青年领袖、执政党青年事务负责人、青年企业家等杰出代表访华,首次实现了中非合作论坛全体成员的"青年大团圆"。[2] 大联欢活动安排了体验中华传统

---

[1] 《刘延东出席第二届中非青年大联欢闭幕大会》,新华网,2017年4月26日,http://www.xinhuanet.com/politics/2017-04/26/c_1120879990.htm,最后访问日期:2022年4月2日。

[2] 《第三届中非青年大联欢在京开幕 百余名非洲青年体验中华文化》,中华人民共和国驻南非共和国大使馆网站,2018年6月24日,http://za.china-embassy.gov.cn/znzfgx/2018/201806/t20180626_10407081.htm,最后访问日期:2022年4月2日。

文化、参观宋庆龄故居、参访国务院扶贫办及举办中非青年圆桌会议等议程。2019 年 8 月，第四届中非青年大联欢在中国宋庆龄青少年科技文化中心开幕，和第三届一样，会议主题是"凝聚青春梦想，共创中非关系新时代"，来自 51 个中非合作论坛非方成员的青年代表、非洲驻华大使、非洲在华留学生代表以及中国青年代表近 300 人出席了开幕式。会议组织非洲青年代表体验中国传统文化，观看联欢表演，参加中非青年可持续发展经验交流会，走进政府部门、社区、科技园区，参加中非青年论坛，参访人文自然景观等。2020 年 10 月，第五届中非青年大联欢系列活动在北京举行，以"凝聚青春梦想，共创中非关系新时代——中非青年共庆中非合作论坛成立 20 周年"为主题，开创中非青年共同发展的明天。开幕式后，中非青年参加了青年圆桌会议，由"中非携手抗疫"和"中非教育减贫"两个平行论坛组成。并邀请非洲青年体验中国传统文化，观看文艺节目。2021 年 10 月，第六届中非青年大联欢在北京开幕，以"回望中共百年光辉历程，凝聚青春智慧担当，共创中非共同发展新篇章"为主题。在 4 天时间里，来自 44 个非洲国家的 45 名非洲在京青年代表参观了中国共产党历史展览馆、考察乡村振兴、参观冬奥场馆以及与高科技企业座谈，通过实地考察交流更加深入地了解中国。①

（四）中非青年交流合作的其他平台

中非青年合作交流领域较为有影响力的平台还有"中非青年互访计划""中非未来领袖对话"等。2015 年约翰内斯堡峰会提出了中非青年互访计划，每年邀请 500 名非洲青年来华研修，推动更多青年互访。2018 年的《中非合作论坛——北京行动计划（2019—2021 年）》提到，中方支持非洲开发人力资源，愿进一步实施中非青年互访计划，邀请 2000 名非洲青年来华交流，推动更多中非青年互访。此外，2021 年 11 月，首届中非未来领袖对话活动成功举办，会议围绕"奋进合作新时代 中非青年新担当""中国发展的世界意义""共筑中非命运共同体"等主题展开交流，一致同意将

① 《第六届中非青年大联欢举行》，《人民日报》2021 年 10 月 22 日，第 3 版。

中非青年领袖对话机制化，每年在中非轮流举办，并通过了《首届中非未来领袖对话共同宣言》。在《中非合作论坛——达喀尔行动计划（2022—2024）》中提到"注意到首届'中非未来领袖对话'成功举办，搭建了中非青年深度对话平台。支持这一活动机制化"①。此外，这一行动计划还提到构建多层次的科技人文交流体系，欢迎非洲青年科技人员参加"国际杰出青年来华工作计划"和"国际青年创新创业计划"，开展非洲青年科技人员创新中国行计划。

（五）中非妇女的交流合作

和中非青年交流合作相比，中非妇女交流合作中比较有影响力的平台较少，这也是中非妇女交流领域需要进一步努力的方向。值得一提的是2009年10月，中国全国妇联与埃及国家妇女委员会在开罗联合举办了"中非合作论坛——妇女论坛2009"，来自28个非洲国家的妇女代表出席，共同发表了《中非合作论坛——妇女论坛2009宣言》，为中非妇女合作树立了新的里程碑，有利于增强和发挥妇女在经济社会发展中的作用，丰富了中非传统友谊内涵。当前，妇女已经成为"一带一路"建设中"民心相通"的桥梁，并为构建中非命运共同体作出更大贡献。《中非合作论坛——达喀尔行动计划（2022—2024）》中也提到，中方将举办中非妇女论坛，继续加强关于性别平等和妇女赋权方面问题的交流，鼓励和支持中非高层妇女对话、专题研讨、能力建设和女企业家对口交流合作等，加强中非妇女务实合作，帮助妇女摆脱疫情影响，促进妇女和女童全面发展。

总体来看，自2000年中非合作论坛成立以来，中非青年和妇女的交流与合作取得了显著成效，交流领域、主体与形式不断丰富，合作领域不断拓宽。2021年11月，国务院新闻办公室发布了《新时代的中非合作》白皮书，指出2012年以来，举办了5届中非青年领导人论坛、4届亚非青年联欢节和3届中非青年大联欢等活动。2021年，举办了首届中非未来领袖对

---

① 《中非合作论坛——达喀尔行动计划（2022—2024）》，中华人民共和国外交部网站，2021年12月2日，https://www.mfa.gov.cn/wjbzhd/202112/t20211202_10461174.shtml，最后访问日期：2022年4月2日。

话。截至 2020 年，中国政府已经累计向 16 个非洲国家派遣 484 名青年志愿者。在妇女交流合作领域，已与 53 个非洲国家 100 多个妇女机构（组织）建立了联系和加强了交往。中国在毛里求斯、莱索托、吉布提、津巴布韦和苏丹等国建立了中非妇女友交流（培训）中心。① 中非妇女界交流与合作日益加强，妇女代表团频繁互访。中国全国妇联在莱索托、吉布提、苏丹、津巴布韦、毛里求斯 5 个国家建立了妇女培训与交流中心，先后向 14 个非洲国家妇女组织提供 28 批物资援助。值得一提的是，中国女性在非洲维和行动中彰显了自身的风采，中国赴南苏丹维和步兵营有一支由 10 名女战士组成的战斗班，在履行职责的同时，她们给难民营中的孩子赠送文具器材，普及女性权益保护常识，展示了中国女性的独特风采。

第三节　中非青年与妇女交流合作面临的挑战与前景

一　中非青年和妇女交流合作面临的挑战

一是新冠疫情的影响。新冠疫情使得非洲青年发展面临更大困境。非洲经济、政治、社会受到重创，对青年人的生存和发展构成严峻挑战，青年人的健康和未来发展问题突出。特别是由疫情带来的失业问题更是当前非洲青年面临的最主要问题。按照当前的人口增长速度和经济发展前景，未来 20 年估计需要至少 4.5 亿个就业机会，但非洲实际就业岗位供应不足 1 亿个，缺口达 3.5 亿个。② 同时，不少非洲国家缺少线上教育的条件，不少青年因为疫情被迫中断学习。教育中断和失业极易滋生犯罪、盗窃等社会问题，从而导致其成为社会不稳定因素。众所周知，非洲的年轻人口增长迅

---

① 《国务院新闻办发表〈新时代的中非合作〉白皮书》，中国政府网，2021 年 11 月 26 日，http://www.gov.cn/zhengce/2021-11/26/content_5653540.htm，最后访问日期：2022 年 4 月 8 日。

② 李志伟、万宇：《2 亿多年轻人口是非洲未来发展的机遇所在　非洲寻求破解青年就业难题》，《人民日报》2018 年 4 月 26 日，第 21 版。

速，理论上存在巨大的人口红利，但是年轻人缺乏相应的知识和技能，失业率高，导致人口红利不能成为发展红利。这是当前非洲地区发展面临的重要挑战。非洲国家和非盟都非常重视青年人的发展。2006 年 7 月，非盟峰会通过了《非洲青年宪章》。加强培养职业蓝领工人，中国有许多成功经验能够与非洲分享，而对于非洲国家来说，其也迫切需要加强同中国在职业技能教育领域的交流与合作。此外，随着新冠疫情在非洲的蔓延，非洲妇女在社会、经济和健康方面更容易受到影响，鉴于非洲大陆的欠发达状态，女性本身就处于弱势地位，非洲妇女的生活更是受到了严重影响。疫情导致的经济衰退，增加了生活压力，导致性别暴力事件增加，而受害者往往是女性。

同时，疫情下中非合作的强劲势头以及数字经济新业态为中非青年合作带来了新契机。疫情期间，中非电子商务合作得到了快速发展，各类数字合作平台、线上推介会等蓬勃发展，而青年正是这一领域最大的实施主体及受众，中非数字经济的合作必将为中非青年合作发展提供重要机遇。

二是当前合作机制需要进一步完善。对于当前的中非青年和妇女领域的合作交流情况包括合作机制、合作项目等而言，其还存在以下问题。例如，青年大联欢、中非青年领导人论坛这些项目存在轰动性效应，但是同时具有相对短时性、表面化的缺陷；一些非洲国家对于中非妇女和青年交流合作项目不甚了解；合作途径较为单一，双方合作以官方途径为主，通过双方达成的政府间协议来完成，民间各类组织、机构、个体的主动性还有待发掘。

三是非洲青年更容易受到西方媒体的误导。在当前国际局势剧烈变动的情况下，非洲的战略意义日益凸显，各国借助非洲竞逐地缘政治影响的意愿并未减弱，在非洲地区的"竞争性"和"排他性"更为突出，和中国竞争成为某些大国开展对非外交的重要考量。而非洲国家的新闻业在冷战之后逐渐向自由化方向发展，尤其是非洲的一些自营媒体，其和西方国家的新闻传播体制较为类似，加上一些媒体受到西方资助，缺乏监管，更容易从批判的视角对与中国相关的话题进行报道，造成了非洲人民对中国认知的偏差。特别是青年人尚处于人生观、价值观、世界观的形成阶段，容易受到西方媒体歪曲宣传的误导，进而无法客观看待中非关系。对非洲的青年来说，其得到的涉华信息多来自西方媒体，同中国媒体和民众的直接沟通还比较欠缺。

四是中非青年交流还存在不平衡、可持续性不足、交流不深等问题。目前，非洲青年来华人数大大多于中国青年去非洲的人数，同时，随着获得中国奖学金的非洲留学生数量的增加，国内对于留学生的教育和跟踪管理不够，不少留学生回国后和中国之间的交流变少。如何发挥非洲留学生在促进中非人文交流中的作用，促进构建更加紧密的中非关系是当前需要思考的问题。此外，中非关系进入新时期以来，经贸合作一路高歌猛进，然而中非在革命时期形成的那种激昂的革命团结意识、朴素的真挚友谊却不像中非老一辈人之间那样深厚。"这中间不乏老一辈领导淡出历史舞台、西方媒体对中非合作的抹黑以及中非交往中产生的问题等因素困扰，但最为关键的恐怕还是中非年轻一带彼此缺乏足够的认知和了解，要么信息缺失、要么信息失真，导致中非青年一代的共同命运感并没有历史上那般深厚。"①

二　加强中非青年和妇女交流合作的路径

一是加强顶层设计，注重和非洲发展规划以及联合国相关规划进行对接。要以习近平总书记关于中非合作、青年和妇女的论述和指示精神为指导，积极落实中非合作论坛关于青年和妇女领域的合作交流措施和机制，将会议的成果落到实处。"加强顶层设计，进一步整合资源，将中非青年合作打造成为一个整体，把相关机制都囊括在内"②；"总体来讲，中非双方应在'一带一路'倡议、非盟《2063年议程》和中非合作论坛等机制的指引下，做好顶层设计，加强中长期规划，结合非洲需要、青年特点做好项目规划"③。非盟《2063年议程》专门把促进青年发展列为第六大目标，指出"非洲应该成

---

① 张凯：《让青年引领中非关系走向未来——第三届中非领导人论坛侧记》，《当代世界》2015年第5期，第32页。

② 张弛：《新世纪以来中非青年交流的现实基础、机制及其存在的问题》，《青年学报》2020年第1期，第111页。

③ 王珩、张书林：《新冠肺炎疫情背景下的非洲青年发展与中非青年合作》，《当代世界》2021年第3期，第69页。

为追求以人为本，特别是让妇女和青年可以尽情发挥潜力的非洲"。青年发展可以说是非洲发展过程中的核心议题，也应该成为中非合作的重要议题。

关于当前中非青年、妇女交流合作机制，应该探索能产生持久影响力的合作项目，诸如举办媒体、文化等方面的青年或者妇女论坛来加强双方了解、促进双方之间的理念交流；注重面向非洲国家的宣传工作，使其更加了解中国在此领域作出的努力及释放的善意；中非青年应该加强在对国际关系、国际热点问题等方面的交流；组织留华归国非洲留学生联谊会，通过定期活动，使留学生成为中非友好的使者；打造具有品牌效应的中非妇女交流合作项目；在国家交流框架下，建立妇女人文交流机制，与不同社会制度、文化背景和不同发展水平国家的妇女深入沟通，向世界介绍中国和中国妇女，加强中非双方妇女在和平议题、性别平等、女性赋权等方面的交流与合作；以中非合作论坛为框架，进一步加强与非洲国家妇女组织的交流合作，增进友谊互信，从而发挥女性在文明交流中独特的灵性和性情，促进中非文明交流互鉴。此外，相对于官方交流而言，民间交往更能走深走实，也更容易被当地人民所接受，所以，应该多支持民间组织开展中非青年和妇女之间的交流合作，充分发挥国内非政府组织的作用。加强同长期扎根非洲地区的国际非政府组织的交流合作，推动合作方式的多元化。非洲许多国家政府内都有负责管理协调非政府组织的部门，中国可以考虑利用非洲非政府组织的通道来派遣青年志愿者，这样更有利于融入当地社会。

二是协助非洲国家团结抗疫，助力非洲青年和妇女尽快摆脱疫情影响。疫情是当前非洲国家面临的最严峻的挑战，协助非洲国家战胜疫情，是保证中非青年和妇女进行合作交流的重要基础。中国应继续同非洲国家和相关组织分享疫情防控治疗经验，坚持科学防控，支持疫苗在非洲的可及性和可负担性，弥合"免疫鸿沟"，促进中非青年和妇女的交流与合作。此外，针对非洲青年的失业问题，应该扩大中非教育合作，包括职业教育、高等教育以及基础教育等方面的合作，特别是加强中非在青年职业技能教育方面的合作。要加强对非洲青年的职业教育培训，在青年人力资源丰富的非洲国家合作建立职业技术学院。2020 年 10 月，习近平主席在联合国大会纪念北京世界妇女大会 25 周年高级别会议上的讲话中提出，"帮助妇女摆脱疫情影响。要关注一线女性医务工作者身体健康、社会心理需求、工作环境。我们要把保障妇女和女童权益置于公共卫生和复工复产计划重要地位，特别是拓宽妇女就业渠道，打击侵犯妇女权益的行为。我们要强化社会服务，优先保障孕产妇、儿童等特殊人群，格外关心贫困妇女、老龄妇女、残疾妇女等困难群体，为她们做好事、解难事、办实事"①。进一步落实《中非合作论坛——达喀尔行动计划（2022—2024）》中关于促进妇女发展领域的内容，包括双方将进一步增加面向包括妇女在内的涉及非洲基础设施互联互通倡议领域的职业培训，深化中非妇女务实领域的合作，实施一批妇女领域的小额物资援助、技能培训项目，促进妇女就业，等等。

三是加强中非青年在文明文化领域的交流与合作。首先，创新中非青年交流形式，"还可通过青年人喜闻乐见的影视周、艺术表演、饮食文化节等具体项目，把中非青年从西方文化的包围中吸引出来，提高中非青年对彼此文化的亲近和认同"②；邀请海内外青年领袖开展线上线下对话，还可以利用社交媒体平台，产出优质内容，以更有趣、生动、年轻化的叙事模式讲述中华文化。其次，从双方交流内容方面来看，如何挖掘中非老一辈发展友好关系的故事和奉献精神，让革命年代积累的传统友谊在和平的新时代传承下去，是中非双方面临的共同问题。青年人是中非传统友谊的传承者和发扬者，应该加强双方在中非友谊发展历史和中非文明文化之间的交流与合作。在 2012 年 6 月召开的第二届中非青年领导人论坛上，"塞舌尔外交部部级专员拉夫·阿格里派提议，应在初、高中阶段向中非学生讲授中非友好历史和中非文化等内容，中非高校应进一步加强合作，互派教师开展教育、文化交流与合作"③。再次，"双方可在各自本土语言中寻找文化中的'共通性'，

① 习近平：《在联合国大会纪念北京世界妇女大会 25 周年高级别会议上的讲话》，《人民日报》2020 年 10 月 2 日，第 2 版。
② 贾旭阳：《携手青春，共筑中非友谊新长城——第二届中非青年领导人论坛侧记》，《当代世界》2012 年第 7 期，第 40 页。
③ 贾旭阳：《携手青春，共筑中非友谊新长城——第二届中非青年领导人论坛侧记》，《当代世界》2012 年第 7 期，第 40 页。

以此为基础构建中非青年共同价值观"①，还要加强中非青年在传统文明文化等领域的交流与合作，在交流中加强对各自传统文明文化的自豪感，塑造中非青年人的文明自信和文化自信，以抵制西方国家的不实宣传和报道。同时，文化和艺术是当今世界的通用语言，"注重加强影视、艺术、非遗文化的交流"②。最后，要充分发挥留华归国非洲留学生的作用，发挥好他们作为中非文明交流桥梁的作用，以推动中非的公共外交。

---

① 贾旭阳：《携手青春，共筑中非友谊新长城——第二届中非青年领导人论坛侧记》，《当代世界》2012 年第 7 期，第 40 页。
② 王珩、张书林：《新冠肺炎疫情背景下的非洲青年发展与中非青年合作》，《当代世界》2021 年第 3 期，第 72 页。

第十二章　中非文明交流互鉴的
历史意义与前景展望

非洲大陆与中国虽相隔万水千山，相距万里之遥，但中非文明交流互鉴源远流长。当前，作为中非关系发展的"五大支柱"之一，中非文明交流互鉴已被提升到战略层面，成为中非合作的重要支点之一。随着中非合作的推进，新时代进一步深化中非文明交流互鉴意义重大且具有广阔前景。

第一节　中非文明交流互鉴的历史意义

一　突破西方文明冲突论，增强中非文明自信

中非文明交流互鉴是双方的共同诉求，其以文明交流、文明互鉴和文明共存的观念，探寻中非文明的共性，增加了中非两大文明的对话，从而超越了长期以来"西方中心论"及其秉持的文明隔阂、文明冲突和文明优越等观念。从近代开始，西方资本主义和殖民主义出于自身利益将整个世界简单划分为两个部分，即所谓的文明和非文明、欧洲和非欧洲、进化和非进化、现代和传统，正是这种美化西方殖民本质的文明划分标准造成了人类的不平等，也造成了西方文明在其优越感驱使下对其他文明的丑化与矮化行径，甚至捏造"非洲无文明论"。而中非文明的成功交流互鉴超越了西方惯用的将世界划分为文明和非文明、欧洲和非欧洲、进化和非进化、现代和传统等二

元模式，是对西方文明冲突论、文明优劣论、文明高下论等民族文化中心主义论调的有力反驳，展示了中非两大文明独特的韧性、融合的特性及两者交流互鉴具有的发展前景，增强了亚非文明的自信，从而得以摆脱"西方中心论"的负面影响。

中非拒绝文明冲突论，否定文明优劣论，主张的是各国相互合作、平等相待和团结一致，倡导文明的交流、对话与互鉴，只有这样人类才能够共同追求一致的未来和共同的繁荣。在 2022 年 4 月 9 日举办的"首届中非文明对话大会"上，多位与会非洲驻华外交官都表示，非中文明交往源远流长，非中文明间的交流互鉴惠及双方乃至世界。非洲联盟驻华代表处常驻代表拉赫曼塔拉·奥斯曼大使在致辞中表示，要从传统文化中探索中非文明的新融合。中非传统文明都蕴含着集体主义、人与人及人与自然和谐相处的思想，这些共同点既拉近了中非文明间的距离，也赋予中非文明交流以平等、和平、友好的显著特征。非洲文明与中华文明的一个重要融合点是为世界贡献了和谐相处、平等相待、相互尊重的重要理念，这在当前复杂而充满挑战的国际环境中尤为珍贵。他指出："长期以来，一些西方学者对于文明概念有许多片面的表述，比如说'文明优劣论''文明中心论''历史终结论''文明冲突论'等，和世界其他文明一样，非洲文明和中华文明都有自身引以为傲的思想和物质成就，都为人类发展做出了贡献，非中文明都有各自独特的韧性和美好的发展前景。"肯尼亚非洲政策研究所所长彼得·卡格万加指出，中国有句老话"千里之行，始于足下"，非洲也有一句谚语叫作"独行快，众行远"，在 21 世纪中非双方也致力于共同行稳致远，非洲和中国拒绝文明冲突论，相反我们主张的是相互合作、平等相待和团结一致，只有这样我们两大文明才能够共同追求一致的未来和共同的繁荣。埃塞俄比亚驻华大使特肖梅·托加也在发言中指出，非中之间的友好合作是以双方的政治互信为基础的，而政治互信是建立在平等、相互尊重等原则上。他认为，平等的伙伴是与对方进行对话、了解对方的想法，不将自己的意志强加于人；成功的友谊是要通过彼此尊重对方的关切与利益等举措来培育的；这种友谊并不排外，但在对方需要的时候坚定地相互支持。在他看来，中国非常尊重非洲国家的独立自主，不干涉其他国家的内部事务，从来没有将自己的想法强加于人，非常尊重非洲国家在战略上的选择，非常实事求是。非中双方尊重彼此核心关切，共享合作的成果，共同应对所面临的挑战，因而非中友好与合作会不断地推进。①

确实如此，从不同文明中寻求智慧、汲取营养，为人们提供精神支撑和心灵慰藉，携手解决人类共同面临的各种挑战，这是中国特有的文明担当，也是推动文明繁盛、人类进步、世界和平发展的中国力量。正如英国剑桥大学马丁·雅克教授所言："中国提供了一种'新的可能'，这就是摒弃丛林法则、不搞强权独霸、超越零和博弈，开辟一条合作共赢、共建共享的文明发展新道路。这是前无古人的伟大创举，也是改变世界的伟大创造。"② 中非两大文明存在诸多相似之处，同时各有优势，两者平等相待、求同存异，相互包容、相得益彰，践行不同文明美美与共、和谐共生的理念，为世界文明交流互鉴树立了典范。"西方中心论"只能导致文明冲突和终结，而中华文明与非洲文明本质是包容而多元的，支持文明的多样性，同时又能保持各自的特色，追求各美其美、美美与共。而只有尊重文明的多样性，人类才有未来，才能避免走向一个单向度的、互相对立、互相排斥、互相摧毁的世界。从这个意义上来看，加强中非文明交流互鉴的意义重大，其有利于突破西方文明冲突论，增强中非两大文明的自信。

二　构建新时代中非命运共同体，开启团结合作新征程

中非在文化、旅游、文化、新闻媒体、学者与智库、地方与民间、青年妇女等领域的交流与合作全面深化，有效促进了中非民心相通，夯实了中非关系发展的基础。正如 2021 年 11 月发布的《新时代的中非合作》白皮书

---

① 《首届中非文明对话大会举行　多位非洲外交官盛赞中非文明互鉴》，《北京周报》网站，2022 年 4 月 11 日，http://www.beijingreview.com.cn/chinaafrica/202204/t20220411_80028188 37.html，最后访问日期：2022 年 4 月 15 日。

② 《特稿：人类命运中的中国担当》，新华网，2017 年 3 月 3 日，http://www.xinhuanet.com//politics/2017lh/2017-03/03/c_1120565537.htm，最后访问日期：2022 年 4 月 15 日。

中所提到的，中非人文合作日益扩大，取得了丰硕成果。

其一，拓展文化、旅游等交流与合作。中非双方积极签署双边政府文化协定执行计划，通过合作举办"国家年""文化年""欢乐春节""中非文化聚焦""意会中国"等品牌活动，进一步深化了文化交流与合作。截至2020年12月，中非签署并落实了346个双边政府文化协定执行计划。2013年至2020年，中方组派艺术团赴非140国（次）举办演出。2013年以来，邀请非洲28国的艺术团来华演出。2016年以来，中方为非洲国家举办文化领域研修班上百个，非方参与人员累计近1500人。目前，中国在毛里求斯、贝宁、埃及、尼日利亚、坦桑尼亚、摩洛哥设有中国文化中心，已与突尼斯、肯尼亚、科特迪瓦、塞内加尔、埃塞俄比亚、莫桑比克签署互设文化中心或设立中国文化中心的政府文件。目前，中国与31个非洲国家签署双边旅游合作文件，已将34个非洲国家列为中国公民组团出境旅游目的地，与22个非洲国家正式开展中国公民组团旅游业务。

其二，深化新闻传媒与影视合作。中非就深化新闻合作、网络空间管理、处理媒体关系不断加强对话与交流，共同举办了中非媒体领袖峰会、中非媒体合作论坛等大型交流活动。30家非洲媒体加入"一带一路"新闻合作联盟，42个非洲国家参加"一带一路"媒体合作论坛。中国支持非洲广播电影电视产业发展，积极落实"为非洲1万个村落实施收看卫星电视项目"，支持在非洲农村和偏远郊区开展"大篷车"等户外放映活动，覆盖12个非洲国家70多个村庄和地区。中非双方鼓励联合开发制作、创作更多讲述非洲故事、中非友好故事的作品。中国企业为1300万非洲用户提供11种语言、600多个频道的节目资源；近年来，中国对约200部中国优秀视听作品进行面向非洲的多语种译制，在10余个非洲国家举办中国电影展映展播活动，每年都有一定数量的非洲影片在中国电影节上展映。

其三，鼓励学术与智库合作。中非支持双方学术研究机构、智库、高校开展课题研究、学术交流、著作出版等多种形式的合作，优先支持开展治国理政、发展道路、产能合作、文化与法律等课题研究与成果分享，推动壮大中非学术研究力量。80余个中非智库学术研究机构参加"中非联合研究交流计划"。2012 年，中非合作论坛第五届部长级会议倡议实施"中非智库10+10 合作伙伴计划"，建立"一对一"长期合作关系。2019 年 4 月，中国非洲研究院在北京成立。

其四，增进民间交流。积极落实《中非民间交流合作倡议书》，鼓励实施"中非民间友好行动""丝路一家亲""中非民间友好伙伴计划"等，支持中非工会、民间组织、非政府组织及社会团体深化交流。2011 年以来双方举办了 6 届中非民间论坛，2012 年以来举办了 5 届中非青年领导人论坛、4 届亚非青年联欢节和 3 届中非青年大联欢活动。2021 年，举办首届中非未来领袖对话。截至 2020 年，中国政府已累计向 16 个非洲国家派遣 484 名青年志愿者。中国已与 53 个非洲国家 100 多个妇女机构（组织）建立联系和交往。中国在毛里求斯、莱索托、吉布提、津巴布韦和苏丹等国建立中非妇女友好交流（培训）中心。①

中非在文明交流互鉴方面的成效还远远不止上文所述，中非在联合考古研究、分享脱贫经验与治国理政经验、加强卫生健康领域合作、扩大教育和人力资源开发合作、加强科技合作与知识共享等更为宽阔的大文化领域的合作方兴未艾。"共同谱写人文交流新篇章，实现中非文化共兴"也被写入了中非合作的新愿景之中，成为中非携手奋斗追求的新目标。《中非合作 2035年愿景》中，第六点就专门探讨此问题，描绘了未来中非文明交流互鉴的全新图景。

其一，文体交流更加活跃。中非共同建立促进中非文明平等互鉴、繁荣共兴长效机制，支持艺术团组互访、影视文化合作、语言人才培养，共同推动国际汉学和非洲研究的发展，扩大中非文化的国际认知度和影响力，促进世界文化多元发展。中非加强体育领域务实合作，支持举办达喀尔 2026 年青奥会，促进非洲体育事业发展。其二，新闻交流更加深入。中非加强在新闻报道、视听节目内容创作、媒体从业人员培训、传媒技术等方面的合作，

---

① 《国务院新闻办发表〈新时代的中非合作〉白皮书》，中国政府网，2021 年 11 月 26 日，http://www.gov.cn/zhengce/2021-11/26/content_5653540.htm，最后访问日期：2022 年 4月 8 日。

帮助非洲传媒业加强信息生产和传播能力，助力"智慧非洲"建设和媒体融合发展。加强中非出版交流合作，以书为媒，讲好中非合作友谊故事。其三，旅游合作更加繁荣。中非合作促进旅游业发展，中国帮助非洲加强旅游领域能力建设，发展绿色旅游和相关服务业，支持非洲国家成为中国公民组团出境旅游重要目的地，助力非洲旅游振兴。①

《中非合作论坛——达喀尔行动计划（2022—2024）》更是就中非人文合作一项的具体内容，包括旅游、文化、新闻与媒体、学者与智库、地方和民间交往、青年与妇女等作了细致的规划与安排。中非通过不同人文领域的交流、分享与对话，增进了双方的政治互信与民心相通，也为双方人民带来了实实在在的好处，这有利于构建更加紧密的中非命运共同体，以开启中非团结合作的新征程。

三　推动世界和平与发展，构建国际政治经济新秩序

回溯中非交往的历史，早在 600 多年前郑和远航非洲，其代表的就是"不可欺寡，不可凌弱"、尊重世界文明多元化的理念，其践行的是"和平之旅"、"友好之旅"与"文明之旅"。郑和下西洋所到非洲沿海诸国，当时相对落后，与中国存在较大文明落差，但郑和船队与之交往，一律平等相待，不干涉别国内政和内部事务，充分尊重各国的语言、风俗和宗教信仰。第四次下西洋远赴非洲前夕，郑和特意到陕西聘请随团阿拉伯语翻译，以出色完成伟大使命。"永乐十一年（1413 年）四月太监郑和奉敕差往西域天方国，道出陕西，求所以通译国语可佐信使者，乃得本寺掌教哈三焉。乃于是奏之朝，同往。卒之揄扬感德，西夷震詟。"② 中华文明历来崇尚"以和邦国""以和为贵"，推崇"止戈为武"，虽"拥强兵而反黩武"，和平已融入中华民族的血脉中，刻进中国人民的基因里，和平的薪火在中国代代相传。郑和船队贯彻执行的明朝政府的和平政策，是中华民族热爱和平、崇尚和

---

① 《中非合作 2035 年愿景》，中非合作论坛官网，2021 年 12 月 8 日，http：//www.focac.org/zfzs/202112/t20211208_10464357.htm，最后访问日期：2022 年 4 月 9 日。

② 《重修清净寺碑》，现藏于陕西省西安市大学习巷清净寺内。

谐、践行和善、追求和美传统理念的外交实践。而远隔重洋的非洲大陆也拥有类似的和平理念，非洲人民崇尚和平、热爱和平。谚语是人民群众智慧的结晶，赞美和平的非洲谚语比比皆是："和平是生活的本源""和平是与人们须臾不可分离的珍宝""和平胜于财富"①。与此同时，憎恶战争的谚语也举不胜举："和平是滋润禾苗的雨露，战争是干枯草木的狂风""战争是毁灭明天的一把坏凿子""武力无法取胜"②。可以说，郑和的非洲之旅意在与万里之遥的非洲人民"共享太平之福"，践行着中华民族的和平理念，早在郑和远航非洲时期，中非的文明交流互鉴就向世人展示了其交往有利于世界的和平与发展。

而今天，郑和和平之旅的精神气质仍然指引着中非的文明交流互鉴。正如习近平主席就构建新时代中非命运共同体提出的四点主张，其中之一就是维护公平正义。他指出，世界需要真正的多边主义。和平、发展、公平、正义、民主、自由是全人类的共同价值，是中非双方孜孜以求的共同目标。我们都主张走符合自身国情的发展道路，都致力于维护发展中国家权益，都反对干涉内政、种族歧视、单边制裁。我们要理直气壮坚持发展中国家的正义主张，把我们的共同诉求和共同利益转化为共同行动。③ 新时代中非文明互鉴是推动人类文明进步和世界和平发展的重要动力，其为当今世界贡献了和平相处、平等相待的理念，提供了应对各类风险挑战可资借鉴的宝贵历史经验。新冠疫情肆虐全球，世界经济面临困境，霸权主义、恐怖主义、局部战争、跨国犯罪、环境恶化等问题仍然影响世界的和平与稳定，中非通过加强各领域的务实合作，推动中非人文交流的深化，必将能够应对全球治理的逆境，以推动构建公正合理的国际政治经济新秩序。

---

① 非洲谚语英文原文是："Peace is the source of life"；"Peace is like a treasure that shall never part from you"；"Peace wins over wealth"。

② 非洲谚语英文原文为："Peace is the rain that makes the grass grow and war the wind that dries it out"；"War is a bad chisel with which to curve out tomorrow"；"Force achieves nothing"。

③ 《习近平出席中非合作论坛第八届部长级会议开幕式并发表主旨演讲》，中国政府网，2021年11月29日，http://www.gov.cn/xinwen/2021-11-29/content_5654864.htm，最后访问日期：2022年4月16日。

第二节　中非文明交流互鉴的前景展望

一　从中非传统文化中挖掘中非文明的共鸣点

中华文明与非洲文明各成体系、各具特色，但都包含有人类发展进步所积淀的共同理念和共同追求。中非未来应进一步拓展文明交流互鉴的深度和广度，一起挖掘各自传统文化相互关联的共性，从而实现价值与哲学的深层次对话。中华文明追求平等、友善、团结、包容，尊重自然，强调规则与集体主义，重视人与自然之间的平衡等，这些都是中国传统哲学中的基本概念，构成中国儒家思想的基本要素。而非洲传统文化同样具有此类精神气质，以奠定非洲社会信仰体系基础之一的乌班图（Ubuntu）理念为例，其团结友爱的处事方式在南部、中部和东部非洲社会与群体中延续着，这些社会延续着在共同体环境或者说"在金合欢树"下解决政治事务的传统，科萨人（Xhosa）、祖鲁人（Zulu）、斯威士人（Swazi）和恩德贝勒人（Ndebele）等都是如此。乌班图思想认为，人类始终存在内在互联性或关联性。所谓关联性，即人与人之间不可避免的密切关联。在乌班图思想中，"我"与"他"、个人与集体是相互依赖、相互成就的。[1] 在科萨人看来，"一个人只有通过他人才能最终获得完满"；祖鲁人认为，"我之所以成为人，是因为我归属于一分子，我参与，我分享"[2]。这一思想对非洲解决冲突有着深刻影响，这就是通常所说的"大树下的民主"[3]。乌班图思想包含多方面的内容，首先其中内联性的逻辑基础是平等，即平等是乌班图的一个核心内容；其次是博爱和宽容，强调人性中的友爱同情；再次是责任与团结，在非洲传统部落中，人们对外要遵守自然规律，对内要遵守部落内部的

---

[1]　David W. Lutz, "African 'Ubuntu' Philosophy and Global Management," *Journal of Business Ethics*, Vol. 84, 2009, pp. 313-328.

[2]　David J. Francis, ed., *Peace and Conflict in Africa*, London: Zed Books Ltd., 2008, p. 26.

[3]　David J. Francis, ed., *Peace and Conflict in Africa*, London: Zed Books Ltd., 2008, p. 26.

规则和文化，以慷慨之心分享自己的所得所有，建立稳固的团体关系。① 乌班图思想蕴含的"我的存在是因为他人的存在"这一古老智慧也为今天中非携手应对百年未有之大变局提供了启示，赢得了中国学者的赞许。②

可见，中非文明之间存在诸多共性，中非社会古老的社会生产模式都具有其内在独特性，都赋予超部落集体权威合法性来维系集体利益。这种生产方式植根于农业文明的生产方式，重视陆权以及土地作为流通要素的作用，因而产生集体协作的社会结构，都追求天、地、人之间的内在和谐，都将道德标准与公共利益的考量放在首位，这与追求海权与扩张、武力，重视金钱的西方形成鲜明反差。此外，中非（或者亚非）世界都被西方世界视作对立面，在西方占主导地位的是一种二元对立的思维逻辑，比如我们与他们、传统与现代、神圣与世俗、高级与低劣等，这种只有对立而无统一的极端思想凸显了西方文明的排他性，其通过漠视、矮化、丑化其他文明为不断展开掠夺扩张而服务。中非文明倡导的则是文明交流与互鉴、包容与发展，尊重多元文明。不断深化中非文明史研究，从历史的回望中汲取精神滋养，从中非文明的传统根基上寻求对话与共鸣，能够助力中非彼此的心在最深层次连接起来，真正认同彼此的价值观，从而推动构建更加紧密的中非命运共同体。

二 构筑多元主体参与的中非文明交流互鉴格局

"国之亲在于民相亲"，文明交流互鉴的主体在人，中非文明交流互鉴也重在进一步推进构筑多元主体参与的文明交流格局，实现以人为核心的民心相通。中非参与构建的文明交流机制日益增多，包括在中非合作论坛框架下的各领域交流与合作机制，如"中国国际旅游交易会"等国际性旅游展

---

① 周鑫宇：《南非乌班图思想与新兴大国本土政治思想崛起》，《现代国际关系》2018 年第 2 期。

② 《王义桅：只有讲好中国故事，才能更好讲好人类故事》，网易网，2021 年 12 月 28 日，https：//www.163.com/dy/article/GSBC206K0519PJJ6.html，最后访问日期：2022 年 6 月 28 日。

会,"中非文化和旅游研修合作计划""欢乐春节""中非文化聚焦""丝绸之路国际艺术节""海上丝绸之路国际艺术节""丝绸之路(敦煌)国际文化博览会"等品牌文化交流活动,中非国际电影节、中非媒体合作论坛、对非媒体从业人员研究项目等新闻与媒体的交流活动,中国非洲研究院、中非智库论坛、"中非高校 20+20 合作计划"、"中非智库 10+10 合作伙伴计划"、"一带一路"非洲研究联盟等智库合作,"中非民间论坛""中非民间友好组织领导人会晤"等地方和民间交往平台,"中非未来领袖对话"、中非青年服务论坛、中非妇女论坛等青年妇女交流平台。此外,在政党交往层面,中非政党理论研讨会成功举办四届,成为中非交流治国理政经验、脱贫减贫经验的重要平台。而由中国社会科学院主办,中国非洲研究院、非洲联盟驻华代表处承办"首届中非文明对话大会"也于 2022 年 4 月 9 日成功举办。

这些多元而丰富的中非人文交流平台都表明中非文明互鉴正在走向机制化,但这些交流平台大多是官方或者半官方机构组织的,更为广泛的民间主体包括社会组织、企业、公众个体等的主动性还未完全撬动,其应成为中非文化交流与互鉴的使者,应成为中非各自文明的传播者与中非民心相通的推动者。比如走进非洲的中资企业,其与非洲社会零距离接触,雇用大量本地员工,造福当地人民,本应是对非传播中华文化的最佳平台,但其却在西方媒体的污名化和抹黑下与"欺诈""商业贿赂""劳资冲突""低薪压榨工人""忽视人权""环境污染"等标签化的负面形象挂钩,从而导致中非的文化认同出现障碍,甚至民间的对抗性话语存在增多的风险。由此,在非中资企业应深思如何更好地理解文化迥异的非洲,更好地融合当地文化搞好属地化经营,在推动非洲经济发展的同时,也为深化中非传统友谊、传播中国文化、推进中非文明交流互鉴作出自己的努力。此外,中非广大民众特别是年青一代借助互联网等新技术,已成为各自文化的讲述者与传播者,如何发挥他们的效能助力中非文明交流互鉴的大业,让他们成为中非命运共同体在网络空间的"元叙事"讲述者,这也是下一步推进中非文明交流互鉴需要考虑的重要议题。

三 发挥重点群体在中非文明交流互鉴的作用

不论是在习近平主席有关中非文明交流互鉴的有关论述与指示中，还是在中非合作论坛的各行动计划里，乃至"首届中非文明对话大会"的讨论中，各方都认为青年、妇女等重点群体在中非交流互鉴中扮演着重要角色，需要努力发挥好他们的积极作用。例如在"首届中非文明对话大会"中，非洲联盟驻华代表处常驻代表拉赫曼塔拉·奥斯曼大使指出，加强中非妇女和青年交流是中非文明交流互鉴的重要组成部分。非盟《2063 年议程》七大愿景中，"充分发挥非洲人特别是女性和青年的潜力"是其中重要一项。提高女性地位和参与经济社会发展的能力，有利于促进特定国家国民素质的全面提升，有利于国家间文明交流的深度开展。青年充满朝气和活力，是任何国家、社会和文明文化发展的未来和主体力量，是希望的象征。[①]

年轻人是中非的未来，也是中非关系的未来。非洲作为年轻人口迅速增长的大陆，中国作为年轻人数量较多的大国，中非年轻人不仅是中非传统友谊的传承者，是不断深化中非合作的推动力，更是中非文明交流互鉴的主力军。在青年之外，中非妇女是中非各自辉煌物质文明和精神文明的创造者，她们是推动社会发展和进步的重要力量，"她"力量在中非各自的政治、经济、文化、社会等领域中发挥着积极作用。可以说，中非妇女是中非文明对话、交流互鉴当之无愧的使者，是推动亚非文明进步、世界和平发展的重要力量，更是中非文明交流互鉴丰硕成果的享有者和受益者。因此，加强中非青年和妇女的交流是中非文明交流互鉴的重要组成部分，采取各种创新举措，提供各类平台更好地发挥这些群体的潜力和作用应成为中非文明交流互鉴的重中之重。

---

① 《文明交流互鉴推动构建中非命运共同体——首届中非文明对话大会在京举行》，中国社会科学网，2022 年 4 月 11 日，http://www.cssn.cn/zx/bwyc/202204/t20220411_5402804.shtml，最后访问日期：2022 年 6 月 28 日。

参考文献

一　中文文献

（一）著作

艾周昌、沐涛编著《中非关系史》，华东师范大学出版社，1996。

安春英：《中非减贫合作与经验分享》，中国社会科学出版社，2018。

〔塞内〕巴帕·易卜希马·谢克：《法国在非洲的文化战略》，邓皓琛译，商务印书馆，2016。

〔荷〕戴闻达：《中国人对非洲的发现》，胡国强、覃锦显译，商务印书馆，1983。

关立勋：《中国文化杂说（十）中外交流卷》，北京燕山出版社，1997。

郭依峰：《阿拉伯国家政治经济与外交》，知识产权出版社，2014。

胡锦山：《非洲的中国形象》，人民出版社，2010。

江泽民：《江泽民文选》（第一卷），人民出版社，2006。

雷钰、苏瑞林：《中东国家通史·埃及卷》，商务印书馆，2003。

李安山：《非洲华侨华人史》，中国华侨出版社，2000。

李安山主编《中国非洲研究评论（2014）》，社会科学文献出版社，2015。

李连庆：《大外交家周恩来》（第6卷），人民出版社，2016。

李新烽、吴传华、张春宇：《新时代中非友好合作：新成就、新机遇、新愿景》，中国社会科学出版社，2018。

欧阳雪梅主编《中华人民共和国文化史（1949—2019）》，当代中国出版社，2019。

秦大树、丁雨、戴柔星：《2010 年度北京大学肯尼亚考古及主要收获》，载李安山主编《中国非洲研究评论（2012）》，社会科学文献出版社，2013。

秦正为：《中国特色社会主义国家利益观》，人民出版社，2013。

人民日报社评论部编《论学习贯彻习近平总书记新闻舆论工作座谈会重要讲话精神》，人民出版社，2016。

任映红、戴海东：《中国共产党的社会公正观研究》，人民出版社，2009。

沈福伟：《中国与非洲——中非关系二千年》，中华书局，1990。

沈福伟：《中西文化交流史》，上海人民出版社，2014。

王怀超主编《社会主义通史》（第六卷），人民出版社，2011。

王泰平：《中华人民共和国外交史》（第二卷），世界知识出版社，1998。

武斌：《丝绸之路全史》（上），辽宁教育出版社，2018。

习近平：《摆脱贫困》，福建人民出版社，1992。

习近平：《弘扬"上海精神"构建命运共同体——在上海合作组织成员国元首理事会第十八次会议上的讲话》，人民出版社，2018。

习近平：《弘扬和平共处五项原则　建设合作共赢美好世界——在和平共处五项原则发表 60 周年纪念大会上的讲话》，人民出版社，2014。

习近平：《弘扬和平共处五项原则　建设合作共赢美好世界——在和平共处五项原则发表 60 周年纪念大会上的讲话》，人民出版社，2014。

习近平：《决胜全面建成小康社会夺取新时代中国特色社会主义伟大胜利——在中国共产党第十九次全国代表大会上的报告》，人民出版社，2017。

习近平：《深化文明交流互鉴　共建亚洲命运共同体——在亚洲文明对话大会开幕式上的主旨演讲》，人民出版社，2019。

习近平：《习近平谈治国理政（第二卷）》，外文出版社，2017。

习近平：《习近平谈治国理政》，外文出版社，2014。

习近平：《习近平在联合国成立 70 周年系列峰会上的讲话》，人民出版社，2015。

习近平：《习近平主席出席亚太经合组织第二十六次领导人非正式会议时的讲话》，人民出版社，2018。

习近平：《习近平主席在出席世界经济论坛 2017 年年会和访问联合国日内瓦总部时的演讲》，人民出版社，2017。

习近平：《携手建设更加美好的世界——在中国共产党与世界政党高层对话会上的主旨讲话》，人民出版社，2017。

习近平：《携手推进新时代中阿战略伙伴关系——在中阿合作论坛第八届部长级会议开幕式上的讲话》，人民出版社，2018。

习近平：《在哲学社会科学工作座谈会上的讲话》，人民出版社，2016。

习近平著：《携手共命运　同心促发展——在 2018 年中非合作论坛北京峰会开幕式上的主旨讲话》，人民出版社，2018。

新华通讯社课题组编《习近平新闻舆论思想要论》，新华出版社，2017。

熊华源、廖心文：《周恩来总理生涯》，人民出版社，1997。

许永璋：《古代中非关系史稿》，上海辞书出版社，2019。

姚传旺、张长云、罗张甫主编《邓小平著作专题研究》，人民出版社，1988。

张铁生：《中非交通史初探》，生活·读书·新知三联书店，1965。

张星烺编注《中西交通史料汇编》第一册，华文出版社，2018。

郑天挺、谭其骧主编《中国历史大辞典》，上海辞书出版社，2010。

中共中央文献研究室、中央档案馆《党的文献》》编辑部编《共和国重大决策和事件述实》，人民出版社，2005。

中共中央文献研究室编《邓小平年谱（1904-1974）》（下），中央文献出版社，2009。

中共中央文献研究室编《江泽民论有中国特色社会主义（专题摘编）》，中央文献出版社，2002。

中共中央文献研究室编《毛泽东文集》（第八卷），人民出版社，1999。

中共中央文献研究室编《十八大以来重要文献选编》（中），中央文献出版社，2016。

中共中央文献研究室编《习近平关于青少年和共青团工作论述摘编》，中央文献出版社，2017。

中共中央宣传部新闻局编《习近平总书记党的新闻舆论工作座谈会重要讲话精神学习辅助材料》，学习出版社，2016。

中国社会科学院西亚非洲研究所《非洲概况》编写组编《非洲概况》，世界知识出版社，1981。

中华人民共和国外交部、中共中央文献研究室编《毛泽东外交文选》，中央文献出版社、世界知识出版社，1994。

（二）论文

蔡昉：《为构建更加紧密的中非命运共同体贡献智库力量》，《旗帜》2019年第5期。

胡锦山：《中国在非洲形象的变迁和优化》，《对外传播》2011年第8期。

李安山：《论中国对非洲政策的调适与转变》，《西亚非洲》2006年第8期。

李安山：《中非合作的基础：民间交往的历史、成就与特点》，《西亚非洲》2015年第3期。

李新烽：《百年中国共产党与非洲革命和建设》，《马克思主义研究》2021年第3期。

李新烽、李玉洁：《新面孔与新变革：中国媒体改变非洲传媒格局》，《湖南师范大学社会科学学报》2018年第3期。

李玉洁：《中国方案对非洲的价值启示与传播探索》，《湖南师范大学社会科学学报》2021年第5期。

陆苗耕：《毛泽东的非洲情怀》，《百年潮》2015年第5期。

罗建波：《中非治国理政经验交流与中非关系的全面提升》，《非洲研究》2016年第2卷。

舒运国：《试析 21 世纪中非经贸关系》，《宁夏社会科学》2002 年第 2 期。

唐丽霞、赵文杰、李小云：《中非合作论坛框架下中非农业合作的新发展与新挑战》，《西亚非洲》2020 年第 5 期。

王珩、于桂章：《非洲智库发展与新时代中非智库合作》，《浙江师范大学学报》（社会科学版）2019 年第 3 期。

王南、李新烽：《关于中非媒体的交流与合作》，《亚非纵横》2010 年第 3 期。

夏杰长、张博、张雪婷：《习近平旅游思想的内涵与实践意义》，《价值理论与实践》2018 年第 3 期。

项文惠：《旅游外交的形成、内涵和变化》，《国际展望》2020 年第 5 期。

杨宝荣：《"中非联合研究交流计划启动仪式暨非洲和平与发展及中非合作学术研讨会"纪要》，《西亚非洲》2010 年第 5 期。

杨劲松：《中非旅游合作挑战》，《中国投资》（中英文）2019 年第 24 期。

于培伟：《中非贸易前途无量——中非贸易半个多世纪的发展回顾与展望》，《经济研究参考》2006 年第 96 期。

张瑛、刘建峰：《新时代大国特色外交视野下旅游外交研究》，《思想战线》2018 年第 4 期。

张忠祥、陶陶：《非洲经济发展的新态势》，《现代国际关系》2020 年第 9 期。

赵明昊：《中非民间交往：进展及面临的挑战》，《国际展望》2010 年第 6 期。

（三）报纸

《第二届中非青年领导人论坛开幕　贾庆林出席》，《光明日报》2012 年 6 月 19 日，第 3 版。

《非洲自由战士带着毛主席著作踏上征途　他们学习人民战争的战略战术，决心长期坚持游击战》，《人民日报》1967 年 9 月 2 日，第 6 版。

何明星：《天下谁人不识君——毛泽东著作的海外传播》，《光明日报》

2011 年 7 月 5 日，第 13 版。

《弘扬丝路精神　深化中阿合作——在中阿合作论坛第六届部长级会议开幕式上的讲话》，《人民日报》2014 年 6 月 6 日，第 2 版。

贾笑冰：《中埃联合对孟图神庙遗址考古取得新进展》，《光明日报》2020 年 8 月 24 日，第 14 版。

李欣怡、朱玥颖：《第六届中非青年大联欢举行》，《人民日报》2021 年 10 月 22 日，第 3 版。

李志伟、万宇：《2 亿多年轻人口是非洲未来发展的机遇所在　非洲寻求破解青年就业难题》，《人民日报》2018 年 4 月 26 日，第 21 版。

《迈向命运共同体　开创亚洲新未来——在博鳌亚洲论坛 2015 年年会上的主旨演讲》，《人民日报》2015 年 3 月 29 日，第 2 版。

《毛泽东是我们心中的红太阳——非洲人民热爱毛主席》，《人民日报》1966 年 5 月 30 日，第 5 版。

《凝心聚力　务实笃行　共创上海合作组织美好明天——在上海合作组织成员国元首理事会第十九次会议上的讲话》，《人民日报》2019 年 6 月 15 日，第 2 版。

《推进中非新型战略伙伴关系新发展——在第二届中非民间论坛开幕式上的主旨讲话》，《人民日报》2012 年 7 月 11 日，第 3 版。

王珩：《打造中非智库合作交流"升级版"》，《中国社会科学报》2021 年 11 月 18 日，第 2 版。

王珩、于桂章：《谱写中非智库合作新篇章》，《中国社会科学报》，2018 年 9 月 13 日，第 5 版。

习近平：《促进妇女全面发展　共建共享美好世界——在全球妇女峰会上的讲话》，《人民日报》2015 年 9 月 28 日，第 3 版。

习近平：《在联合国大会纪念北京世界妇女大会 25 周年高级别会议上的讲话》，《人民日报》2020 年 10 月 2 日，第 2 版。

习近平：《在同各界优秀青年代表座谈时的讲话》，《人民日报》2013 年 5 月 5 日，第 2 版。

《习近平出席"一带一路"国际合作高峰论坛开幕式并发表主旨演讲》，《人民日报》2017年5月15日，第1版。

《习近平和埃及总统塞西共同出席中埃建交60周年庆祝活动暨2016年中埃文化年开幕式》，《人民日报》2016年1月23日，第1版。

《习近平向第三届中非民间论坛致贺信》，《人民日报》2014年5月13日，第1版。

《习近平向中国非洲研究院成立致贺信》，《人民日报》2019年4月10日，第1版。

《习近平在埃及媒体发表署名文章　让中阿友谊如尼罗河水奔涌向前》，《人民日报》2016年1月20日，第1版。

《习近平在卢旺达媒体发表署名文章　中卢友谊情比山高》，《人民日报》2018年7月22日，第1版。

《习近平在南非媒体发表署名文章　让友谊、合作的彩虹更加绚丽夺目》，《人民日报》2015年12月2日，第1版。

《习近平致信祝贺2015中非媒体领袖峰会召开》，《人民日报》2015年12月2日，第1版。

肖天祎：《中埃联合考古发掘孟图神庙遗址　古埃及文明腹地上的交流互鉴》，《光明日报》2020年8月17日，第12版。

《在中非合作论坛约翰内斯堡峰会上的总结讲话》，《人民日报》2015年12月6日，第2版。

二　英文文献

Couldry, Nick and Andreas Hepp, "Conceptualizing Mediatization：Contexts, Traditions, Arguments," *Communication Theory*, Vol. 23, No. 3, 2013.

Egyptian-Chinese Mission at Montu Temple of Karnak, Report 2019−2020, Louxor, 2020.

J. Francis, David, ed., *Peace and Conflict in Africa*, London：Zed Books Ltd., 2008.

M. Shaw, Timothy, "Reformism, Revisionism, and Radicalism in African Political Economy During the 1990s," *The Journal of Modern African Studies*, Vol. 29, No. 2, 1991.

Rogerson, Christian, "Reviewing Africa in the Global Tourism Economy," *Development Southern Africa*, Vol. 24, No. 3, 2007.

The White House, Interim National Security Strategic Guidance, March 2021.

U. S. -China Economic and Security Review Commission: China's Strategic Aims in Africa, May 2020.

W. Lutz, David, "African 'Ubuntu' Philosophy and Global Management," *Journal of Business Ethics*, Vol. 84, 2009.

后 记

  《新时代中非文明交流互鉴》是中国非洲研究院"新时代中国与非洲丛书"的一部。本书以习近平总书记关于中非文明交流互鉴的重要论述为依据,在回顾不同历史时期中非文明交往的基础上,系统梳理了中非在考古、旅游、文化、新闻媒体、学者与智库、地方与民间、青年与妇女等重点领域的交往实践,进而总结各领域交流合作的成就与挑战,思考合作提质增效的举措,从批驳西方文明冲突论、增进中非文明的自信、促进世界文明多样性、构建更加紧密的中非命运共同体等方面来阐述中非文明交流互鉴的重大意义。希望本书的出版能够为加强新时代中国非洲研究、推进中非文明交流互鉴贡献学术力量。

  本书共十二章,由集体合作完成。李新烽和李玉洁主要负责整体框架章节设计、全书统稿修改工作以及部分章节撰写。第一章作者为中国非洲研究院副研究员李玉洁;第二章作者为中国历史研究院世界历史研究所助理研究员高天宜;第三章作者为中国非洲研究院研究员李新烽;第四章作者为中国社会科学院大学国际政治经济学院博士研究生贾继元;第五章作者为北京大学考古文博学院助理教授丁雨;第六章作者为中国社会科学院大学国际政治经济学院博士研究生曾珠;第七章作者为中国社会科学院大学国际政治经济学院博士研究生王媛媛;第八章与第九章作者为中国社会科学院大学国际政治经济学院博士研究生卫白鸽;第十章作者为中国社会科学院大学国际政治经济学院博士研究生谈天;第十一章作者为中国非洲研究院助理研究员谷亚平；第十二章作者为李玉洁。

感谢社会科学文献出版社的领导和编辑所做出的贡献，你们的辛勤付出保证了本书的顺利出版。因能力所限，书中难免存在错漏之处，欢迎各位读者批评指正。

图书在版编目（CIP）数据

新时代中非文明交流互鉴 / 中国非洲研究院主编；
李新烽等著 . --北京：社会科学文献出版社，2023.10
（新时代中国与非洲丛书）
ISBN 978-7-5228-2390-4

Ⅰ.①新…　Ⅱ.①中…　②李…　Ⅲ.①中外关系-文
化交流-研究-非洲　Ⅳ.①G125②G140.5

中国国家版本馆 CIP 数据核字（2023）第 162880 号

新时代中国与非洲丛书
新时代中非文明交流互鉴

主　　　编 / 中国非洲研究院
著　　　者 / 李新烽　李玉洁 等

出 版 人 / 冀祥德
责任编辑 / 李明伟
文稿编辑 / 郭锡超
责任印制 / 王京美

出　　　版 / 社会科学文献出版社·国别区域分社（010）59367078
　　　　　　地址：北京市北三环中路甲 29 号院华龙大厦　邮编：100029
　　　　　　网址：www.ssap.com.cn
发　　　行 / 社会科学文献出版社（010）59367028
印　　　装 / 三河市尚艺印装有限公司

规　　　格 / 开　本：787mm×1092mm　1/16
　　　　　　印　张：20　字　数：305 千字
版　　　次 / 2023 年 10 月第 1 版　2023 年 10 月第 1 次印刷
书　　　号 / ISBN 978-7-5228-2390-4
定　　　价 / 128.00 元

读者服务电话：4008918866